Produktiv auf der Linux-Kommandozeile

Produktiv auf der Linux-Kommandozeile

Sicher und souverän mit Linux arbeiten

Daniel J. Barrett

Deutsche Übersetzung von Kathrin Lichtenberg

O'REILLY®

Daniel J. Barrett

Lektorat: Ariane Hesse
Übersetzung: Kathrin Lichtenberg
Korrektorat: Sibylle Feldmann, *www.richtiger-text.de*
Satz: III-satz, *www.drei-satz.de*
Herstellung: Stefanie Weidner
Umschlaggestaltung: Karen Montgomery, Michael Oréal, *www.oreal.de*
Druck und Bindung: mediaprint solutions GmbH, 33100 Paderborn

Bibliografische Information der Deutschen Nationalbibliothek
Die Deutsche Nationalbibliothek verzeichnet diese Publikation in der Deutschen Nationalbibliografie; detaillierte bibliografische Daten sind im Internet über *http://dnb.d-nb.de* abrufbar.

ISBN:
Print 978-3-96009-205-6
PDF 978-3-96010-740-8
ePub 978-3-96010-741-5
mobi 978-3-96010-742-2

1. Auflage 2023

Wieblinger Weg 17
69123 Heidelberg

Hinweis:
Dieses Buch wurde auf PEFC-zertifiziertem Papier aus nachhaltiger Waldwirtschaft gedruckt. Der Umwelt zuliebe verzichten wir zusätzlich auf die Einschweißfolie.

PEFC zertifiziert
Das Papier für dieses Buch stammt aus nachhaltig bewirtschafteten Wäldern und kontrollierten Quellen.
PEFC/04-31-0810 www.pefc.de

Schreiben Sie uns:
Falls Sie Anregungen, Wünsche und Kommentare haben, lassen Sie es uns wissen: *kommentar@oreilly.de*.

5 4 3 2 1

Inhalt

Vorwort

Dieses Buch erlaubt Ihnen, Ihre Fähigkeiten auf der Linux-Kommandozeile weiterzuentwickeln und auszubauen, damit Sie schneller, geschickter und effizienter arbeiten können.

Wenn Sie so sind wie die meisten Linux-Anwender, dann haben Sie die ersten Schritte mit der Kommandozeile während der Arbeit gemacht. Vielleicht haben Sie auch ein Buch zur Einführung gelesen oder Dinge während der Installation von Linux einfach ausprobiert. Ich schrieb dieses Buch, um Ihnen dabei zu helfen, weiterzugehen und das Niveau Ihrer Kenntnisse und Fertigkeiten auf der Linux-Kommandozeile zu verbessern. Das Buch ist voller Techniken und Konzepte, die hoffentlich Ihren Umgang mit Linux umkrempeln und Ihre Produktivität ankurbeln. Es führt Sie also über die reinen Grundlagen hinaus.

Eine Kommandozeile ist die einfachste aller Benutzerschnittstellen, sie stellt aber auch die größte Herausforderung dar. Sie ist einfach, weil sie Ihnen nichts weiter präsentiert als einen Prompt, der darauf wartet, dass Sie irgendeinen Befehl ausführen:[1]

```
$
```

Sie ist eine Herausforderung, weil alles, was nach dem Prompt kommt, Ihrer Verantwortung unterliegt. Es gibt keine freundlichen Icons, Buttons oder Menüs, die Sie führen und leiten. Stattdessen ist jeder Befehl, den Sie eintippen, ein kreativer Akt. Das gilt für einfache Befehle wie das Auflisten von Dateien:

```
$ ls
```

genauso wie für aufwendigere Befehle wie diesen hier:

```
$ paste <(echo {1..10}.jpg | sed 's/ /\n/g') \
        <(echo {0..9}.jpg | sed 's/ /\n/g') \
  | sed 's/^/mv /' \
  | bash
```

1 In diesem Buch wird der Linux-Prompt (oder die Eingabeaufforderung, wie man den Prompt auch nennt) als Dollarzeichen dargestellt. Ihr Prompt kann auch anders aussehen.

Falls Sie gerade mit offenem Mund auf diesen Befehl starren und denken: »Was zum Henker ist *das*?« oder »Ich würde niemals so einen komplexen Befehl benutzen«, dann ist dieses Buch genau richtig für Sie.[2]

Was Sie lernen werden

Dieses Buch wird Sie bei drei wichtigen Fertigkeiten schneller und effektiver machen:

- Auswählen oder Konstruieren von Befehlen zum Lösen eines vorliegenden geschäftlichen Problems.
- Effizientes Ausführen dieser Befehle.
- Navigieren durch das Linux-Dateisystem.

Am Ende werden Sie verstehen, was hinter den Kulissen passiert, wenn Sie einen Befehl ausführen, sodass Sie die Ergebnisse besser vorhersagen können (und keine abergläubischen Vorstellungen entwickeln). Sie werden ein Dutzend unterschiedlicher Methoden sehen, um Befehle aufzurufen, und lernen, wann Sie welche von ihnen am besten einsetzen. Sie werden außerdem praktische Tipps erhalten und Tricks kennenlernen, mit denen Sie Ihre Produktivität steigern können, wie etwa:

- das schrittweise Aufbauen komplexer Befehle aus einfachen, um echte Probleme zu lösen, wie etwa das Verwalten von Passwörtern oder das Generieren von 10.000 Testdateien,
- das intelligente Organisieren Ihres Home-Verzeichnisses, damit Sie Zeit sparen und nicht lange nach Dateien suchen müssen,
- das Umwandeln von Textdateien und Abfragen dieser Dateien, wie etwa Datenbanken, um geschäftliche Ziele zu erreichen,
- das Kontrollieren der Point-and-click-Funktionen von Linux von der Kommandozeile aus, wie etwa das Kopieren und Einfügen mithilfe der Zwischenablage und das Beziehen und Verarbeiten von Webdaten, ohne die Hände von der Tastatur nehmen zu müssen.

Vor allem lernen Sie ganz allgemein die besten Vorgehensweisen, damit Sie ganz unabhängig von den Befehlen, die Sie einsetzen, erfolgreicher beim täglichen Einsatz von Linux werden und auf dem Arbeitsmarkt konkurrenzfähiger sind. Dies ist das Buch, das ich mir gewünscht hätte, als ich Linux gelernt habe.

Was dieses Buch nicht ist

Dieses Buch dient nicht der Optimierung Ihres Linux-Computers, damit dieser effizienter läuft. Es macht *Sie* effizienter im Umgang mit Linux.

2 Sie lernen den Zweck dieses mysteriösen Befehls in Kapitel 8 kennen.

Dieses Buch ist auch keine allumfassende Referenz für die Kommandozeile – es gibt Hunderte von Befehlen und Funktionen, die ich nicht erwähne. Hier geht es um Fachwissen. Das Buch lehrt eine sorgfältig ausgewählte Menge an Kommandozeilenwissen in einer praktischen Anordnung und Reihenfolge, um Ihre Fertigkeiten auszubauen. Falls Sie eine Art Referenz wünschen, probieren Sie es mit meinem Taschenbuch »Linux – die wichtigen Befehle kurz & gut« (O'Reilly).

Zielgruppe und Voraussetzungen

Ich gehe davon aus, dass Sie Erfahrungen mit Linux haben; *dieses Buch ist keine Einführung*. Stattdessen ist es für Benutzerinnen und Benutzer gedacht, die ihre Kenntnisse und Fertigkeiten auf der Kommandozeile verbessern wollen, wie Studenten, Systemadministratoren, Softwareentwickler, Sicherheitsverantwortliche, Testingenieure und ganz allgemein Linux-Enthusiasten. Auch erfahrene Linux-Anwender dürften hier noch fündig werden, vor allem wenn sie den Umgang mit Befehlen eher durch Ausprobieren gelernt haben und ihr Verständnis von den dahinterliegenden Konzepten verbessern wollen.

Um wirklich einen Nutzen aus diesem Buch zu ziehen, sollten Sie bereits mit den folgenden Themen vertraut sein (falls Sie es nicht sind, finden Sie in Anhang A Informationen zum Auffrischen Ihrer Erinnerung):

- Anlegen und Bearbeiten von Textdateien mit einem Texteditor wie `vim` (`vi`), `emacs`, `nano` oder `pico`.
- Grundlegende Befehle zum Umgang mit Dateien, wie `cp` (Kopieren), `mv` (Verschieben oder Umbenennen), `rm` (Entfernen oder Löschen) und `chmod` (Ändern der Dateiberechtigungen).
- Grundlegende Befehle zum Betrachten von Dateien, wie `cat` (Betrachten einer ganzen Datei) und `less` (seitenweises Betrachten).
- Grundlegende Verzeichnisbefehle, wie `cd` (Wechseln des Verzeichnisses), `ls` (Auflisten der Dateien in einem Verzeichnis), `mkdir` (Anlegen eines Verzeichnisses), `rmdir` (Entfernen eines Verzeichnisses) und `pwd` (Anzeigen Ihres aktuellen Verzeichnisnamens).
- Grundlagen zu Shell-Skripten: Speichern von Linux-Befehlen in einer Datei, Ausführbarmachen einer Datei (mit `chmod 755` oder `chmod +x`) und Ausführen der Datei.
- Betrachten der in Linux enthaltenen Dokumentation, der sogenannten Manpages, mit dem Befehl `man` (Beispiel: `man cat` zeigt die Dokumentation des Befehls `cat` an).
- Superuser werden mithilfe des Befehls `sudo`, sodass Sie vollständigen Zugriff auf Ihr Linux-System erhalten (Beispiel: `sudo nano /etc/hosts` bearbeitet die Systemdatei */etc/hosts*, die vor normalen Benutzern geschützt ist).

Wenn Sie darüber hinaus auch noch gebräuchliche Kommandozeilenfunktionen wie das Pattern Matching (Musterabgleich) für Dateinamen (mit den Symbolen * und ?), die Umleitung von Eingaben/Ausgaben (< und >) sowie Pipes (|) kennen, sind Sie gut für alles Weitere gerüstet.

Ihre Shell

Ich gehe davon aus, dass Ihre Linux-Shell `bash` ist, die Standard-Shell in den meisten Linux-Distributionen. Immer wenn ich von der »Shell« schreibe, meine ich `bash`. Die meisten Ideen, die ich vorstelle, gelten auch für andere Shells, wie `zsh` oder `dash`; in Anhang B finden Sie Unterstützung beim Übersetzen der Beispiele aus diesem Buch für andere Shells. Ein Großteil des Materials funktioniert auch problemlos und unverändert im Terminal des Apple Mac, das standardmäßig `zsh` einsetzt, obwohl man auch `bash` ausführen kann.[3]

Konventionen in diesem Buch

Folgende typografische Konventionen kommen in diesem Buch zum Einsatz:

Kursiv

Kennzeichnet neue Begriffe, URLs, E-Mail-Adressen, Dateinamen und Dateierweiterungen.

`Nichtproportionalschrift`

Wird für Programmlistings verwendet und kennzeichnet beim Einsatz innerhalb eines Absatzes Programmelemente wie Variablen- oder Funktionsnamen, Datenbanken, Datentypen, Umgebungsvariablen, Anweisungen und Schlüsselwörter.

`Nichtproportionalschrift fett`

Zeigt Befehle oder anderen Text, der wörtlich vom Anwender eingetippt werden sollte. Wird außerdem gelegentlich in Befehlsausgaben eingesetzt, um interessante Stellen hervorzuheben.

`Nichtproportionalschrift kursiv`

Kennzeichnet Text, der durch nutzereigene Werte oder Werte, die sich aus dem Kontext ergeben, ersetzt werden soll. Wird außerdem für kurze Hinweise rechts von Codelistings verwendet.

`Nichtproportionalschrift hervorgehoben`

Dient in komplexen Programmlistings dazu, die Aufmerksamkeit auf bestimmte Textteile zu lenken.

3 Die `bash`-Version auf macOS ist uralt, und ihr fehlen wichtige Funktionen. Um die `bash` zu aktualisieren, lesen Sie den Artikel »Upgrading Bash on macOS« (*https://oreil.ly/35jux*) von Daniel Weibel.

Tipp
Dieses Element kennzeichnet einen Tipp oder einen Vorschlag.

Hinweis
Dieses Element kennzeichnet einen allgemeinen Hinweis.

Warnung
Dieses Element kennzeichnet eine Warnung.

Die Verwendung von Codebeispielen

Es steht zusätzliches Material (Codebeispiele, Übungen usw.) zum Herunterladen unter *https://efficientlinux.com/examples* zur Verfügung.

Falls Sie eine technische Frage oder ein Problem bei der Verwendung der Codebeispiele haben, schicken Sie bitte eine E-Mail an *bookquestions@oreilly.com*.

Dieses Buch soll Ihnen helfen, Ihre Arbeit zu erledigen. Falls ein Beispielcode in diesem Buch angeboten wird, dürfen Sie ihn im Allgemeinen in Ihren Programmen und Dokumentationen nutzen. Sie müssen nicht extra Kontakt mit uns aufnehmen und um Erlaubnis bitten, es sei denn, Sie reproduzieren einen beträchtlichen Teil des Codes. So erfordert zum Beispiel das Schreiben eines Programms, das einige Codeschnipsel aus diesem Buch verwendet, keine Erlaubnis. Wollen Sie dagegen Beispiele aus O'Reilly-Büchern verkaufen oder vertreiben, brauchen Sie eine Erlaubnis. Das Beantworten einer Frage, indem Sie dieses Buch und Beispielcode daraus zitieren, erfordert keine Erlaubnis. Nehmen Sie dagegen einen beträchtlichen Teil des Beispielcodes aus diesem Buch in die Dokumentation Ihres Produkts auf, ist eine Erlaubnis notwendig.

Wir wissen eine Nennung zu schätzen, verlangen sie aber nicht. Eine Nennung umfasst üblicherweise Titel, Autor, Verlag und ISBN, zum Beispiel: »*Efficient Linux at the Command Line* von Daniel J. Barrett (O'Reilly). Copyright 2022 Daniel Barrett, 978-1-098-11340-7«.

Falls Sie der Meinung sind, dass Ihre Nutzung der Codebeispiele außerhalb des Bereichs des fairen Einsatzes liegt, den wir oben beschrieben haben, schreiben Sie uns an *permissions@oreilly.com*.

Danksagungen

Es war eine Freude, dieses Buch zu schreiben. Mein Dank geht an die fantastischen Leute bei O'Reilly, vor allem die Lektoren Virginia Wilson und John Devins, die Herstellungsredakteure Caitlin Ghegan und Gregory Hyman, die Content-Managerin Kristen Brown, die Korrektorin Kim Wimpsett, die Indexredakteurin Sue Klefstad und das überaus hilfsbereite Tools-Team. Danken möchte ich außerdem den Fachkorrektoren dieses Buchs, Paul Bayer, John Bonesio, Dan Ritter und Carla Schroder, für ihre vielen hilfreichen Kommentare und Anmerkungen. Danke außerdem an die Boston Linux Users Group für die Titelvorschläge. Ein besonderer Dank geht an Maggie Johnson bei Google für ihre freundliche Erlaubnis, dieses Buch schreiben zu dürfen.

Meinen tief empfundenen Dank richte ich darüber hinaus an Chip Andrews, Matthew Diaz und Robert Strandh, mit denen ich vor 35 Jahren an der The Johns Hopkins University studiert habe. Sie haben mein neu erwachtes und wachsendes Interesse an Unix erkannt und dem Informatikfachbereich zu meinem großen Erstaunen empfohlen, mich als seinen nächsten Systemadministrator anzuheuern. Dieser kleine Akt des Vertrauens hat den weiteren Verlauf meines Lebens verändert. (Robert gebührt außerdem Dank für den Tipp zum Blindschreiben in Kapitel 3.) Danke auch an die Schöpfer und Hüter von Linux, GNU Emacs, Git, AsciiDoc und vielen anderen Open-Source-Werkzeugen – ohne diese klugen und großzügigen Menschen sähe meine Karriere heute vermutlich ganz anders aus.

Und natürlich danke ich an dieser Stelle meiner wunderbaren Familie, Lisa und Sophia, für ihre Liebe und Geduld.

TEIL I

Kernkonzepte

Die ersten vier Kapitel zielen darauf ab, schnell Ihre Effizienz zu erhöhen. Entsprechend werden Konzepte und Techniken behandelt, die sofort nützlich sein sollten. Sie lernen, Befehle mit Pipes zu kombinieren, die Verantwortlichkeiten der Linux-Shell zu verstehen, Befehle aus der Vergangenheit schnell abzurufen und zu bearbeiten und mit großer Geschwindigkeit durch das Linux-Dateisystem zu navigieren.

KAPITEL 1

Befehle kombinieren

Wenn Sie unter Windows, macOS oder den meisten anderen Betriebssystemen arbeiten, verbringen Sie vermutlich die meiste Zeit damit, Anwendungen wie Webbrowser, Textverarbeitungen, Tabellenkalkulationen und Spiele auszuführen. Eine typische Anwendung ist vollgepackt mit Funktionen: Sie enthält praktisch alles, von dem die Entwickler dachten, dass Sie als Anwender es gebrauchen könnten. Deshalb sind die meisten Anwendungen autark bzw. unabhängig, sie hängen nicht von anderen Anwendungen ab. Manchmal kopieren Sie vielleicht Daten zwischen verschiedenen Anwendungen hin und her, aber im Großen und Ganzen sind diese eigenständig und arbeiten getrennt voneinander.

Die Linux-Kommandozeile ist anders. Anstelle von riesigen Anwendungen mit einer Unmenge an Funktionen bietet Linux Tausende kleiner Befehle mit jeweils nur wenigen Funktionen an. Der Befehl `cat` zum Beispiel gibt Dateien auf dem Bildschirm aus, und das war's dann auch schon. `ls` listet die Dateien in einem Verzeichnis auf, `mv` benennt Dateien um und so weiter. Jeder Befehl hat einen einfachen, ziemlich eindeutig definierten Zweck.

Was ist, wenn Sie etwas Komplizierteres erledigen müssen? Keine Sorge. Linux erlaubt Ihnen, ganz einfach *Befehle zu kombinieren*, sodass ihre einzelnen Eigenschaften zusammenspielen, damit Sie Ihr Ziel erreichen können. Diese Art des Arbeitens führt zu einer ganz anderen Denkweise. Anstatt zu fragen: »Welche Anwendung sollte ich starten?«, um ein bestimmtes Ergebnis zu erzielen, stellen Sie die Frage: »Welche Befehle sollte ich miteinander kombinieren?«

In diesem Kapitel lernen Sie, wie Sie Befehle in unterschiedlichen Kombinationen anordnen und ausführen, damit sie das machen, was Sie wollen. Um es nicht zu sehr zu verkomplizieren, stelle ich Ihnen nur sechs Linux-Befehle und ihre grundlegendsten Anwendungen vor, damit Sie sich auf den komplexeren und interessanteren Teil konzentrieren können – das Kombinieren dieser Befehle –, ohne erst noch aufwendig etwas anderes lernen zu müssen. Es ist ein bisschen so, als würden Sie mit nur sechs Zutaten das Kochen oder lediglich mit Hammer und Säge das Tischlern erlernen. (In Kapitel 5 packe ich weitere Befehle in Ihren Linux-Werkzeugkasten.)

Sie kombinieren Befehle mithilfe von *Pipes*, einer Linux-Funktionalität, die die Ausgabe eines Befehls mit der Eingabe eines anderen verbindet. Wenn ich die einzelnen Befehle vorstelle (`wc`, `head`, `cut`, `grep`, `sort` und `uniq`), demonstriere ich auch gleich ihre Verwendung mit Pipes. Manche Beispiele sind ganz praktisch für den täglichen Einsatz mit Linux, während andere lediglich Beispiele darstellen, um eine wichtige Eigenschaft zu verdeutlichen.

Eingabe, Ausgabe und Pipes

Die meisten Linux-Befehle lesen die Eingabe von der Tastatur, schreiben die Ausgabe auf den Bildschirm oder beides. Linux benutzt spezielle Namen für dieses Lesen und Schreiben:

stdin (die »Standardeingabe«)
: Der Eingabestrom, den Linux von Ihrer Tastatur einliest. Wenn Sie am Prompt irgendeinen Befehl eintippen, liefern Sie Daten an die Standardeingabe.

stdout (die »Standardausgabe«)
: Der Ausgabestrom, den Linux auf Ihren Bildschirm schreibt. Wenn Sie den Befehl `ls` zum Anzeigen von Dateinamen ausführen, erscheinen die Ergebnisse auf der Standardausgabe.

Jetzt kommt die coole Stelle. Sie können die Standardausgabe eines Befehls mit der Standardeingabe eines anderen Befehls verbinden, sodass der erste Befehl den zweiten speist. Beginnen wir mit dem vertrauten Befehl `ls -l` zum Auflisten eines großen Verzeichnisses, wie etwa */bin*, im Langformat:

```
$ ls -l /bin
total 12104
-rwxr-xr-x 1 root root 1113504 Jun  6  2019 bash
-rwxr-xr-x 1 root root  170456 Sep 21  2019 bsd-csh
-rwxr-xr-x 1 root root   34888 Jul  4  2019 bunzip2
-rwxr-xr-x 1 root root 2062296 Sep 18  2020 busybox
-rwxr-xr-x 1 root root   34888 Jul  4  2019 bzcat
...
-rwxr-xr-x 1 root root    5047 Apr 27  2017 znew
```

Dieses Verzeichnis enthält viel mehr Dateien, als Ihr Bildschirm Zeilen anzeigen kann. Daher scrollt die Ausgabe schnell über die Anzeige und verschwindet dann. Schade, dass `ls` die Informationen nicht bildschirmweise anzeigt, pausiert, bis Sie eine Taste drücken, und dann weitermacht. Aber halt: Ein anderer Linux-Befehl hat genau diese Funktion. Der Befehl `less` zeigt eine Datei Bildschirm für Bildschirm an:

```
$ less myfile
```

Sie können diese beiden Befehle miteinander verbinden, da `ls` auf die Standardausgabe schreibt und `less` von der Standardeingabe lesen kann. Verwenden Sie eine Pipe, um die Ausgabe von `ls` an die Eingabe von `less` zu senden:

```
$ ls -l /bin | less
```

Dieser zusammengesetzte Befehl zeigt den Inhalt des Verzeichnisses bildschirmweise an. Der senkrechte Strich (|) zwischen den Befehlen ist das Linux-Pipe-Symbol.[1] Es verbindet die Standardausgabe des ersten mit der Standardeingabe des nächsten Befehls. Jede Kommandozeile, die Pipes enthält, wird als *Pipeline* bezeichnet.

Den Befehlen ist im Allgemeinen nicht bewusst, dass sie Teil einer Pipeline sind. `ls` glaubt, dass es auf den Bildschirm schreibt, obwohl seine Ausgabe an `less` umgeleitet wird. Und `less` glaubt, dass es von der Tastatur liest, obwohl es tatsächlich die Ausgabe von `ls` einliest.

Was ist ein Befehl?

Das Wort *Befehl* besitzt in Linux drei unterschiedliche Bedeutungen, wie Abbildung 1-1 zeigt:

Ein Programm
: Ein ausführbares Programm, das mit einem einzigen Wort benannt ist und über dieses Wort ausgeführt wird, wie `ls`, oder ein ähnliches Merkmal, das in die Shell eingebaut ist, wie `cd` (ein *Shell-Befehl* oder *Shell-Builtin*).[2]

Ein einfacher Befehl
: Ein Programmname (oder Shell-Befehl), dem optional noch Argumente folgen, wie `ls -l /bin`.

Ein zusammengesetzter Befehl
: Mehrere einfache Befehle, die als Einheit behandelt werden, wie etwa die Pipeline `ls -l /bin | less`.

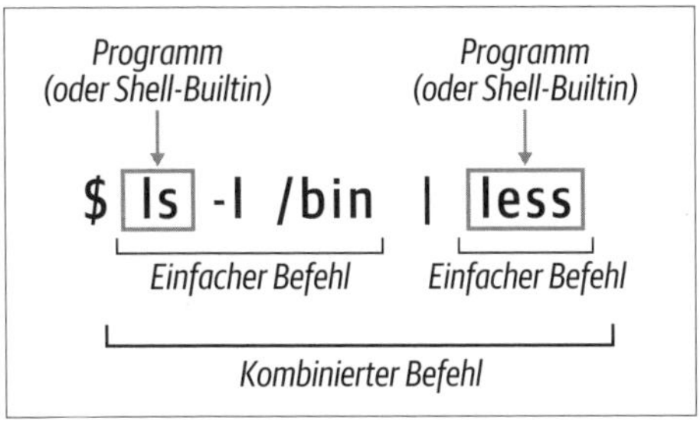

Abbildung 1-1: Programme, einfache Befehle und zusammengesetzte Befehle werden alle als »Befehle« bezeichnet.

In diesem Buch verwende ich das Wort *Befehl* auf all diese Arten. Normalerweise ergibt sich aus dem Kontext, wie ich es meine. Falls nicht, werde ich die spezielleren Begriffe verwenden.

1 Auf PC-Tastaturen erzeugen Sie das Pipe-Symbol mit der Tastenkombination [Alt Gr] + [<] und auf Mac-Tastaturen mit der Tastenkombination [Alt]-[7].

2 Der POSIX-Standard nennt diese Form des Befehls ein *Utility*.

Sechs Befehle für den Einstieg

Pipes sind ein wesentlicher Teil des Linux-Know-hows. Beginnen wir das Entwickeln Ihrer Pipeline-Fähigkeiten mit einer kleinen Gruppe von Linux-Befehlen, damit Sie gerüstet sind, egal welche Befehle später auf Sie zukommen.

Die sechs Befehle – `wc`, `head`, `cut`, `grep`, `sort` und `uniq` – besitzen zahlreiche Optionen und Betriebsarten, die ich für den Augenblick einmal überspringe, damit wir uns voll und ganz auf die Pipes konzentrieren können. Wenn Sie mehr über die einzelnen Befehle erfahren wollen, rufen Sie den Befehl `man` auf. Dieser zeigt die jeweils komplette Dokumentation an, zum Beispiel:

```
$ man wc
```

Um die sechs Befehle in Aktion zu demonstrieren, verwende ich eine Datei namens *animals.txt*, die Informationen zu einigen O'Reilly-Büchern enthält und in Beispiel 1-1 zu sehen ist.

Beispiel 1-1: In der Datei animals.txt

```
python   Programming Python        2010   Lutz, Mark
snail    SSH, The Secure Shell     2005   Barrett, Daniel
alpaca   Intermediate Perl         2012   Schwartz, Randal
robin    MySQL High Availability   2014   Bell, Charles
horse    Linux in a Nutshell       2009   Siever, Ellen
donkey   Cisco IOS in a Nutshell   2005   Boney, James
oryx     Writing Word Macros       1999   Roman, Steven
```

Jede Zeile enthält vier Fakten über ein O'Reilly-Buch, die jeweils durch ein einzelnes Tabulatorzeichen (Tab-Zeichen) getrennt sind: das Tier auf dem vorderen Cover, den Buchtitel, das Jahr der Veröffentlichung und den Namen des ersten Autors.

Befehl #1: wc

Der Befehl `wc` gibt die Anzahl der Zeilen, Wörter und Zeichen in einer Datei aus:

```
$ wc animals.txt
  7  51 325 animals.txt
```

`wc` berichtet, dass die Datei *animals.txt* 7 Zeilen, 51 Wörter und 325 Zeichen enthält. Wenn Sie die Zeichen »von Hand« nachzählen, werden Sie einschließlich der Leerzeichen und Tabs nur 318 Zeichen vorfinden, aber `wc` bezieht auch das unsichtbare Newline-Zeichen ein, das am Ende jeder Zeile steht.

Die Optionen `-l`, `-w` und `-c` weisen `wc` an, nur die Anzahl der Zeilen, Wörter bzw. Zeichen auszugeben:

```
$ wc -l animals.txt
7 animals.txt
$ wc -w animals.txt
51 animals.txt
```

```
$ wc -c animals.txt
325 animals.txt
```

Das Zählen ist eine solch nützliche, vielseitig einsetzbare Aufgabe, dass die Autoren von wc den Befehl so gestaltet haben, dass er mit Pipes funktioniert. Er liest von der Standardeingabe, wenn Sie den Dateinamen weglassen, und schreibt auf die Standardausgabe. Verwenden wir ls, um den Inhalt des aktuellen Verzeichnisses aufzulisten und ihn über eine Pipe an wc weiterzuleiten, damit dieser die Zeilen zählt. Diese Pipeline beantwortet die Frage: »Wie viele Dateien sind in meinem aktuellen Verzeichnis sichtbar?«

```
$ ls -1
animals.txt
myfile
myfile2
test.py
$ ls -1 | wc -l
4
```

Die Option -1, die ls anweist, seine Ergebnisse in einer einzigen Spalte auszugeben, ist hier nicht unbedingt nötig. Um zu erfahren, weshalb ich sie verwendet habe, lesen Sie den Kasten »ls ändert sein Verhalten, wenn es umgeleitet wird«.

wc ist der erste Befehl, den Sie in diesem Kapitel gesehen haben. Sie können daher mit Pipes eigentlich noch nicht viel anstellen. Leiten Sie zum Spaß einmal die Ausgabe von wc mit einer Pipe auf sich selbst um. Damit sehen Sie, dass ein Befehl mehr als einmal in einer Pipeline vorkommen kann. Dieser zusammengesetzte Befehl gibt an, dass wc vier Wörter ausgegeben hat: drei Integer und einen Dateinamen:

```
$ wc animals.txt
  7  51 325 animals.txt
$ wc animals.txt | wc -w
4
```

Warum sollten Sie jetzt anhalten? Fügen Sie der Pipeline einen dritten wc-Befehl hinzu und zählen Sie die Zeilen, Wörter und Zeichen in der Ausgabe »4«:

```
$ wc animals.txt | wc -w | wc
      1       1       2
```

Die Ausgabe zeigt eine Zeile (die die Zahl 4 enthält), ein Wort (die Zahl 4 selbst) und zwei Zeichen an. Wieso zwei? Weil die Zeile »4« mit einem unsichtbaren Newline-Zeichen endet.

Das sind jetzt genug alberne Pipelines mit wc. Wenn Sie mehr Befehle kennengelernt haben, zeigt sich auch, wie praktisch Pipelines tatsächlich sind.

ls ändert sein Verhalten, wenn es umgeleitet wird

Im Gegensatz zu nahezu jedem anderen Linux-Befehl ist sich ls darüber bewusst, wenn die Standardausgabe der Bildschirm ist oder ob es umgeleitet wurde (in eine

Pipe oder anderswohin). Der Grund dafür ist Benutzerfreundlichkeit. Wenn der Bildschirm die Standardausgabe ist, ordnet `ls` seine Ausgabe in mehreren Spalten an, die sich besser lesen lassen:

```
$ ls /bin
bash        dir         kmod        networkctl        red       tar
bsd-csh     dmesg       less        nisdomainname     rm        tempfile
...
```

Wird die Standardausgabe dagegen umgeleitet, erzeugt `ls` nur eine einzige Spalte. Ich demonstriere das, indem ich die Ausgabe von `ls` mit einer Pipe an einen Befehl leite, der einfach seine Eingabe reproduziert, wie etwa `cat`:[3]

```
$ ls /bin | cat
bash
bsd-csh
bunzip2
busybox
...
```

Dieses Verhalten kann zu eigenartig aussehenden Ergebnissen führen, wie das folgende Beispiel zeigt:

```
$ ls
animals.txt   myfile   myfile2    test.py
$ ls | wc -l
4
```

Der erste `ls`-Befehl schreibt alle Dateinamen auf eine Zeile, der zweite Befehl jedoch berichtet, dass `ls` vier Zeilen erzeugt hat. Falls Ihnen dieses eigenwillige Verhalten von `ls` nicht bewusst ist, finden Sie diese Diskrepanz möglicherweise verwirrend.

`ls` besitzt Optionen, um sein Standardverhalten außer Kraft zu setzen. Zwingen Sie `ls`, eine einzige Spalte auszugeben, indem Sie die Option `-1` verwenden, oder erzwingen Sie mehrere Spalten, indem Sie die Option `-C` einsetzen.

Befehl #2: head

Der Befehl `head` gibt die ersten Zeilen einer Datei aus. Geben Sie die ersten drei Zeilen von *animals.txt* aus und nutzen Sie dazu `head` mit der Option `-n`:

```
$ head -n3 animals.txt
python      Programming Python      2010     Lutz, Mark
snail       SSH, The Secure Shell   2005     Barrett, Daniel
alpaca      Intermediate Perl       2012     Schwartz, Randal
```

3 Abhängig von Ihren Einstellungen könnte `ls` noch weitere Formatierungseigenschaften verwenden, wie etwa Farben, wenn es auf den Bildschirm schreibt, die jedoch nicht zum Einsatz kommen, wenn es umgeleitet wird.

Falls Sie mehr Zeilen anfordern, als in der Datei enthalten sind, gibt head die gesamte Datei aus (wie cat). Lassen Sie die Option -n weg, liefert head standardmäßig zehn Zeilen (-n10).

Für sich allein genommen, ist head ganz praktisch, um einen Blick auf den Anfang einer Datei zu werfen, wenn einen der restliche Inhalt nicht interessiert. Der Befehl ist schnell und effizient, selbst bei sehr großen Dateien, weil er nicht die ganze Datei lesen muss. Darüber hinaus schreibt head auf die Standardausgabe, sodass es sich gut für den Einsatz in Pipelines eignet. Zählen Sie die Wörter in den ersten drei Zeilen von *animals.txt*:

```
$ head -n3 animals.txt | wc -w
20
```

Für noch mehr Pipeline-Spaß kann head auch von der Standardeingabe lesen. Eine gebräuchliche Anwendung besteht darin, die Ausgabe eines anderen Befehls zu reduzieren, wenn Sie nicht alles davon sehen wollen, etwa bei einer langen Verzeichnisauflistung. Listen Sie zum Beispiel die ersten fünf Dateinamen aus dem Verzeichnis */bin* auf:

```
$ ls /bin | head -n5
bash
bsd-csh
bunzip2
busybox
bzcat
```

Befehl #3: cut

Der cut-Befehl gibt eine oder mehrere Spalten aus einer Datei aus. Geben Sie zum Beispiel alle Buchtitel aus *animals.txt* aus; diese stehen in der zweiten Spalte:

```
$ cut -f2 animals.txt
Programming Python
SSH, The Secure Shell
Intermediate Perl
MySQL High Availability
Linux in a Nutshell
Cisco IOS in a Nutshell
Writing Word Macros
```

cut bietet zwei Möglichkeiten, um zu definieren, was eine »Spalte« ist. Die erste besteht darin, anhand des Felds (-f) zu schneiden, wenn die Eingabe aus Strings (Feldern) besteht, die jeweils durch ein einzelnes Tab-Zeichen getrennt sind. Praktischerweise ist dies genau das Format der Datei *animals.txt*. Der gerade gezeigte cut-Befehl gibt dank der Option -f2 das zweite Feld jeder Zeile aus.

Um die Ausgabe zu kürzen, leiten Sie sie mit einer Pipe an head, sodass nur die ersten drei Zeilen ausgegeben werden:

```
$ cut -f2 animals.txt | head -n3
Programming Python
SSH, The Secure Shell
Intermediate Perl
```

Sie können auch mehrere Felder herausschneiden, indem Sie ihre Feldnummern entweder mit Kommata trennen:

```
$ cut -f1,3 animals.txt | head -n3
python  2010
snail   2005
alpaca  2012
```

oder einen numerischen Bereich angeben:

```
$ cut -f2-4 animals.txt | head -n3
Programming Python      2010    Lutz, Mark
SSH, The Secure Shell   2005    Barrett, Daniel
Intermediate Perl       2012    Schwartz, Randal
```

Die zweite Möglichkeit, eine »Spalte« für cut zu definieren, erfolgt anhand der Zeichenposition mittels der Option -c. Geben Sie die ersten drei Zeichen aus jeder Zeile der Datei aus, die Sie entweder mit Kommata (1,2,3) oder als Bereich (1-3) angeben:

```
$ cut -c1-3 animals.txt
pyt
sna
alp
rob
hor
don
ory
```

Nachdem Sie nun die grundlegende Funktionalität gesehen haben, versuchen Sie einmal etwas Praktischeres mit cut und Pipes. Stellen Sie sich vor, die Datei *animals.txt* sei Tausende von Zeilen lang und Sie müssten nur die Nachnamen der Autoren extrahieren. Zuerst isolieren Sie das vierte Feld, den Namen des Autors:

```
$ cut -f4 animals.txt
Lutz, Mark
Barrett, Daniel
Schwartz, Randal
...
```

Dann leiten Sie die Ergebnisse mit einer Pipe wieder an cut, verwenden nun aber die Option -d (die für »Delimiter«, also »Trennzeichen« steht), um das Trennzeichen auf ein Komma statt eines Tab zu ändern und damit die Nachnamen der Autoren zu isolieren:

```
$ cut -f4 animals.txt | cut -d, -f1
Lutz
Barrett
Schwartz
...
```

Sparen Sie Zeit mit Befehls-History und Editing

Tippen Sie viele Befehle immer und immer wieder ein? Drücken Sie stattdessen wiederholt die Taste Pfeil-nach-oben. Damit blättern Sie durch die Befehle, die Sie bereits ausgeführt haben. (Diese Eigenart der Shell nennt sich *Befehls-History*.) Wenn Sie den gewünschten Befehl erreicht haben, drücken Sie Enter, um ihn sofort auszuführen, oder bearbeiten ihn zuerst, indem Sie den Cursor mithilfe der Tasten Pfeil-nach-rechts bzw. Pfeil-nach-links positionieren und mit der Backspace-Taste Zeichen löschen. (Dies nennt sich *Kommandozeilen-Editing*.)

Ich werde in Kapitel 3 noch viel leistungsfähigere Funktionen für die Befehls-History und das Editing vorstellen.

Befehl #4: grep

grep ist ein unglaublich leistungsstarker Befehl. Für den Augenblick werde ich allerdings die meisten seiner Fähigkeiten ignorieren und nur sagen, dass er Zeilen ausgibt, die zu einem bestimmten String passen. (Genaueres folgt in Kapitel 5.) Zum Beispiel zeigt der nächste Befehl Zeilen aus *animals.txt* an, die den String `Nutshell` enthalten:

```
$ grep Nutshell animals.txt
horse     Linux in a Nutshell       2009    Siever, Ellen
donkey    Cisco IOS in a Nutshell   2005    Boney, James
```

Sie können auch Zeilen ausgeben lassen, die *nicht* einem bestimmten String entsprechen. Dazu setzen Sie die Option-v ein. Wie Sie sehen, fehlen hier die Zeilen, die »Nutshell« enthalten:

```
$ grep -v Nutshell animals.txt
python    Programming Python        2010    Lutz, Mark
snail     SSH, The Secure Shell     2005    Barrett, Daniel
alpaca    Intermediate Perl         2012    Schwartz, Randal
robin     MySQL High Availability   2014    Bell, Charles
oryx      Writing Word Macros       1999    Roman, Steven
```

Im Allgemeinen ist grep ganz nützlich zum Suchen von Text in einer Sammlung aus Dateien. Der folgende Befehl gibt Zeilen aus, die den String `Perl` enthalten und sich in Dateien befinden, deren Namen auf *.txt* enden:

```
$ grep Perl *.txt
animals.txt:alpaca      Intermediate Perl       2012    Schwartz, Randal
essay.txt:really love the Perl programming language, which is
essay.txt:languages such as Perl, Python, PHP, and Ruby
```

In diesem Fall fand grep drei passende Zeilen, nämlich eine in *animals.txt* und zwei in *essay.txt*.

grep liest von der Standardeingabe und schreibt auf die Standardausgabe, wodurch es sich hervorragend für Pipelines eignet. Nehmen Sie einmal an, Sie wollten wissen, wie viele Unterverzeichnisse sich in dem großen Verzeichnis */usr/lib* befinden.

Diese Antwort kann Ihnen kein einzelner Linux-Befehl liefern, weshalb Sie eine Pipeline konstruieren. Beginnen Sie mit dem Befehl `ls -l`:

```
$ ls -l /usr/lib
drwxrwxr-x  12 root root    4096 Mar  1  2020 4kstogram
drwxr-xr-x   3 root root    4096 Nov 30  2020 GraphicsMagick-1.4
drwxr-xr-x   4 root root    4096 Mar 19  2020 NetworkManager
-rw-r--r--   1 root root   35568 Dec  1  2017 attica_kde.so
-rwxr-xr-x   1 root root     684 May  5  2018 cnf-update-db
...
```

Sie erkennen, dass `ls -l` Verzeichnisse mit einem `d` am Anfang der Zeile kennzeichnet. Verwenden Sie `cut`, um die erste Spalte zu isolieren, die ein `d` sein kann, vielleicht aber auch keines ist:

```
$ ls -l /usr/lib | cut -c1
d
d
d
-
-
...
```

Dann setzen Sie `grep` ein, um nur die Zeilen zu behalten, die ein `d` enthalten:

```
$ ls -l /usr/lib | cut -c1 | grep d
d
d
d
...
```

Schließlich zählen Sie die Zeilen mit `wc` und haben Ihre Antwort, die durch eine Pipeline aus vier Befehlen zustande gekommen ist – */usr/lib* enthält 145 Unterverzeichnisse:

```
$ ls -l /usr/lib | cut -c1 | grep d | wc -l
145
```

Befehl #5: sort

Der Befehl `sort` sortiert die Zeilen einer Datei in aufsteigender Reihenfolge (das ist die Standardeinstellung):

```
$ sort animals.txt
alpaca    Intermediate Perl          2012    Schwartz, Randal
donkey    Cisco IOS in a Nutshell    2005    Boney, James
horse     Linux in a Nutshell        2009    Siever, Ellen
oryx      Writing Word Macros        1999    Roman, Steven
python    Programming Python         2010    Lutz, Mark
robin     MySQL High Availability    2014    Bell, Charles
snail     SSH, The Secure Shell      2005    Barrett, Daniel
```

oder absteigender Reihenfolge (mit der Option `-r`):

```
$ sort -r animals.txt
snail     SSH, The Secure Shell       2005    Barrett, Daniel
robin     MySQL High Availability     2014    Bell, Charles
python    Programming Python          2010    Lutz, Mark
oryx      Writing Word Macros         1999    Roman, Steven
horse     Linux in a Nutshell         2009    Siever, Ellen
donkey    Cisco IOS in a Nutshell     2005    Boney, James
alpaca    Intermediate Perl           2012    Schwartz, Randal
```

sort kann Zeilen alphabetisch (Standardeinstellung) oder numerisch (mit der Option -n) sortieren. Ich zeige dies hier mit Pipelines, die das dritte Feld aus *animals.txt* herausschneiden, das Erscheinungsjahr:

```
$ cut -f3 animals.txt                       Unsortiert
2010
2005
2012
2014
2009
2005
1999
$ cut -f3 animals.txt | sort -n             Aufsteigend
1999
2005
2005
2009
2010
2012
2014
$ cut -f3 animals.txt | sort -nr            Absteigend
2014
2012
2010
2009
2005
2005
1999
```

Um das Veröffentlichungsjahr des neuesten Buchs aus *animals.txt* zu erfahren, leiten Sie die Ausgabe von sort mit einer Pipe auf die Eingabe von head um und geben nur die erste Zeile aus:

```
$ cut -f3 animals.txt | sort -nr | head -n1
2014
```

Maximal- und Minimalwerte

sort und head sind starke Partner, wenn sie mit numerischen Werten arbeiten, und zwar einem Wert pro Zeile. Sie können den Maximalwert ausgeben, indem Sie die Daten so durch eine Pipe leiten:

```
... | sort -nr | head -n1
```

Den Minimalwert geben Sie entsprechend so aus:

```
... | sort -n | head -n1
```

Spielen wir als weiteres Beispiel mit der Datei */etc/passwd* herum, in der die Benutzer stehen, die Prozesse auf Ihrem System ausführen dürfen.[4] Sie werden eine Liste aller Benutzer in alphabetischer Reihenfolge generieren. Wenn Sie sich die ersten fünf Zeilen anschauen, sehen Sie etwas in dieser Art:

```
$ head -n5 /etc/passwd
root:x:0:0:root:/root:/bin/bash
daemon:x:1:1:daemon:/usr/sbin:/usr/sbin/nologin
bin:x:2:2:bin:/bin:/usr/sbin/nologin
smith:x:1000:1000:Aisha Smith,,,:/home/smith:/bin/bash
jones:x:1001:1001:Bilbo Jones,,,:/home/jones:/bin/bash
```

Jede Zeile besteht aus Strings, die durch Doppelpunkte getrennt sind. Der erste String ist der Benutzername. Sie können also die Benutzernamen mit dem Befehl `cut` isolieren ...

```
$ head -n5 /etc/passwd | cut -d: -f1
root
daemon
bin
smith
jones
```

und sortieren:

```
$ head -n5 /etc/passwd | cut -d: -f1 | sort
bin
daemon
jones
root
smith
```

Um die sortierte Liste aller Benutzernamen herzustellen, nicht nur der ersten fünf, ersetzen Sie `head` durch `cat`:

```
$ cat /etc/passwd | cut -d: -f1 | sort
```

Wenn Sie feststellen wollen, ob ein bestimmter Benutzer einen Account auf Ihrem System hat, suchen Sie dessen Benutzernamen mit `grep`. Eine leere Ausgabe bedeutet, dass es keinen Account gibt:

```
$ cut -d: -f1 /etc/passwd | grep -w jones
jones
$ cut -d: -f1 /etc/passwd | grep -w rutabaga          (erzeugt keine Ausgabe)
```

Die Option `-w` weist `grep` an, nur nach kompletten Wörtern zu suchen, nicht nach Teilwörtern. Dies ist sinnvoll, falls es auf Ihrem System auch Benutzernamen gibt, die »jones« enthalten, wie etwa `sallyjones2`.

4 Manche Linux-Systeme speichern die Benutzerinformation woanders.

Befehl #6: uniq

Der Befehl uniq erkennt sich wiederholende benachbarte Zeilen in einer Datei. Die Wiederholungen werden standardmäßig entfernt. Ich demonstriere das anhand einer einfachen Datei, die Großbuchstaben enthält:

```
$ cat letters
A
A
A
B
B
A
C
C
C
C
$ uniq letters
A
B
A
C
```

Sie sehen, dass uniq die ersten drei A-Zeilen auf ein einziges A reduziert, das letzte A dagegen blieb bestehen, da es zu den ersten drei A nicht *benachbart* war.

Sie können auch die Vorkommen zählen. Dazu verwenden Sie die Option -c:

```
$ uniq -c letters
      3 A
      2 B
      1 A
      4 C
```

Ich gebe zu, dass ich keinen besonderen Nutzen in dem Befehl uniq gesehen hatte, als er mir das erste Mal begegnet war. Aber er ist schnell zu einem meiner Favoriten geworden. Nehmen Sie an, Sie hätten eine Tab-separierte Datei mit den studentischen Abschlussnoten eines Universitätskurses, die von A (am besten) bis F (am schlechtesten) reichen:

```
$ cat grades
C	Geraldine
B	Carmine
A	Kayla
A	Sophia
B	Haresh
C	Liam
B	Elijah
B	Emma
A	Olivia
D	Noah
F	Ava
```

Sie wollen nun die Note ausgeben, die am häufigsten vorkommt. (Bei Gleichstand geben Sie nur einen der Gewinner aus.) Zunächst isolieren Sie die Noten mit cut und sortieren sie:

```
$ cut -f1 grades | sort
A
A
A
B
B
B
B
C
C
D
F
```

Anschließend verwenden Sie uniq, um benachbarte Zeilen zu zählen:

```
$ cut -f1 grades | sort | uniq -c
      3 A
      4 B
      2 C
      1 D
      1 F
```

Dann sortieren Sie die Zeilen in umgekehrter Reihenfolge numerisch, um die am häufigsten auftretende Note in die oberste Zeile zu verschieben ...

```
$ cut -f1 grades | sort | uniq -c | sort -nr
      4 B
      3 A
      2 C
      1 F
      1 D
```

und nur die erste Zeile mit head zu behalten:

```
$ cut -f1 grades | sort | uniq -c | sort -nr | head -n1
      4 B
```

Und da Sie nur die Buchstabenbewertung, nicht jedoch die Anzahl haben wollen, isolieren Sie die Note schließlich mit cut:

```
$ cut -f1 grades | sort | uniq -c | sort -nr | head -n1 | cut -c9
B
```

Hier haben Sie Ihre Antwort dank einer Pipeline aus sechs Befehlen – unserer längsten bisher. Diese Art der schrittweisen Konstruktion einer Pipeline ist nicht nur eine Fingerübung. So arbeiten Linux-Experten tatsächlich. Kapitel 8 widmet sich dieser Technik.

Dateiduplikate entdecken

Kombinieren wir das bisher Gelernte in einem größeren Beispiel. Nehmen wir an, Sie wären in einem Verzeichnis voller JPEG-Dateien unterwegs und wollten wissen, ob einige von ihnen Duplikate sind:

```
$ ls
image001.jpg  image005.jpg  image009.jpg  image013.jpg  image017.jpg
image002.jpg  image006.jpg  image010.jpg  image014.jpg  image018.jpg
...
```

Sie können diese Frage mit einer Pipeline beantworten. Sie brauchen einen weiteren Befehl, nämlich `md5sum`, der den Inhalt einer Datei untersucht und einen 32 Zeichen langen String berechnet, eine sogenannte *Prüfsumme* oder *Checksumme*:

```
$ md5sum image001.jpg
146b163929b6533f02e91bdf21cb9563  image001.jpg
```

Die Prüfsumme einer Datei ist aus mathematischen Gründen mit sehr, sehr hoher Wahrscheinlichkeit einmalig. Wenn zwei Dateien dieselbe Checksumme besitzen, handelt es sich daher ziemlich sicher um Duplikate. Hier zeigt `md5sum` an, dass die erste und die dritte Datei Duplikate sind:

```
$ md5sum image001.jpg image002.jpg image003.jpg
146b163929b6533f02e91bdf21cb9563  image001.jpg
63da88b3ddde0843c94269638dfa6958  image002.jpg
146b163929b6533f02e91bdf21cb9563  image003.jpg
```

Prüfsummen von Duplikaten sind relativ leicht durch bloßes Hinschauen zu erkennen, wenn man nur drei Dateien hat. Was machen Sie aber bei 3.000 Dateien? Hier sind Pipes unsere Rettung. Berechnen Sie alle Prüfsummen, isolieren Sie mit `cut` die ersten 32 Zeichen auf jeder Zeile und sortieren Sie die Zeilen, damit die Duplikate nebeneinanderstehen:

```
$ md5sum *.jpg | cut -c1-32 | sort
1258012d57050ef6005739d0e6f6a257
146b163929b6533f02e91bdf21cb9563
146b163929b6533f02e91bdf21cb9563
17f339ed03733f402f74cf386209aeb3
...
```

Fügen Sie dann `uniq` hinzu, um die sich wiederholenden Zeilen zu zählen:

```
$ md5sum *.jpg | cut -c1-32 | sort | uniq -c
      1 1258012d57050ef6005739d0e6f6a257
      2 146b163929b6533f02e91bdf21cb9563
      1 17f339ed03733f402f74cf386209aeb3
     ...
```

Wenn es keine Duplikate gibt, sind die von `uniq` erzeugten Zahlen alle 1. Sortieren Sie die Ergebnisse numerisch vom höchsten zum niedrigsten Wert; alle Zahlen, die größer sind als 1, erscheinen am Anfang der Ausgabe:

```
$ md5sum *.jpg | cut -c1-32 | sort | uniq -c | sort -nr
      3 f6464ed766daca87ba407aede21c8fcc
      2 c7978522c58425f6af3f095ef1de1cd5
      2 146b163929b6533f02e91bdf21cb9563
      1 d8ad913044a51408ec1ed8a204ea9502
     ...
```

Nun entfernen wir noch die Nichtduplikate. Vor deren Prüfsummen stehen sechs Leerzeichen, die Zahl 1 und ein einzelnes Leerzeichen. Verwenden wir grep -v, um diese Zeilen zu entfernen:[5]

```
$ md5sum *.jpg | cut -c1-32 | sort | uniq -c | sort -nr | grep -v "      1 "
      3 f6464ed766daca87ba407aede21c8fcc
      2 c7978522c58425f6af3f095ef1de1cd5
      2 146b163929b6533f02e91bdf21cb9563
```

Schließlich haben Sie Ihre Liste aller Duplikatprüfsummen, sortiert nach der Anzahl der Vorkommen und erzeugt durch eine wunderbare Pipeline aus sechs Befehlen. Wenn diese keine Ausgabe erzeugt, gibt es keine doppelt vorkommenden Dateien.

Dieser Befehl wäre noch nützlicher, wenn er die Dateinamen der Duplikate anzeigen würde. Allerdings erfordert diese Operation Funktionen, die wir bisher nicht besprochen haben. (Sie lernen sie in »Den Duplikate-Detektor verbessern« auf Seite 109 kennen.) Für den Augenblick identifizieren wir die Dateien, die eine bestimmte Prüfsumme haben, über eine Suche mit grep:

```
$ md5sum *.jpg | grep 146b163929b6533f02e91bdf21cb9563
146b163929b6533f02e91bdf21cb9563  image001.jpg
146b163929b6533f02e91bdf21cb9563  image003.jpg
```

und säubern die Ausgabe mit cut:

```
$ md5sum *.jpg | grep 146b163929b6533f02e91bdf21cb9563 | cut -c35-
image001.jpg
image003.jpg
```

Zusammenfassung

Sie haben nun die Stärken von Standardeingabe, Standardausgabe und Pipes kennengelernt. Diese verwandeln eine kleine Handvoll von Befehlen in eine Sammlung kombinierbarer Werkzeuge, die beweisen, dass das Ganze größer ist als die Summe seiner Teile. *Jeder* Befehl, der von der Standardeingabe liest oder auf die Standardausgabe schreibt, kann in Pipelines eingesetzt werden.[6] Wenn Sie mehr Befehle kennengelernt haben, können Sie die allgemeinen Konzepte aus diesem Kapitel nutzen, um Ihre eigenen leistungsfähigen Kombinationen zu bauen.

5 Technisch gesehen, brauchen Sie das letzte sort -nr in dieser Pipeline zum Isolieren der Duplikate gar nicht, weil grep alle Nichtduplikate entfernt.

6 Manche Befehle verwenden die Standardeingabe/Standardausgabe nicht und können deshalb nicht aus Pipes lesen bzw. auf Pipes schreiben. Beispiele sind mv und rm. Pipelines können diese Befehle jedoch auf andere Art nutzen, wie Sie anhand von Beispielen in Kapitel 8 sehen werden.

KAPITEL 2

Einführung in die Shell

So, Sie können nun also Befehle an einem Prompt ausführen. Aber was *ist* dieser Prompt? Woher kommt er, wie werden Ihre Befehle ausgeführt, und warum spielt das eine Rolle?

Dieser kleine Prompt wird von einem Programm namens *Shell* erzeugt. Dabei handelt es sich um eine Benutzerschnittstelle, die zwischen Ihnen und dem Linux-Betriebssystem sitzt. Linux stellt mehrere Shells zur Verfügung. Die gebräuchlichste (und der Standard für dieses Buch) heißt `bash` (siehe Anhang B für Hinweise zu anderen Shells).

`bash` und die anderen Shells machen mehr, als nur einfach Programme auszuführen. Wenn zum Beispiel ein Befehl eine Wildcard (*) enthält, um auf mehrere Dateien gleichzeitig zu verweisen:

```
$ ls *.py
data.py    main.py    user_interface.py
```

wird die Wildcard komplett von der Shell verarbeitet, nicht vom Programm `ls`. Die Shell wertet den Ausdruck `*.py` aus und ersetzt ihn für uns unsichtbar durch eine Liste passender Dateinamen, bevor sie `ls` ausführt. Mit anderen Worten, `ls` *bekommt die Wildcard niemals zu Gesicht.* Aus Sicht von `ls` haben Sie folgenden Befehl eingetippt:

```
$ ls data.py main.py user_interface.py
```

Die Shell kümmert sich auch um die Pipes, die Sie in Kapitel 1 kennengelernt haben. Sie leitet die Standardeingabe und die Standardausgabe transparent um, sodass die beteiligten Programme keine Ahnung haben, dass sie miteinander kommunizieren.

Immer wenn ein Befehl ausgeführt wird, sind einige der Schritte unter der Verantwortung des aufgerufenen Programms, etwa `ls`, und andere unterliegen der Verantwortung der Shell. Erfahrene Benutzer verstehen, was was ist. Das ist einer der Gründe dafür, dass sie aus dem Stand heraus lange, komplexe Befehle herstellen und diese erfolgreich ausführen können. Sie *wissen bereits, was der Befehl machen wird*, bevor sie Enter drücken. Zum Teil liegt das daran, dass sie die Trennung zwischen der Shell und dem Programm, das diese aufruft, verstehen.

In diesem Kapitel arbeiten wir an Ihrem Verständnis der Linux-Shell. Ich werde mich der Sache ähnlich minimalistisch nähern wie der Frage der Befehle und Pipes in Kapitel 1. Statt Dutzende von Shell-Merkmalen zu behandeln, gebe ich Ihnen gerade so viele Informationen, dass Sie den nächsten Schritt Ihrer Lernreise machen können:

- Pattern Matching für Dateinamen
- Variablen zum Speichern von Werten
- Umleitung von Eingabe und Ausgabe
- Quotieren und Schützen, um bestimmte Shell-Eigenarten zu deaktivieren
- Suchpfad zum Auffinden von Programmen, die man ausführen möchte
- Speichern von Änderungen an Ihrer Shell-Umgebung

Das Shell-Vokabular

Das Wort *Shell* hat zwei Bedeutungen. Manchmal ist damit das *Konzept* der Linux-Shell im Allgemeinen gemeint, wie in »die Shell ist ein mächtiges Werkzeug« oder »die bash ist eine Shell«. Dann wieder ist damit eine bestimmte *Instanz* einer Shell gemeint, die auf einem bestimmten Linux-Computer läuft und auf Ihren nächsten Befehl wartet.

In diesem Buch sollte sich der Einsatz des Begriffs *Shell* meist klar aus dem jeweiligen Kontext ergeben. Wenn es nötig ist, konkretisiere ich die zweite Bedeutung als *Shell-Instanz*, *laufende Shell*, oder als Ihre *aktuelle Shell*.

Manche Shell-Instanzen, aber nicht alle, stellen einen Prompt bereit, sodass Sie mit ihnen interagieren können. Ich verwende den Begriff *interaktive Shell* für diese Instanzen. Andere Shell-Instanzen sind nicht interaktiv – sie führen eine Folge von Befehlen aus und beenden sich dann.

Pattern Matching für Dateinamen

In Kapitel 1 haben Sie mit verschiedenen Befehlen gearbeitet, die Dateinamen als Argumente akzeptieren, wie `cut`, `sort` und `grep`. Diese (und viele andere) Befehle akzeptieren auch mehrere Dateinamen als Argumente. Zum Beispiel können Sie in 100 Dateien, die mit *chapter1* bis *chapter100* benannt sind, nach dem Wort *Linux* suchen:

```
$ grep Linux chapter1 chapter2 chapter3 chapter4 chapter5 ...und so weiter...
```

Es ist eine ziemliche Zeitverschwendung, mehrere Dateien namentlich aufzulisten. Die Shell bietet deshalb besondere Zeichen als Kurzformen an, über die sich Dateien oder Verzeichnisse mit ähnlichen Namen ansprechen lassen. Man nennt diese

Zeichen Wildcards und das allgemeine Konzept *Pattern Matching* (Musterabgleich) oder *Globbing*. Pattern Matching ist eine der beiden gebräuchlichsten Techniken zum Steigern der Geschwindigkeit, die Linux-Benutzer lernen. (Die andere ist das Drücken der Pfeil-nach-oben-Taste zum Zurückholen eines früheren Befehls der Shell, die ich in Kapitel 3 beschreiben werde.)

Die meisten Linux-Benutzer sind mit dem Stern oder Asterisk (*) vertraut, der einer Folge von null oder mehreren Zeichen (mit Ausnahme eines führenden Punkts)[1] in Datei- oder Verzeichnispfaden entspricht:

```
$ grep Linux chapter*
```

Hinter den Kulissen erweitert die Shell (nicht `grep`!) das Muster `chapter*` zu einer Liste aus 100 passenden Dateinamen. Anschließend führt die Shell `grep` aus.

Viele Benutzer haben auch schon einmal das Fragezeichen (?) gesehen, das einem einzelnen Zeichen entspricht (mit Ausnahme eines führenden Punkts). Sie könnten zum Beispiel nach dem Wort *Linux* nur in den Kapiteln 1 bis 9 suchen, indem Sie ein einzelnes Fragezeichen angeben, damit die Shell lediglich einzelne Ziffern darauf abbildet:

```
$ grep Linux chapter?
```

oder in den Kapiteln 10 bis 99, indem Sie zwei Fragezeichen angeben, die zwei Ziffern entsprechen:

```
$ grep Linux chapter??
```

Nur wenige Benutzer sind mit den eckigen Klammern vertraut ([]), die die Shell anweisen, ein einzelnes Zeichen aus einer Menge zu suchen. Zum Beispiel könnten Sie nur die ersten fünf Kapitel durchsuchen:

```
$ grep Linux chapter[12345]
```

Gleichermaßen könnten Sie mit einem Bindestrich einen Zeichenbereich angeben:

```
$ grep Linux chapter[1-5]
```

Sie könnten auch nach Kapiteln mit geraden Nummern suchen, indem Sie den Asterisk und die eckigen Klammern miteinander kombinieren, damit die Shell Dateinamen findet, die auf eine gerade Ziffer enden:

```
$ grep Linux chapter*[02468]
```

Für den Abgleich können alle möglichen Zeichen in den eckigen Klammern stehen, nicht nur Ziffern. So würden zum Beispiel Dateinamen, die mit einem Großbuchstaben beginnen, einen Unterstrich enthalten und mit dem Symbol `@` enden, von der Shell in diesem Befehl gefunden werden:

```
$ ls [A-Z]*_*@
```

1 Deswegen listet der Befehl `ls *` keine Dateinamen auf, die mit einem Punkt beginnen, also die sogenannten Punktdateien.

Terminologie, Ausdrücke auswerten und Muster erweitern

Strings, die Sie auf der Kommandozeile eingeben, wie `chapter*` oder `Efficient Linux`, werden als *Ausdrücke* bezeichnet. Ein ganzer Befehl wie `ls -l chapter*` ist ebenfalls ein Ausdruck.

Wenn die Shell Sonderzeichen in einem Ausdruck interpretiert und verarbeitet, wie Asteriske und Pipe-Symbole, sprechen wir davon, dass die Shell den Ausdruck *auswertet* oder evaluiert.

Das Pattern Matching ist eine Art von Auswertung bzw. Evaluation. Wenn die Shell einen Ausdruck auswertet, der Pattern-Matching-Symbole enthält, wie `chapter*`, und ihn durch Dateinamen ersetzt, die dem Muster entsprechen, dann sagen wir, dass die Shell das Muster *erweitert*.

Muster sind fast überall dort gültig, wo Sie auf der Kommandozeile Datei- oder Verzeichnispfade angeben. Zum Beispiel können Sie mithilfe eines Musters alle Dateien im Verzeichnis */etc* auflisten, deren Namen auf *.conf* enden:

```
$ ls -1 /etc/*.conf
/etc/adduser.conf
/etc/appstream.conf
...
/etc/wodim.conf
```

Seien Sie vorsichtig beim Einsatz eines Musters mit einem Befehl, der nur ein Datei- oder Verzeichnisargument akzeptiert, wie `cd`. Sie erhalten möglicherweise nicht das Verhalten, das Sie erwarten:

```
$ ls
Pictures   Poems    Politics
$ cd P*                                   Es gibt drei passende Verzeichnisse
bash: cd: too many arguments
```

Passt ein Muster nicht auf irgendwelche Dateien, lässt die Shell es unverändert, sodass es so, wie es ist, als Befehlsargument übergeben wird. Im folgenden Befehl passt das Muster `*.doc` auf nichts im aktuellen Verzeichnis. `ls` sucht deshalb nach einem Dateinamen, der wirklich `*.doc` lautet, und scheitert damit:

```
$ ls *.doc
/bin/ls: cannot access '*.doc': No such file or directory
```

Beim Arbeiten mit Dateimustern muss man sich zwei Punkte unbedingt merken. Erstens führt, wie ich bereits betont habe, die Shell und nicht das aufgerufene Programm das Pattern Matching durch. Ich weiß, dass ich mich wiederhole, aber ich bin oft überrascht, wie viele Linux-Benutzer das nicht wissen und irrige Vorstellungen darüber entwickeln, weshalb bestimmte Befehle erfolgreich sind oder fehlschlagen.

Der zweite wichtige Punkt ist, dass das Shell-Pattern-Matching nur für Datei- und Verzeichnispfade gilt. Es funktioniert nicht bei Benutzernamen, Hostnamen und anderen Arten von Argumenten, die bestimmte Befehle akzeptieren. Sie können auch nicht einfach beispielsweise s?rt am Anfang der Kommandozeile eintippen und dann von der Shell erwarten, dass sie das Programm sort ausführt. (Manche Linux-Befehle wie grep, sed und awk führen ihre eigene Art von Pattern Matching durch, die wir in Kapitel 5 erkunden.)

Dateinamen-Pattern-Matching und Ihre eigenen Programme

Alle Programme, die Dateinamen als Argumente akzeptieren, »funktionieren« automatisch mit dem Pattern Matching, da die Shell die Muster auswertet, bevor das Programm ausgeführt wird. Das gilt sogar für Programme und Skripte, die Sie selbst schreiben. Hätten Sie zum Beispiel ein Programm english2swedish geschrieben, das Dateien aus der englischen in die schwedische Sprache übersetzt und mehrere Dateinamen auf der Kommandozeile akzeptiert, könnten Sie es problemlos mit Pattern Matching aufrufen:

```
$ english2swedish *.txt
```

Variablen auswerten

Eine laufende Shell kann Variablen definieren und Werte in ihnen speichern. Eine Shell-Variable hat vieles gemeinsam mit einer Variablen in der Algebra – sie besitzt einen Namen und einen Wert. Ein Beispiel ist die Shell-Variable HOME. Deren Wert ist der Pfad zu Ihrem Linux-Home-Verzeichnis, also etwa */home/smith*. Ein anderes Beispiel ist USER, deren Wert Ihr Linux-Benutzername ist, für den ich in diesem Buch beispielshaft smith annehme.

Um die Werte von HOME und USER auf der Standardausgabe auszugeben, führen Sie den Befehl printenv aus:

```
$ printenv HOME
/home/smith
$ printenv USER
smith
```

Wenn die Shell eine Variable auswertet, ersetzt sie den Variablennamen durch ihren Wert. Setzen Sie einfach ein Dollarzeichen vor den Namen, um die Variable auszuwerten. Zum Beispiel wird $HOME zu dem String /home/smith ausgewertet.

Die einfachste Möglichkeit, um zu beobachten, wie die Shell eine Kommandozeile auswertet, besteht darin, den Befehl echo aufzurufen, der einfach seine Argumente ausgibt (nachdem die Shell damit fertig ist, sie auszuwerten):

```
$ echo Mein Name ist $USER und meine Dateien sind in $HOME Auswerten von Variablen
Mein Name ist smith und meine Dateien sind in /home/smith
$ echo ch*ter9                                             Auswerten eines Musters
chapter9
```

Woher die Variablen kommen

Variablen wie USER und HOME sind von der Shell vordefiniert. Ihre Werte werden automatisch gesetzt, wenn Sie sich anmelden (mehr dazu später). Traditionell tragen solche vordefinierten Variablen Namen, die komplett in Großbuchstaben geschrieben sind.

Sie können eine Variable auch jederzeit definieren oder modifizieren, indem Sie ihr mit dieser Syntax einen Wert zuweisen:

```
name=wert
```

Falls Sie zum Beispiel häufig im Verzeichnis */home/smith/Projects* arbeiten, könnten Sie dessen Namen einer Variablen zuweisen:

```
$ work=$HOME/Projects
```

und dies dann als praktische Kurzform mit cd verwenden:

```
$ cd $work
$ pwd
/home/smith/Projects
```

Sie können $work jedem Befehl übergeben, der ein Verzeichnis erwartet:

```
$ cp myfile $work
$ ls $work
myfile
```

Beim Definieren einer Variablen sind rund um das Gleichheitszeichen keine Leerzeichen erlaubt. Sollten Sie das vergessen, nimmt die Shell (fälschlicherweise) an, dass das erste Wort auf der Kommandozeile ein Programm ist, das ausgeführt werden soll, und der Wert wird als dessen Argumente aufgefasst. Sie erhalten eine Fehlermeldung:

```
$ work = $HOME/Projects                Die Shell nimmt an, »work« sei ein Befehl.
work: command not found
```

Eine benutzerdefinierte Variable wie work ist genauso legitim und einsetzbar wie eine systemdefinierte Variable wie HOME. Der einzige praktische Unterschied besteht darin, dass manche Linux-Programme ihr Verhalten intern anhand der Werte von HOME, USER und anderen systemdefinierten Variablen ändern. So könnte zum Beispiel ein Linux-Programm mit einer grafischen Oberfläche Ihren Benutzernamen von der Shell beziehen und anzeigen. Solche Programme achten nicht auf eine erfundene Variable wie work, weil sie nicht darauf programmiert wurden.

Variablen und Aberglauben

Wenn Sie den Wert einer Variablen mit echo ausgeben:

```
$ echo $HOME
/home/smith
```

glauben Sie vielleicht, dass der Befehl `echo` die Variable `HOME` untersucht und deren Wert ausgibt. Das ist *nicht* der Fall. `echo` weiß nichts von Variablen, es gibt einfach die Argumente aus, die Sie ihm übergeben. Tatsächlich ist es die Shell, die `$HOME` auswertet, bevor sie `echo` ausführt. Aus Sicht von `echo` haben Sie Folgendes eingetippt:

```
$ echo /home/smith
```

Dieses Verhalten müssen Sie unbedingt verstehen, vor allem wenn wir zu komplizierteren Befehlen kommen. Die Shell wertet die Variablen in einem Befehl – genau wie die Muster und andere Shell-Konstrukte – aus, bevor sie den Befehl ausführt.

Muster versus Variablen

Testen wir mal Ihr Verständnis der Muster- und Variablenauswertung. Nehmen wir einmal an, Sie sind in einem Verzeichnis mit zwei Unterverzeichnissen, *mammals* und *reptiles*, und seltsamerweise enthält das Unterverzeichnis *mammals* Dateien namens *lizard.txt* und *snake.txt*:

```
$ ls
mammals   reptiles
$ ls mammals
lizard.txt  snake.txt
```

In der wirklichen Welt sind Eidechsen und Schlangen keine Säugetiere, die zwei Dateien sollten daher in das Unterverzeichnis *reptiles* verschoben werden. Hier sind zwei Vorschläge, wie man das machen könnte. Der eine klappt, der andere nicht:

```
mv mammals/*.txt reptiles                    Methode 1

FILES="lizard.txt snake.txt"
mv mammals/$FILES reptiles                   Methode 2
```

Methode 1 funktioniert, weil Muster einen ganzen Dateipfad erfassen. Sie sehen, dass der Verzeichnisname *mammals* Bestandteil beider Treffer für `mammals/*.txt` ist:

```
$ echo mammals/*.txt
mammals/lizard.txt mammals/snake.txt
```

Methode 1 arbeitet also so, als hätten Sie den folgenden korrekten Befehl eingegeben:

```
$ mv mammals/lizard.txt mammals/snake.txt reptiles
```

Methode 2 benutzt Variablen, die nur auf ihren tatsächlichen Wert ausgewertet werden. Sie haben keine besondere Behandlungsweise für Dateipfade:

```
$ echo mammals/$FILES
mammals/lizard.txt snake.txt
```

Methode 2 tut also so, als hätten Sie folgenden problematischen Befehl eingetippt:

```
$ mv mammals/lizard.txt snake.txt reptiles
```

Dieser Befehl sucht nach der Datei *snake.txt* im aktuellen Verzeichnis, nicht im Unterverzeichnis *mammals*, und scheitert deshalb:

```
$ mv mammals/$FILES reptiles
/bin/mv: cannot stat 'snake.txt': No such file or directory
```

Damit eine Variable in dieser Situation funktioniert, verwenden Sie eine `for`-Schleife, die jedem Dateinamen den Verzeichnisnamen *mammals* voranstellt:

```
FILES="lizard.txt snake.txt"
for f in $FILES; do
  mv mammals/$f reptiles
done
```

Befehle mit Aliasen abkürzen

Eine Variable ist ein Name, der für einen Wert einspringt. Die Shell besitzt auch Namen, die für Befehle einspringen. Diese werden als *Aliase* bezeichnet. Definieren Sie einen Alias, indem Sie einen Namen erfinden, auf den Sie ein Gleichheitszeichen und dann einen Befehl folgen lassen:

```
$ alias g=grep              Befehl ohne Argumente.
$ alias ll="ls -l"          Befehl mit Argumenten: Anführungszeichen erforderlich.
```

Um einen Alias auszuführen, tippen Sie seinen Namen als Befehl ein. Wenn Aliase kürzer sind als die Befehle, die sie auslösen, sparen Sie Zeit beim Tippen:

```
$ ll                                        Führt "ls -l" aus.
-rw-r--r-- 1 smith smith 325 Jul  3 17:44 animals.txt
$ g Nutshell animals.txt                    Führt "grep Nutshell animals.txt" aus.
horse   Linux in a Nutshell      2009    Siever, Ellen
donkey  Cisco IOS in a Nutshell 2005    Boney, James
```

Tipp
Definieren Sie einen Alias immer auf einer eigenen Zeile und nicht als Teil eines kombinierten Befehls (siehe `man bash` für die technischen Einzelheiten).

Sie können einen Alias definieren, der den gleichen Namen trägt wie ein bereits existierender Befehl, und damit im Prinzip diesen Befehl in Ihrer Shell ersetzen. Diese Praxis wird als *Shadowing* des Befehls bezeichnet (man kann auch sagen, der Befehl wird überdeckt). Nehmen wir einmal an, Sie mögen den Befehl `less` zum Lesen von Dateien, wollen aber den Bildschirm leeren, bevor Sie die einzelnen Seiten der Datei anzeigen. Diese Funktionalität wird durch die Option `-c` ermöglicht. Definieren Sie daher einen Alias namens »less«, der `less -c` ausführt:[2]

---

2 `bash` verhindert eine unendliche Rekursion, indem es das zweite `less` nicht als Alias erweitert.

```
$ alias less="less -c"
```

Aliase erhalten Vorrang vor Befehlen desselben Namens. Sie haben also nun den Befehl less in der aktuellen Shell mit dem Alias überdeckt. Ich erkläre in »Suchpfad und Aliase« auf Seite 49, was *Vorrang* bedeutet.

Um die Aliase einer Shell und deren Werte aufzulisten, führen Sie den Befehl alias ohne Argumente aus:

```
$ alias
alias g='grep'
alias ll='ls -l'
```

Um den Wert eines einzelnen Alias zu sehen, rufen Sie alias gefolgt von dessen Namen auf:

```
$ alias g
alias g='grep'
```

Um einen Alias aus einer Shell zu löschen, führen Sie unalias aus:

```
$ unalias g
```

Eingaben und Ausgaben umleiten

Die Shell kontrolliert die Ein- und Ausgabe der Befehle, die sie ausführt. Sie haben bereits ein Beispiel gesehen: Pipes, die die Standardausgabe eines Befehls an die Standardeingabe eines anderen umleiten. Die Pipe-Syntax, |, ist eine Eigenschaft der Shell.

Eine andere Shell-Eigenschaft ist das Umleiten der Standardausgabe in eine Datei. Falls Sie zum Beispiel grep nutzen, um bestimmte Zeilen aus der Datei *animals.txt* aus Beispiel 1-1 auszugeben, schreibt der Befehl normalerweise auf die Standardausgabe:

```
$ grep Perl animals.txt
alpaca  Intermediate Perl    2012    Schwartz, Randal
```

Sie können diese Ausgabe stattdessen an eine Datei schicken. Dafür setzen Sie eine Shell-Eigenschaft namens *Ausgabeumleitung* ein. Fügen Sie einfach das Symbol > hinzu, gefolgt vom Namen einer Datei, die diese Ausgabe aufnehmen soll:

```
$ grep Perl animals.txt > outfile                   (zeigt keine Ausgabe an)
$ cat outfile
alpaca  Intermediate Perl   2012    Schwartz, Randal
```

Sie haben gerade die Standardausgabe in die Datei *outfile* statt auf den Bildschirm geleitet. Falls die Datei *outfile* nicht existiert, wird sie angelegt. Existiert sie bereits, überschreibt die Umleitung ihren Inhalt. Möchten Sie die Ausgabe lieber an die Ausgabedatei anhängen, statt diese zu überschreiben, benutzen Sie stattdessen das Symbol >>:

```
$ grep Perl animals.txt > outfile           Anlegen oder Überschreiben von outfile
$ echo Es gab nur einen Treffer >> outfile  Anhängen an outfile
$ cat outfile
alpaca  Intermediate Perl    2012    Schwartz, Randal
Es gab nur einen Treffer
```

Die Ausgabeumleitung hat eine Partnerin, die *Eingabeumleitung*, die die Standardeingabe aus einer Datei holt, statt sie von der Tastatur entgegenzunehmen. Benutzen Sie das Symbol < gefolgt von einem Dateinamen, um die Standardeingabe umzuleiten.

Viele Linux-Befehle, die Dateinamen als Argumente akzeptieren und aus diesen Dateien lesen, lesen auch von der Standardeingabe, wenn sie ohne Argumente ausgeführt werden. Ein Beispiel ist wc zum Zählen von Zeilen, Wörtern und Zeichen in einer Datei:

```
$ wc animals.txt                    Lesen aus einer benannten Datei
  7  51 325 animals.txt
$ wc < animals.txt                  Lesen von der umgeleiteten Standardeingabe
  7  51 325
```

Standardfehlerausgabe (stderr) und Umleitung

Bei Ihrem täglichen Linux-Einsatz werden Sie vermutlich bemerken, dass manche Ausgaben nicht durch > umgeleitet werden können. Bitten Sie zum Beispiel cp, eine Datei zu kopieren, die nicht existiert, und der Befehl erzeugt diese Fehlermeldung:

```
$ cp nonexistent.txt file.txt
cp: cannot stat 'nonexistent.txt': No such file or directory
```

Falls Sie die Ausgabe (Standardausgabe) dieses cp-Befehls in eine Datei *errors* umleiten, taucht die Meldung trotzdem auf dem Bildschirm auf:

```
$ cp nonexistent.txt file.txt > errors
cp: cannot stat 'nonexistent.txt': No such file or directory
```

und die Datei *errors* ist leer:

```
$ cat errors                                (erzeugt keine Ausgabe)
```

Wieso passiert das? Linux-Befehle können mehr als einen Ausgabe-Stream erzeugen. Zusätzlich zur Standardausgabe (stdout) gibt es noch die Standardfehlerausgabe stderr (oder »Standard Error«), einen zweiten Ausgabe-Stream, der traditionell für Fehlermeldungen reserviert ist. Die Streams stderr und stdout sehen auf dem Bildschirm identisch aus, sind aber intern getrennt. Sie können die Standardfehlerausgabe mit dem Symbol 2> gefolgt von einem Dateinamen umleiten:

```
$ cp nonexistent.txt file.txt 2> errors
$ cat errors
cp: cannot stat 'nonexistent.txt': No such file or directory
```

und mit 2>> gefolgt von einem Dateinamen an eine Datei anhängen:

```
$ cp nonexistent.txt file.txt 2> errors
$ cp another.txt file.txt 2>> errors
$ cat errors
cp: cannot stat 'nonexistent.txt': No such file or directory
cp: cannot stat 'another.txt': No such file or directory
```

Um sowohl die Standardausgabe als auch die Standardfehlerausgabe in dieselbe Datei umzuleiten, benutzen Sie &>, gefolgt von einem Dateinamen:

```
$ echo This file exists > goodfile.txt                Erzeugt eine Datei.
$ cat goodfile.txt nonexistent.txt &> all.output
$ cat all.output
This file exists
cat: nonexistent.txt: No such file or directory
```

Es ist *sehr wichtig*, zu verstehen, inwiefern sich diese beiden wc-Befehle in ihrem Verhalten unterscheiden:

- Im ersten Befehl nimmt wc den Dateinamen *animals.txt* als Argument entgegen, sodass sich wc bewusst ist, dass die Datei existiert. wc öffnet bewusst die Datei auf der Festplatte und liest deren Inhalt.
- Im zweiten Befehl wird wc ohne Argumente aufgerufen, sodass es von der Standardeingabe liest, bei der es sich normalerweise um die Tastatur handelt. Die Shell leitet jedoch heimlich die Standardeingabe so um, dass sie stattdessen aus *animals.txt* kommt. wc hat keine Ahnung, dass die Datei *animals.txt* existiert.

Die Shell kann Eingabe und Ausgabe im selben Befehl umleiten:

```
$ wc < animals.txt > count
$ cat count
  7  51 325
```

und gleichzeitig sogar Pipes nutzen. Hier liest grep von der umgeleiteten Standardeingabe und leitet die Ergebnisse über eine Pipe an wc weiter, das auf die umgeleitete Standardausgabe schreibt, sodass die Datei *count* erzeugt wird:

```
$ grep Perl < animals.txt | wc > count
$ cat count
      1       6      47
```

Sie tauchen in Kapitel 8 tiefer in solche kombinierten Befehle ein und werden im Laufe des Buchs auch noch viele weitere Beispiele für Umleitungen sehen.

Die Auswertung mit Anführungs- und Escape-Zeichen deaktivieren

Normalerweise verwendet die Shell Whitespace als Trennzeichen zwischen Wörtern. Der folgende Befehl umfasst vier Wörter – einen Programmnamen, gefolgt von drei Argumenten:

```
$ ls file1 file2 file3
```

Manchmal jedoch soll die Shell Whitespace als signifikant behandeln, nicht als Trennzeichen. Ein gebräuchliches Beispiel ist Whitespace in einem Dateinamen wie *Efficient Linux Tips.txt*:

```
$ ls -l
-rw-r--r-- 1 smith smith 36 Aug  9 22:12 Efficient Linux Tips.txt
```

Falls Sie einen solchen Dateinamen auf der Kommandozeile benutzen, könnte Ihr Befehl fehlschlagen, weil die Shell die Leerzeichen als Trennzeichen verwendet:

```
$ cat Efficient Linux Tips.txt
cat: Efficient: No such file or directory
cat: Linux: No such file or directory
cat: Tips.txt: No such file or directory
```

Um die Shell zu zwingen, Leerzeichen als Teil eines Dateinamens zu behandeln, haben Sie drei Möglichkeiten: einfache Anführungszeichen, doppelte Anführungszeichen und den Backslash (auch Rückstrich genannt):

```
$ cat 'Efficient Linux Tips.txt'
$ cat "Efficient Linux Tips.txt"
$ cat Efficient\ Linux\ Tips.txt
```

Einfache Anführungszeichen weisen die Shell an, jedes Zeichen in einem String buchstabengetreu zu behandeln, selbst wenn das Zeichen normalerweise für die Shell eine besondere Bedeutung besitzt, wie etwa Leerzeichen und Dollarzeichen:

```
$ echo '$HOME'
$HOME
```

Doppelte Anführungszeichen weisen die Shell an, alle Zeichen buchstabengetreu zu benutzen mit Ausnahme des Dollarzeichens und bestimmter anderer Zeichen, von denen Sie später mehr erfahren:

```
$ echo "Notice that $HOME is evaluated"          doppelte Anführungszeichen
Notice that /home/smith is evaluated
$ echo 'Notice that $HOME is not'                einfache Anführungszeichen
Notice that $HOME is not
```

Ein Backslash, auch *Escape-Zeichen* (oder manchmal Fluchtzeichen) genannt, weist die Shell an, das nächste Zeichen buchstabengetreu zu verwenden. Der folgende Befehl enthält ein geschütztes Dollarzeichen:

```
$ echo \$HOME
$HOME
```

Backslashs dienen sogar innerhalb von doppelten Anführungszeichen als Escape-Zeichen:

```
$ echo "Der Wert von \$HOME ist $HOME"
Der Wert von $HOME ist /home/smith
```

nicht jedoch innerhalb von einfachen Anführungszeichen:

```
$ echo 'Der Wert von \$HOME ist $HOME'
Der Wert von \$HOME ist $HOME
```

Benutzen Sie den Backslash, um ein doppeltes Anführungszeichen innerhalb von doppelten Anführungszeichen zu schützen:

```
$ echo "Diese Meldung ist \"quasi\" interessant"
Diese Meldung ist "quasi" interessant
```

Ein Backslash am Ende einer Zeile setzt die spezielle Natur des unsichtbaren Newline-Zeichens außer Kraft, sodass Shell-Befehle mehrere Zeilen überspannen dürfen:

```
$ echo "Dies ist eine sehr lange Meldung, die über mehrere \
Zeilen reichen muss"
Dies ist eine sehr lange Meldung, die über mehrere Zeilen reichen muss
```

Abschließende Backslashs sind großartig, um Pipelines lesbarer zu machen, wie etwa diese hier aus »Befehl #6: uniq« auf Seite 31:

```
$ cut -f1 grades \
  | sort \
  | uniq -c \
  | sort -nr \
  | head -n1 \
  | cut -c9
```

Wenn der Backslash auf diese Weise verwendet wird, nennt man ihn manchmal auch *Zeilenfortsetzungszeichen*.

Ein führender Backslash vor einem Alias schützt den Alias, sodass die Shell nach einem Befehl desselben Namens sucht und irgendwelches Shadowing ignoriert:

```
$ alias less="less -c"      Definiert einen Alias.
$ less myfile               Führt den Alias aus, der less -c aufruft.
$ \less myfile              Führt den normalen less-Befehl aus, nicht den Alias.
```

Auszuführende Programme auffinden

Wenn die Shell zum ersten Mal einen einfachen Befehl wie `ls *.py` bemerkt, ist dies nur ein String aus bedeutungslosen Zeichen. Blitzschnell zerlegt die Shell den String in zwei Wörter, »ls« und »*.py«. In diesem Fall ist das erste Wort der Name eines Programms auf der Festplatte, und die Shell muss das Programm suchen, damit sie es ausführen kann.

Wie sich zeigt, ist das Programm `ls` eine ausführbare Datei im Verzeichnis */bin*. Sie können seinen Standort mit dem folgenden Befehl verifizieren:

```
$ ls -l /bin/ls
-rwxr-xr-x 1 root root 133792 Jan 18  2018 /bin/ls
```

Oder Sie wechseln die Verzeichnisse mit `cd /bin` und führen diesen wunderschönen, kryptisch aussehenden Befehl aus:

```
$ ls ls
ls
```

der den Befehl `ls` verwendet, um die ausführbare Datei *ls* aufzulisten.

Wie findet die Shell `ls` im Verzeichnis */bin*? Hinter den Kulissen konsultiert die Shell eine vorgefertigte Liste aus Verzeichnissen, die sie im Speicher vorhält, einen sogenannten *Suchpfad*. Die Liste ist als Wert der Shell-Variablen `PATH` gespeichert:

```
$ echo $PATH
/home/smith/bin:/usr/local/bin:/usr/bin:/bin:/usr/games:/usr/lib/java/bin
```

Verzeichnisse in einem Suchpfad werden durch Doppelpunkte (:) getrennt. Für eine sauberere Darstellung konvertieren Sie die Doppelpunkte in Newline-Zeichen, indem Sie die Ausgabe mittels einer Pipe an den Befehl `tr` leiten, der ein Zeichen in ein anderes übersetzt (Näheres erfahren Sie in Kapitel 5):

```
$ echo $PATH | tr : "\n"
/home/smith/bin
/usr/local/bin
/usr/bin
/bin
/usr/games
/usr/lib/java/bin
```

Die Shell durchsucht die Verzeichnisse in Ihrem Suchpfad vom ersten bis zum letzten, wenn sie ein Programm wie `ls` auffinden möchte. »Existiert */home/smith/bin/ls*? Nein. Existiert */usr/local/bin/ls*? Nö. Wie ist es mit */usr/bin/ls*? Wieder nein! Vielleicht */bin/ls*? Ja, da ist es! Ich führe */bin/ls* aus.« Diese Suche erfolgt zu schnell, um sie zu bemerken.[3]

Um ein Programm in Ihrem Suchpfad aufzufinden, nutzen Sie den Befehl `which`:

```
$ which cp
/bin/cp
$ which which
/usr/bin/which
```

oder den leistungsstärkeren (und geschwätzigeren) Befehl `type`, ein Shell-Builtin, das auch Aliase, Funktionen und Shell-Builtins sucht:[4]

3 Manche Shells merken sich (in einem Cache) die Pfade zu den Programmen, wenn sie diese aufgefunden haben, sodass künftige Suchen abgekürzt werden.

[illegible]hten Sie, dass der Befehl `type which` eine Ausgabe erzeugt, der Befehl `which type` dagegen nicht.

```
$ type cp
cp is hashed (/bin/cp)
$ type ll
ll is aliased to '/bin/ls -l'
$ type type
type is a shell builtin
```

Ihr Suchpfad könnte einen Befehl mit demselben Namen in unterschiedlichen Verzeichnissen enthalten, wie etwa */usr/bin/less* und */bin/less*. Die Shell führt den Befehl aus, der in dem Verzeichnis steht, das früher im Suchpfad kommt. Wenn Sie dieses Verhalten ausnutzen, können Sie einen Linux-Befehl übergehen, indem Sie einen Befehl desselben Namen in ein früheres Verzeichnis in Ihrem Suchpfad legen, also etwa in Ihr persönliches *$HOME/bin*-Verzeichnis.

Suchpfad und Aliase

Wenn die Shell anhand des Namens nach einem Befehl sucht, prüft sie, ob dieser Name ein Alias ist, bevor sie den Suchpfad durchgeht. Deshalb kann ein Alias einen Befehl desselben Namens überdecken (Shadowing, also Vorrang vor diesem übernehmen).

Der Suchpfad ist ein großartiges Beispiel dafür, dass eine mysteriöse Angelegenheit in Linux eine ganz normale Erklärung hat. Die Shell zaubert die Befehle nicht aus dem Hut oder so. Sie untersucht ganz systematisch die Verzeichnisse in einer Liste, bis sie die angeforderte ausführbare Datei gefunden hat.

Umgebungen und Initialisierungsdateien, die Kurzfassung

Eine laufende Shell lagert einen ganzen Haufen wichtiger Informationen in Variablen: den Suchpfad, das aktuelle Verzeichnis, Ihren Lieblingstexteditor, Ihren angepassten Shell-Prompt und mehr. Die Variablen einer laufenden Shell werden zusammen als *Umgebung* der Shell bezeichnet. Wird die Shell beendet, dann wird die Umgebung zerstört.

Es wäre ausgesprochen lästig, müsste man die Umgebung jeder einzelnen Shell von Hand definieren. Die Lösung besteht darin, die Umgebung einmalig in Shell-Skripten, den sogenannten *Start-up-Dateien* und *Initialisierungsdateien*, zu definieren und die Shells diese Skripte dann beim Start ausführen zu lassen. Das wirkt sich so aus, dass bestimmte Informationen »global« oder »all Ihren laufenden Shells bekannt« zu sein scheinen.

Zu den gruseligen Details komme ich in »Ihre Umgebung konfigurieren« auf Seite 125. Für den Augenblick erzähle ich Ihnen nur etwas über eine einzige Initialisierungsdatei, damit Sie es durch die nächsten paar Kapitel schaffen. Sie befindet sich in Ihrem Home-Verzeichnis und heißt *.bashrc* (ausgesprochen »Punkt bash R C«).

Da ihr Name mit einem Punkt beginnt, wird sie von `ls` nicht standardmäßig aufgelistet:

```
$ ls $HOME
apple   banana   carrot
$ ls -a $HOME
.bashrc   apple   banana    carrot
```

Sollte *$HOME/.bashrc* nicht existieren, erzeugen Sie die Datei mit einem Texteditor. Befehle, die Sie in diese Datei setzen, werden automatisch ausgeführt, wenn eine Shell startet,[5] es ist also eine tolle Stelle, um Variablen für die Umgebung der Shell und andere Dinge, die wichtig für die Shell sind, zu definieren, wie etwa Aliase. Hier ist eine Beispiel-*.bashrc*-Datei. Zeilen, die mit # beginnen, sind Kommentare:

```
# Setzt den Suchpfad.
PATH=$HOME/bin:/usr/local/bin:/usr/bin:/bin
# Setzt den Shell-Prompt.
PS1='$ '
# Legt Ihren bevorzugten Texteditor fest.
EDITOR=emacs
# Startet in meinem Arbeitsverzeichnis.
cd $HOME/Work/Projects
# Definiert einen Alias.
alias g=grep
# Bietet eine freundliche Begrüßung an.
echo "Willkommen bei Linux, ihr Lieben!"
```

Alle Änderungen, die Sie an *$HOME/.bashrc* vornehmen, beeinflussen nicht irgendwelche laufenden Shells, sondern erst künftige Shells. Sie können eine laufende Shell zwingen, eine *$HOME/.bashrc* erneut zu lesen und auszuführen. Dazu verwenden Sie einen der folgenden Befehle:

```
$ source $HOME/.bashrc                Benutzt das Builtin "source".
$ . $HOME/.bashrc                     Benutzt einen Punkt.
```

Dieser Vorgang ist als *Sourcing* der Initialisierungsdatei bekannt. Wenn jemand Ihnen sagt: »Source deine Punkt-bash-R-C-Datei«, dann ist gemeint, dass Sie einen der gezeigten Befehle ausführen sollen (also im Prinzip soll die *.bashrc*-Datei neu geladen werden).

Warnung

Packen Sie im richtigen Leben nicht all Ihre Shell-Konfigurationen in *$HOME/.bashrc*. Nachdem Sie die Einzelheiten in »Ihre Umgebung konfigurieren« auf Seite 125 gelesen haben, überprüfen Sie Ihre *$HOME/.bashrc* und verschieben Befehle gegebenenfalls in die passenden Dateien.

5 Diese Aussage ist ein bisschen zu einfach; mehr dazu erfahren Sie in Tabelle 6-1.

Zusammenfassung

Ich habe nur eine winzige Anzahl von bash-Eigenschaften und deren einfachste Anwendungen behandelt. Sie werden in den folgenden Kapiteln noch viel mehr davon sehen, vor allem in Kapitel 6. Im Moment ist es Ihre wichtigste Aufgabe, die folgenden Konzepte zu verstehen:

- Die Shell existiert und hat wichtige Verantwortlichkeiten.
- Die Shell wertet die Kommandozeile aus, bevor sie irgendwelche Befehle ausführt.
- Befehle können die Standardeingabe (stdin), die Standardausgabe (stdout) und die Standardfehlerausgabe (stderr) umleiten.
- Quotierung und Escaping verhindern, dass Shell-Sonderzeichen ausgewertet werden.
- Die Shell sucht Programme mithilfe eines Suchpfads aus Verzeichnissen.
- Sie können das vorgegebene Verhalten einer Shell ändern, indem Sie der Datei *$HOME/.bashrc* Befehle hinzufügen.

Je besser Sie die Trennung zwischen der Shell und den Programmen, die diese aufruft, verstehen, umso mehr Sinn wird die Kommandozeile für Sie ergeben, und umso besser können Sie vorhersagen, was passiert, wenn Sie Enter drücken, um einen Befehl auszuführen.

KAPITEL 3

Befehle erneut ausführen

Nehmen wir einmal an, Sie hätten gerade einen längeren Befehl mit einer umfangreichen Pipeline ausgeführt, wie diesen hier aus »Dateiduplikate entdecken« auf Seite 33:

```
$ md5sum *.jpg | cut -c1-32 | sort | uniq -c | sort -nr
```

und wollten ihn ein zweites Mal aufrufen. Tippen Sie ihn auf keinen Fall noch einmal ein! Bitten Sie stattdessen die Shell, in der History zurückzugehen und den Befehl erneut auszuführen. Hinter den Kulissen zeichnet die Shell die Befehle auf, die Sie aufrufen, sodass Sie ganz leicht zurückgehen und sie mit nur wenigen Tastendrücken noch einmal ausführen können. Diese Shell-Eigenschaft wird als *Befehls-History* bezeichnet. Geübte Linux-Anwender nutzen die Befehls-History oft und regelmäßig, um ihre Arbeit zu beschleunigen und keine Zeit zu verschwenden.

Stellen Sie sich außerdem vor, Sie hätten sich beim Eintippen des gerade gezeigten Befehls vertippt, also etwa »jpg« als »jg« eingegeben:

```
$ md5sum *.jg | cut -c1-32 | sort | uniq -c | sort -nr
```

Um den Fehler zu beheben, drücken Sie nun nicht unzählige Male auf die Backspace-Taste und tippen alles neu ein. Stattdessen ändern Sie den Befehl an der entsprechenden Stelle. Die Shell unterstützt das *Kommandozeilen-Editing* zum Korrigieren von Tippfehlern und Durchführen aller möglichen Veränderungen, wie man sie auch in einem Texteditor durchführen könnte.

Dieses Kapitel zeigt Ihnen, wie Sie mit der Befehls-History und dem Kommandozeilen-Editing viel Zeit sparen. Wie immer werde ich mich nicht um Vollständigkeit bemühen, sondern mich auf die praktischsten und sinnvollsten Teile dieser Shell-Eigenschaft konzentrieren. (Falls Sie eine andere Shell als die `bash` nutzen, finden Sie in Anhang B zusätzliche Hinweise.)

Lernen Sie Maschineschreiben

All die Ratschläge in diesem Buch nützen Ihnen mehr, wenn Sie schnell tippen können. Ganz egal, wie viel Sie wissen, wenn Sie 40 Wörter pro Minute tippen und Ihre ebenso sachkundige Freundin 120, dann arbeitet sie dreimal schneller als Sie. Recherchieren Sie im Web nach »Tippgeschwindigkeit testen«, um Ihre Geschwindigkeit zu messen, und suchen Sie sich dann einen Kurs oder ein Tutorial, mit dem Sie Ihre Fähigkeiten verbessern können. Versuchen Sie, auf 80 bis 100 Wörter pro Minute zu kommen. Der Aufwand lohnt sich.

Die Befehls-History anschauen

Eine *Befehls-History* ist einfach eine Liste von früheren Befehlen, die Sie in einer interaktiven Shell ausgeführt haben. Um die History einer Shell anzuschauen, führen Sie den Befehl `history` aus, der in die Shell eingebaut ist, ein sogenanntes Builtin. Die Befehle erscheinen in chronologischer Reihenfolge mit ID-Nummern für eine einfache Referenz. Die Ausgabe sieht ungefähr so aus:

```
$ history
 1000  cd $HOME/Music
 1001  ls
 1002  mv jazz.mp3 jazzy-song.mp3
 1003  play jazzy-song.mp3
...                                      479 Zeilen weggelassen.
 1481  cd
 1482  firefox https://google.com
 1483  history                           Enthält auch den gerade ausgeführten Befehl.
```

Die Ausgabe von `history` kann Hunderte von Zeilen (oder mehr) lang sein. Beschränken Sie sie auf die letzten Befehle, indem Sie ein Integer-Argument angeben, das die Anzahl der auszugebenden Zeilen bestimmt:

```
$ history 3                              Gibt die 3 letzten Befehle aus.
 1482  firefox https://google.com
 1483  history
 1484  history 3
```

Da `history` auf die Standardausgabe schreibt, können Sie die Ausgabe auch mit Pipes verarbeiten. Betrachten Sie zum Beispiel Ihre History bildschirmweise:

```
$ history | less                         älteste bis jüngste Einträge
$ history | sort -nr | less              jüngste bis älteste Einträge
```

oder geben Sie nur die Befehle aus der History aus, die `cd` enthalten:

```
$ history | grep -w cd
 1000  cd $HOME/Music
 1092  cd ..
 1123  cd Finances
 1375  cd Checking
 1481  cd
 1485  history | grep -w cd
```

Um die History der aktuellen Shell zu bereinigen (zu löschen), verwenden Sie die Option -c:

```
$ history -c
```

Befehle aus der History erneut aufrufen

Ich zeige Ihnen drei zeitsparende Möglichkeiten, Befehle aus der History einer Shell wieder zurückzuholen:

Cursor-Methode
: Ausgesprochen einfach zu erlernen, aber in der Praxis oft langsam.

History-Erweiterung
: Schwieriger zu erlernen (ziemlich kryptisch, ehrlich gesagt), kann aber sehr schnell sein.

Inkrementelle Suche
: Sowohl einfach als auch schnell.

Jede Methode eignet sich für bestimmte Situationen am besten, weshalb ich empfehle, sie alle drei zu erlernen. Je mehr Techniken Sie kennen, umso besser können Sie in jeder Situation die richtige wählen.

Mit dem Cursor durch die History gehen

Um in einer Shell den vorherigen Befehl zurückzuholen, drücken Sie die Pfeil-nach-oben-Taste. So einfach ist das. Wenn Sie diese Taste immer wieder drücken, gelangen Sie in umgekehrt chronologischer Reihenfolge zu Ihren früheren Befehlen. Drücken Sie Pfeil-nach-unten, um wieder in die andere Richtung zu gehen (also zu den neueren Befehlen). Wenn Sie den gewünschten Befehl erreicht haben, drücken Sie Enter. Der Befehl wird ausgeführt.

Mit den Cursor-Tasten durch die Befehls-History zu wandern, gehört zu den zwei gebräuchlichsten Methoden zum Beschleunigen der Arbeit, die Linux-Benutzer lernen. (Die andere ist das Pattern Matching von Dateinamen mit *, das Sie in Kapitel 2 gesehen haben.) Die Cursor-Methode ist effizient, wenn der gewünschte Befehl noch relativ weit oben in der History liegt – nicht mehr als zwei oder drei Befehle in der Vergangenheit. Liegen Befehle weiter weg, nervt es schnell. Die Pfeiltaste 137-mal zu drücken, bringt es einfach nicht.

Der beste Anwendungsfall für die Cursor-Methode ist das Zurückholen und Ausführen des unmittelbar vorhergehenden Befehls. Bei vielen Tastaturen befindet sich die Pfeil-nach-oben-Taste in der Nähe der Enter-Taste, sodass Sie die beiden Tasten schnell mit wenigen sparsamen Fingerbewegungen betätigen können. Bei einer ausgewachsenen QWERTZ-Tastatur setze ich meinen rechten Ringfinger auf die Pfeiltaste und den rechten Zeigefinger auf Enter. So kann ich beide Tasten effizient betätigen. (Versuchen Sie es.)

Häufig gestellte Fragen über die Befehls-History

Wie viele Befehle sind in der History einer Shell gespeichert?

Das Maximum ist 500 oder die Zahl, die in der Shell-Variablen `HISTSIZE` angegeben ist, die Sie ändern können:

```
$ echo $HISTSIZE
500
$ HISTSIZE=10000
```

Computerspeicher ist so billig und so reichlich vorhanden, dass es sinnvoll ist, `HISTSIZE` auf einen großen Wert zu setzen, damit Sie auch Befehle aus ferner Vergangenheit wieder zurückholen und erneut ausführen können. (Eine History von 10.000 Befehlen belegt nur etwa 200K an Speicher.) Oder seien Sie ganz übermütig und speichern Sie unbegrenzt viele Befehle, indem Sie den Wert auf `-1` setzen.

Welcher Text wird an die History angefügt?

Die Shell fügt genau das in die History ein, was Sie tippen, ohne dass es ausgewertet wird. Wenn Sie `ls $HOME` ausführen, enthält die History »ls $HOME«, nicht »ls /home/smith«. (Es gibt eine Ausnahme, siehe »History-Ausdrücke tauchen nicht in der Befehls-History auf« auf Seite 59.)

Werden wiederholte Befehle an die History angefügt?

Die Antwort hängt vom Wert der Variablen `HISTCONTROL` ab. Wenn diese Variable nicht gesetzt ist, wird standardmäßig jeder Befehl angefügt. Ist der Wert `ignoredups` (was ich empfehle), werden wiederholte Befehle nicht angefügt, solange sie direkt hintereinanderstehen (siehe `man bash` für andere Werte):

```
$ HISTCONTROL=ignoredups
```

Besitzt jede Shell ihre eigene History, oder teilen sich alle Shells eine einzige History?

Jede interaktive Shell besitzt eine separate History.

Ich habe eine neue interaktive Shell gestartet, und sie hat bereits eine History. Wieso das denn?

Immer wenn eine interaktive Shell beendet wird, schreibt sie ihre History in die Datei *$HOME/.bash_history* bzw. in den Pfad, der in der Shell-Variablen `HISTFILE` gespeichert ist:

```
$ echo $HISTFILE
/home/smith/.bash_history
```

Neue interaktive Shells laden diese Datei beim Start, sodass sie sofort eine History haben. Das ist ein etwas schrulliges System, falls Sie viele Shells betreiben, weil sie *alle* beim Beenden `$HISTFILE` schreiben. Es ist also nicht ganz vorhersehbar, welche History eine neue Shell laden wird.

Die Variable `HISTFILESIZE` kontrolliert, wie viele Zeilen an History in die Datei geschrieben werden. Wenn Sie `HISTSIZE` ändern, um die Größe der History im Speicher zu beeinflussen, sollten Sie am besten auch gleich `HISTFILESIZE` aktualisieren:

```
$ echo $HISTFILESIZE
500
$ HISTFILESIZE=10000
```

History-Erweiterung

History-Erweiterung ist eine Shell-Eigenschaft, bei der über besondere Ausdrücke auf die Befehls-History zugegriffen wird. Die Ausdrücke beginnen mit einem Ausrufezeichen, das gern auch als »Bang« bezeichnet wird. So werden zum Beispiel zwei Ausrufezeichen hintereinander (»Bang Bang«) zum unmittelbar vorhergehenden Befehl ausgewertet:

```
$ echo Efficient Linux
Efficient Linux
$ !!                     "Bang Bang" = vorhergehender Befehl
echo Efficient Linux     Die Shell gibt dankenswerterweise den Befehl aus,
                         der ausgeführt wird.
Efficient Linux
```

Möchten Sie auf den letzten Befehl zugreifen, der mit einem bestimmten String begann, setzen Sie ein Ausrufezeichen vor diesen String. Um etwa den letzten grep-Befehl noch einmal auszuführen, rufen Sie »Bang grep« auf:

```
$ !grep
grep Perl animals.txt
alpaca  Intermediate Perl    2012    Schwartz, Randal
```

Wenn Sie auf den letzten Befehl noch einmal zugreifen wollen, der *irgendwo* einen bestimmten String enthielt, nicht nur am Anfang des Befehls, dann umgeben Sie den String auch noch mit Fragezeichen:[1]

```
$ !?grep?
history | grep -w cd
 1000  cd $HOME/Music
 1092  cd ..
...
```

Sie können einen bestimmten Befehl aus der History einer Shell auch anhand seiner absoluten Position abfragen – der ID links neben ihm in der Ausgabe von `history`. So bedeutet zum Beispiel der Ausdruck `!1203` (Bang 1023) »Befehl an Position 1023 in der History«:

```
$ history | grep hosts
 1203  cat /etc/hosts
$ !1203                          der Befehl an Position 1023
cat /etc/hosts
127.0.0.1        localhost
```

1 Sie können das abschließende Fragezeichen weglassen – `!?grep` –, aber in manchen Fällen ist es erforderlich, etwa bei einer History-Erweiterung im sed-Stil (siehe »Leistungsfähigere Ersetzung mittels History-Erweiterung« auf Seite 65).

```
127.0.1.1       example.oreilly.com
::1             example.oreilly.com
```

Ein negativer Wert ruft einen Befehl anhand seiner relativen Position in der History ab anstelle seiner absoluten Position. Zum Beispiel bedeutet `!-3` (Bang minus drei) »der Befehl, den Sie vor drei Befehlen ausgeführt haben«:

```
$ history
 4197  cd /tmp/junk
 4198  rm *
 4199  head -n2 /etc/hosts
 4199  cd
 4200  history
$ !-3                        der Befehl, den Sie vor drei Befehlen ausgeführt haben
head -n2 /etc/hosts
127.0.0.1       localhost
127.0.1.1       example.oreilly.com
```

Die History-Erweiterung ist schnell und bequem, wenn auch ein bisschen kryptisch. Sie kann jedoch riskant sein, wenn Sie einen falschen Wert angeben und den Befehl blind ausführen. Schauen Sie sich das vorstehende Beispiel genau an. Hätten Sie sich verzählt und `!-4` statt `!-3` eingetippt, hätten Sie `rm *` anstelle des gewünschten Befehls `head` ausgeführt und aus Versehen die Dateien in Ihrem Home-Verzeichnis gelöscht! Um dieses Risiko zu begrenzen, setzen Sie den Modifikator `:p` hinzu, um den Befehl aus der History nur auszugeben, nicht jedoch auszuführen:

```
$ !-3:p
head -n2 /etc/hosts               Ausgegeben, nicht ausgeführt.
```

Die Shell setzt den nicht ausgeführten Befehl (`head`) dann auch in die History, sodass Sie ihn bequem mit einem »Bang Bang« ausführen können, wenn er gut aussieht:

```
$ !-3:p
head -n2 /etc/hosts     Ausgegeben, nicht ausgeführt, und an die History angehängt.
$ !!                    Der Befehl wird nun tatsächlich ausgeführt.
head -n2 /etc/hosts     Ausgegeben und ausgeführt.
127.0.0.1       localhost
127.0.1.1       example.oreilly.com
```

Manche Menschen bezeichnen die History-Erweiterung als »Bang-Befehle«, dabei sind Ausdrücke wie `!!` und `!grep` keine Befehle. Es handelt sich um String-Ausdrücke, die Sie *irgendwo* in einen Befehl setzen können. Zur Demonstration verwenden Sie `echo`, um den Wert von `!!` auf der Standardausgabe auszugeben, ohne ihn auszuführen, und zählen die Anzahl der Wörter mit `wc`:

```
$ ls -l /etc | head -n3       Führt irgendeinen Befehl aus.
total 1584
drwxr-xr-x  2 root     root        4096 Jun 16 06:14 ImageMagick-6/
drwxr-xr-x  7 root     root        4096 Mar 19  2020 NetworkManager/

$ echo "!!" | wc -w           Zählt die Wörter in dem vorherigen Befehl.
echo "ls -l /etc | head -n3" | wc -w
6
```

Dieses Beispiel demonstriert, dass History-Erweiterungen mehr Nutzen bieten als nur das Ausführen von Befehlen. Sie werden im nächsten Abschnitt eine praktischere, leistungsfähigere Technik kennenlernen.

Ich habe hier nur ein paar Eigenschaften der Befehls-History behandelt. Wenn Sie es ganz genau wissen wollen, führen Sie `man history` aus.

> **History-Ausdrücke tauchen nicht in der Befehls-History auf**
>
> Die Shell hängt den Befehl wortwörtlich an die History an, also ohne ihn auszuwerten, wie ich in »Häufig gestellte Fragen über die Befehls-History« auf Seite 56 bereits erwähnte. Die eine Ausnahme für diese Regel ist die History-Erweiterung. Deren Ausdrücke werden immer ausgewertet, bevor sie zur Befehls-History hinzugefügt werden:
>
> ```
> $ ls              Führt irgendeinen Befehl aus.
> hello.txt
> $ cd Music        Führt einen anderen Befehl aus.
> $ !-2             Benutzt History-Erweiterung.
> ls
> song.mp3
> $ history         Betrachtet die History.
>  1000  ls
>  1001  cd Music
>  1002  ls      "ls" taucht in der History auf, nicht "!-2".
>  1003  history
> ```
>
> Diese Ausnahme ist auch sinnvoll. Stellen Sie sich vor, Sie versuchten eine Befehls-History zu verstehen, die voller Ausdrücke wie `!-15` und `!-92` ist, die sich auf andere History-Einträge beziehen. Sie müssten einem Pfad durch die ganze History folgen, um einen einzigen Befehl zu verstehen.

Nie wieder die falsche Datei löschen (dank der History-Erweiterung)

Haben Sie schon einmal versucht, Dateien mithilfe eines Musters, wie etwa `*.txt`, zu löschen, dann aber versehentlich das Muster fehlerhaft eingegeben und die falschen Dateien weggeputzt? Hier ist ein Beispiel mit einem versehentlichen Leerzeichen nach dem Asterisk:

```
$ ls
123  a.txt  b.txt  c.txt  dont-delete-me  important-file  passwords
$ rm * .txt    ACHTUNG, GEFAHR!! Nicht ausführen! Das löscht die falschen Dateien!
```

Die gebräuchlichste Lösung, um diese Gefahr zu umgehen, besteht darin, einen Alias für `rm` einzurichten und `rm -i` auszuführen, sodass vor jedem Löschen eine Bestätigung abgefragt wird:

```
$ alias rm='rm -i'       oft in einer Shell-Konfigurationsdatei zu finden
$ rm *.txt
/bin/rm: remove regular file 'a.txt'? y
```

```
/bin/rm: remove regular file 'b.txt'? y
/bin/rm: remove regular file 'c.txt'? y
```

Nun muss ein zusätzliches Leerzeichen nicht »tödlich« sein, da die Abfrage von `rm -i` Sie warnt, dass Sie die falschen Dateien zu entfernen im Begriff sind:

```
$ rm * .txt
/bin/rm: remove regular file '123'? Etwas stimmt nicht: Brechen Sie den Befehl ab!
```

Die Alias-Lösung nervt allerdings auch, da Sie es meist nicht wollen oder brauchen, dass `rm` noch einmal nachfragt. Sie funktioniert auch nicht, wenn Sie sich auf einer anderen Linux-Maschine anmelden, auf der es Ihre Aliase nicht gibt. Ich zeige Ihnen einen besseren Weg, das Erfassen der falschen Dateinamen mit einem Muster zu vermeiden. Die Technik besteht aus zwei Schritten und setzt auf die History-Erweiterung:

1. *Verifizieren.* Vor dem Ausführen von `rm` rufen Sie `ls` mit dem gewünschten Muster auf, um zu sehen, welche Dateien erfasst werden.

   ```
   $ ls *.txt
   a.txt   b.txt   c.txt
   ```

2. *Löschen.* Falls die Ausgabe von `ls` korrekt aussieht, führen Sie `rm !$` aus, um dieselben Dateien zu löschen, die Sie mit dem Muster erfasst haben.[2]

   ```
   $ rm !$
   rm *.txt
   ```

Die History-Erweiterung `!$` (Bang Dollar) bedeutet »das letzte Wort, das Sie in dem vorhergehenden Befehl eingetippt haben«. Deshalb ist `rm !$` hier eine Kurzform von »lösche, was immer ich gerade mit `ls` aufgelistet habe«, nämlich `*.txt`. Falls Sie versehentlich ein Leerzeichen nach dem Asterisk hinzufügen, zeigt die Ausgabe von `ls` ganz offensichtlich – und sicher –, dass etwas nicht stimmt:

```
$ ls * .txt
/bin/ls: cannot access '.txt': No such file or directory
123  a.txt   b.txt   c.txt  dont-delete-me  important-file  passwords
```

Gut, dass Sie zuerst `ls` statt `rm` ausgeführt haben! Sie können den Befehl nun so modifizieren, dass das Extra-Leerzeichen entfernt wird. Dann geht es sicher weiter. Diese Sequenz aus zwei Befehlen – `ls` gefolgt von `rm !$` – ist eine großartige und sichere Methode für Ihren Linux-Werkzeugkasten.

Bei einer verwandten Technik werfen Sie mit `head` zuerst einen Blick auf den Inhalt der Datei, um sicherzustellen, dass Sie die richtige Datei beim Wickel haben, bevor Sie `rm !$` aufrufen:

2 Ich gehe einmal davon aus, dass keine Dateien nach dem `ls`-Schritt hinterrücks hinzugefügt oder gelöscht wurden. In Verzeichnissen, deren Inhalt sich rasend schnell ändert, sollten Sie sich nicht auf diese Technik verlassen.

```
$ head myfile.txt
(die ersten 10 Zeilen der Datei werden angezeigt)
$ rm !$
rm myfile.txt
```

Die Shell bietet außerdem eine History-Erweiterung `!*` (Bang Stern), die alle Argumente erfasst, die Sie im vorherigen Befehl eingetippt haben, statt nur das letzte Argument mitzunehmen:

```
$ ls *.txt *.o *.log
a.txt   b.txt   c.txt   main.o   output.log   parser.o
$ rm !*
rm *.txt *.o *.log
```

In der Praxis benutze ich `!*` nicht so oft wie `!$`. Der Asterisk birgt immer das Risiko, als Pattern-Matching-Zeichen für Dateinamen interpretiert zu werden (falls Sie sich vertippen), sodass er nicht so viel sicherer ist als das Eintippen eines Musters wie `*.txt` von Hand.

Inkrementelles Durchsuchen der Befehls-History

Wäre es nicht toll, wenn Sie einige Zeichen eines Befehls eintippen könnten und der Rest würde dann spontan auftauchen, bereit zur Ausführung? Nun, das ist tatsächlich möglich. Diese flinke Eigenschaft der Shell wird als *inkrementelle Suche* bezeichnet und ist vergleichbar mit den interaktiven Vorschlägen, die von Suchmaschinen im Web angeboten werden. In den meisten Fällen ist die inkrementelle Suche die einfachste und schnellste Technik, um Befehle aus der History wieder hervorzuholen, und das gilt selbst für Befehle, die schon lange zurückliegen. Ich empfehle, sie unbedingt in Ihr Arsenal an Werkzeugen aufzunehmen:

1. Drücken Sie am Shell-Prompt Strg-R (das *R* steht für eine umkehrte, d. h. reverse, inkrementelle Suche).
2. Beginnen Sie damit, *irgendeinen Teil* eines vorhergehenden Befehls einzutippen – Anfang, Mitte oder Ende.
3. Mit jedem Zeichen, das Sie eintippen, zeigt die Shell den neuesten Befehl aus der History an, der zu dem bisher Getippten passt.
4. Wenn Sie den von Ihnen benötigten Befehl sehen, drücken Sie Enter, um ihn auszuführen.

Nehmen wir einmal an, Sie hätten vor einer Weile den Befehl `cd $HOME/Finances/Bank` eingegeben und wollten ihn nun noch einmal ausführen. Drücken Sie am Shell-Prompt Strg-R. Der Prompt verändert sich, um eine inkrementelle Suche anzuzeigen:

```
(reverse-i-search)`':
```

Beginnen Sie mit dem Eintippen des gewünschten Befehls. Geben Sie zum Beispiel `c` ein:

```
(reverse-i-search)`': c
```

Die Shell zeigt den neuesten Befehl an, der den String `c` enthält, und hebt hervor, was Sie bereits eingetippt haben:

```
(reverse-i-search)`': less /etc/hosts
```

Tippen Sie den nächsten Buchstaben ein, `d`:

```
(reverse-i-search)`': cd
```

Die Shell zeigt den neuesten Befehl an, der den String `cd` enthält, und hebt wieder hervor, was Sie getippt haben:

```
(reverse-i-search)`': cd /usr/local
```

Tippen Sie weiter und fügen Sie ein Leerzeichen und ein Dollarzeichen hinzu:

```
(reverse-i-search)`': cd $
```

Die Kommandozeile wird zu:

```
(reverse-i-search)`': cd $HOME/Finances/Bank
```

Dies ist der Befehl, den Sie haben wollten. Drücken Sie Enter, um ihn auszuführen, und Sie haben es mit fünf schnellen Tastendrücken geschafft.

Ich bin hier davon ausgegangen, dass `cd $HOME/Finances/Bank` der neueste passende Befehl in der History war. Doch was, wenn er es nicht ist? Was ist, wenn Sie einen ganzen Haufen von Befehlen eingegeben hatten, die den gleichen String enthalten? In diesem Fall hätte die gezeigte inkrementelle Suche einen anderen Treffer gezeigt, etwa diesen:

```
(reverse-i-search)`': cd $HOME/Music
```

Was nun? Sie könnten noch mehr Zeichen eingeben, um das Ergebnis auf den gewünschten Befehl einzugrenzen. Drücken Sie jedoch stattdessen ein weiteres Mal Strg-R. Damit wird die Shell veranlasst, zum *nächsten* passenden Befehl in der History zu springen:

```
(reverse-i-search)`': cd $HOME/Linux/Books
```

Drücken Sie erneut so lange Strg-R, bis Sie den gewünschten Befehl erreicht haben:

```
(reverse-i-search)`': cd $HOME/Finances/Bank
```

und drücken Sie dann Enter, damit er ausgeführt wird.

Hier sind einige weitere Tricks für die inkrementelle Suche:

- Um den neuesten String wieder zurückzuholen, den Sie gesucht und ausgeführt haben, drücken Sie zweimal hintereinander Strg-R.
- Um eine inkrementelle Suche zu stoppen und weiter am aktuellen Befehl zu arbeiten, drücken Sie die Esc-Taste oder Strg-J oder irgendeine Taste für das Kommandozeilen-Editing (das nächste Thema in diesem Kapitel), wie etwa die Pfeil-nach-links- oder Pfeil-nach-rechts-Taste.

- Um eine inkrementelle Suche zu beenden und die Kommandozeile zu leeren, drücken Sie Strg-G oder Strg-C.

Machen Sie sich umfassend mit der inkrementellen Suche vertraut. Sie werden schon bald Befehle in einer ungeheuren Geschwindigkeit finden.[3]

Kommandozeilen-Editing

Es gibt diverse Gründe, um einen Befehl entweder beim Eintippen oder nach dem Ausführen zu bearbeiten:

- Um Fehler zu beheben.
- Um einen Befehl Stück für Stück zusammenzubauen, etwa indem Sie das Ende des Befehls zuerst eintippen, dann an den Anfang der Zeile gehen und den Beginn eintippen.
- Um auf der Grundlage eines früheren Befehls aus der Befehls-History einen neuen Befehl zu konstruieren (eine wichtige Fertigkeit für das Erstellen komplexer Pipelines, wie Sie in Kapitel 8 sehen werden).

In diesem Abschnitt zeige ich Ihnen drei Möglichkeiten, um einen Befehl zu bearbeiten und damit geschickter und schneller zu werden:

Cursor-Methode
: Auch hier wieder die langsamste und am wenigsten leistungsfähige Methode, aber einfach zu erlernen.

Caret-Notation
: Eine Form der History-Erweiterung.

Tastenkombinationen im Emacs- oder Vim-Stil
: Leistungsfähige Methode zum Bearbeiten der Kommandozeile.

Wie zuvor empfehle ich, sich mit allen drei Methoden zu beschäftigen, damit Sie möglichst flexibel sind.

Cursor-Methode innerhalb eines Befehls

Drücken Sie einfach die Pfeil-nach-links- und Pfeil-nach-rechts-Tasten, um sich zeichenweise auf der Kommandozeile hin- und herzubewegen. Mit der Backspace- oder Löschtaste können Sie Text entfernen und dann Ihre Korrekturen eintippen. Tabelle 3-1 fasst diese und andere Standardtastendrücke zum Bearbeiten der Kommandozeile zusammen.

Das Hin- und Herbewegen des Cursors ist leicht, aber nicht besonders effizient. Es eignet sich am besten, wenn die Änderungen klein und einfach sind.

---

3 Beim Schreiben dieses Buchs habe ich häufig Versionskontrollbefehle wie `git add`, `git commit` und `git push` erneut ausgeführt. Mit der inkrementellen Suche war das ein Kinderspiel.

Tabelle 3-1: Cursor-Tastenbefehle für ein einfaches Kommandozeilen-Editing

Taste	Aktion
Pfeil-nach-links	Ein Zeichen nach links bewegen.
Pfeil-nach-rechts	Ein Zeichen nach rechts bewegen.
Strg + Pfeil-nach-links	Ein Wort nach links bewegen.
Strg + Pfeil-nach-rechts	Ein Wort nach rechts bewegen.
Home	An den Anfang der Kommandozeile bewegen.
Ende	An das Ende der Kommandozeile bewegen.
Backspace	Ein Zeichen vor dem Cursor löschen.
Entf	Ein Zeichen unter dem Cursor löschen.

History-Erweiterung mit Carets

Nehmen wir einmal an, Sie hätten versehentlich den folgenden Befehl ausgeführt, indem Sie jg statt jpg eingetippt haben:

```
$ md5sum *.jg | cut -c1-32 | sort | uniq -c | sort -nr
md5sum: '*.jg': No such file or directory
```

Um den Befehl richtig auszuführen, könnten Sie ihn aus der Befehls-History zurückholen, mit dem Cursor über den Fehler gehen und ihn beheben. Es gibt jedoch eine schnellere Möglichkeit, um dieses Ziel zu erreichen. Tippen Sie einfach den alten (falschen) Text, den neuen (korrigierten) Text und ein Paar aus Carets (^) ein, also so:

```
$ ^jg^jpg
```

Drücken Sie Enter, erscheint der korrekte Befehl und wird ausgeführt:

```
$ ^jg^jpg
md5sum *.jpg | cut -c1-32 | sort | uniq -c | sort -nr
...
```

Die *Caret-Syntax*, eine Art von History-Erweiterung, bedeutet: »Ersetze in dem vorhergehenden Befehl jg durch jpg.« Beachten Sie, dass die Shell hilfsbereit ist und den neuen Befehl vor der Ausführung ausgibt. Das ist das Standardverhalten für die History-Erweiterung.

Diese Technik ändert nur das erste Vorkommen des Quellstrings (jg) in dem Befehl. Enthielt Ihr ursprünglicher Befehl mehr als einmal den String jg, wird nur die erste Instanz in jpg geändert.

Leistungsfähigere Ersetzung mittels History-Erweiterung

Möglicherweise sind Sie vertraut mit der Verwendung der Befehle sed oder ed zum Ändern eines Quellstrings in einen Zielstring:

```
s/Quelle/Ziel/
```

Die Shell unterstützt eine ähnliche Syntax. Beginnen Sie mit einem Ausdruck für die History-Erweiterung zum Zurückholen eines Befehls, wie etwa !!. Fügen Sie dann einen Doppelpunkt hinzu und enden Sie mit einer Ersetzung im sed-Stil. Um zum Beispiel den vorherigen Befehl zurückzuholen und jg durch jpg (nur beim ersten Auftreten) zu ersetzen, wie es die Caret-Notation macht, führen Sie aus:

```
$ !!:s/jg/jpg/
```

Sie könnten mit jeder History-Erweiterung beginnen, mit der Sie möchten, wie etwa !md5sum, das den neuesten Befehl zurückholt, der mit md5sum beginnt, und die gleiche Ersetzung von jg durch jpg durchführen:

```
$ !md5sum:s/jg/jpg/
```

Diese Notation sieht vielleicht kompliziert aus, aber manchmal erreichen Sie damit schneller Ihr Ziel als mit anderen Techniken zum Bearbeiten der Kommandozeilen. Ganz genau erfahren Sie es, wenn Sie man history ausführen.

Kommandozeilen-Editing im Emacs- oder Vim-Stil

Die leistungsfähigste Methode, um eine Kommandozeile zu bearbeiten, setzt auf die vertrauten Tastaturbefehle, die durch Texteditoren wie Emacs und Vim inspiriert sind. Falls Sie sich bereits mit einem dieser beiden Editoren auskennen, können Sie in diesen Stil des Kommandozeilen-Editings direkt einsteigen. Falls nicht, finden Sie in Tabelle 3-2 die gebräuchlichsten Tastenkürzel zum Bewegen und Bearbeiten. Beachten Sie, dass die »Meta«-Taste bei Emacs üblicherweise Esc (gedrückt und losgelassen) oder Alt (gedrückt und gehalten) ist.

Shell-Vorgabe ist die Bearbeitung im Emacs-Stil, die ich empfehle, weil sie einfacher zu erlernen und anzuwenden ist. Sollten Sie den Vim-Stil bevorzugen, führen Sie den folgenden Befehl aus (oder fügen Sie ihn in Ihre *$HOME/.bashrc*-Datei ein):

```
$ set -o vi
```

Um einen Befehl mittels Vim-Tastenkürzeln zu bearbeiten, drücken Sie Enter, um den Bearbeitungsmodus zu starten. Dann nutzen Sie die Tastenkürzel aus der Spalte »Vim« in Tabelle 3-2. Mit diesem Befehl wechseln Sie wieder in die Emacs-artige Bearbeitung:

```
$ set -o emacs
```

Und nun heißt es üben, üben, üben, bis Ihnen die Tastenkürzel (ob Emacs oder Vim) reibungslos von der Hand gehen. Vertrauen Sie mir, der Aufwand zahlt sich schnell durch eingesparte Zeit aus.

Tabelle 3-2: Tastenkürzel für das Editing im Emacs- oder Vim-Stil[1]

Aktion	Emacs	Vim
Ein Zeichen vorwärts bewegen	Strg-f	h
Ein Zeichen zurück bewegen	Strg-b	l
Ein Wort vorwärts bewegen	Meta-f	w
Ein Wort zurück bewegen	Meta-b	b
An den Zeilenanfang bewegen	Strg-a	0
An das Zeilenende bewegen	Strg-e	$
Zwei Zeichen transponieren (vertauschen)	Strg-t	xp
Zwei Wörter transponieren (vertauschen)	Meta-t	*n/a*
Den ersten Buchstaben des nächsten Worts großschreiben	Meta-c	w~
Das ganze nächste Wort großschreiben	Meta-u	*n/a*
Das ganze nächste Wort kleinschreiben	Meta-l	*n/a*
Groß-/Kleinschreibung des aktuellen Zeichens ändern	*n/a*	~
Das nächste Zeichen wörtlich einfügen, einschließlich Steuerzeichen	Strg-v	Strg-v
Um ein Zeichen vorwärts löschen	Strg-d	x
Um ein Zeichen zurück löschen	Backspace *oder* Strg-h	X
Ein Wort vorwärts ausschneiden	Meta-d	dw
Ein Wort zurück ausschneiden	Meta-Backspace *oder* Strg-w	db
Vom Cursor bis zum Zeilenanfang ausschneiden	Strg-u	d^
Vom Cursor bis zum Zeilenende ausschneiden	Strg-k	D
Die ganze Zeile löschen	Strg-e Strg-u	dd
Den zuletzt gelöschten Text einfügen (Yank)	Strg-y	p
Den nächsten gelöschten Text einfügen (nach einem früheren Yank)	Meta-y	*n/a*
Die vorherige Bearbeitungsoperation widerrufen	Strg-_	u
Alle bisherigen Bearbeitungen widerrufen	Meta-r	U
Vom Einfüge- in den Befehlsmodus umschalten	*n/a*	Esc
Vom Befehls- in den Einfügemodus umschalten	*n/a*	i
Eine laufende Bearbeitungsoperation abbrechen	Strg-g	*n/a*
Die Anzeige löschen	Strg-l	Strg-l

1 Aktionen, die mit n/a gekennzeichnet sind, besitzen kein einfaches Tastenkürzel, können aber möglicherweise mit einer längeren Abfolge von Tastenkürzeln ausgeführt werden.

Weitere Einzelheiten zum Bearbeiten im Emacs-Stil finden Sie im Abschnitt »Bindable Readline Commands« (*https://oreil.ly/rAQ9g*) von GNUs `bash`-Handbuch. Zum Bearbeiten im Vim-Stil erfahren Sie mehr im Dokument »Readline VI Editing Mode Cheat Sheet« (*https://oreil.ly/Zv0ba*).

Zusammenfassung

Üben Sie die Techniken in diesem Kapitel, und Sie werden auf der Kommandozeile viel schneller werden. Speziell drei der Techniken hatten entscheidenden Einfluss darauf, wie ich Linux verwende, und ich hoffe, sie beeinflussen auch Sie auf positive Weise:

- das Löschen von Dateien mit `!$` für mehr Sicherheit
- die inkrementelle Suche mit Strg-R
- das Kommandozeilen-Editing im Emacs-Stil

KAPITEL 4

Ein Ausflug in das Dateisystem

In dem Film *Buckaroo Banzai – Die 8. Dimension*, einem Kultklassiker von 1984, präsentiert uns der verwegene Titelheld folgende Zen-artige Weisheit: »Wohin auch immer du gehst... dort bist du.« Buckaroo hätte durchaus über das Linux-Dateisystem sprechen können:

```
$ cd /usr/share/lib/etc/bin              Wohin auch immer du gehst...
$ pwd
/usr/share/lib/etc/bin                   ...dort bist du.
```

Es ist außerdem so, dass Sie, egal wo Sie im Linux-Dateisystem sind – in Ihrem aktuellen Verzeichnis –, irgendwann woanders hingehen werden (in ein anderes Verzeichnis). Je schneller und effizienter Sie diese Navigation erledigen können, umso produktiver werden Sie sein.

Die Techniken in diesem Kapitel helfen Ihnen, schneller und mit weniger Aufwand beim Tippen durch das Dateisystem zu navigieren. Sie sehen täuschend einfach aus, haben dafür aber *enorme* Auswirkungen, eine niedrige Lernkurve und großen Nutzen. Diese Techniken fallen im Großen und Ganzen in zwei Kategorien:

- Sich schnell in ein bestimmtes Verzeichnis bewegen.
- Schnell in ein Verzeichnis zurückkehren, das Sie bereits besucht haben.

Eine schnelle Auffrischung zu Linux-Verzeichnissen finden Sie in Anhang A. Nutzen Sie eine andere Shell als die `bash`, werfen Sie einen Blick in Anhang B.

Bestimmte Verzeichnisse effizient aufsuchen

Wenn Sie zehn Linux-Experten fragen, welcher der lästigste Aspekt der Kommandozeile ist, werden sieben von ihnen sagen: »Das Eintippen der langen Verzeichnispfade.«[1] Falls nämlich Ihre Arbeitsdateien in */home/smith/Work/Projects/Apps/Neutron-Star/src/include* liegen, Ihre Finanzdokumente sich in */home/smith/Finances/Bank/Checking/Statements* befinden und Ihre Videos in */data/Arts/Video/Collection* versammelt sind, ist es überhaupt nicht witzig, immer und immer wieder

1 Ich habe mir das ausgedacht, aber es stimmt trotzdem.

diese Pfade eintippen zu müssen. In diesem Abschnitt lernen Sie Techniken kennen, um effizient zu einem bestimmten Verzeichnis zu gelangen.

Springen Sie in Ihr Home-Verzeichnis

Beginnen wir mit den Grundlagen. Wo auch immer Sie in Ihrem Dateisystem sind, Sie können direkt in Ihr Home-Verzeichnis zurückkehren, indem Sie cd ohne Argumente ausführen:

```
$ pwd
/etc                              Sie beginnen irgendwo anders,
$ cd                              führen cd ohne Argumente aus...
$ pwd
/home/smith                       ...und sind wieder zu Hause.
```

Um von irgendeiner Stelle im Dateisystem in Unterverzeichnisse Ihres Home-Verzeichnisses zu springen, bezeichnen Sie Ihr Home-Verzeichnis mit einer Kurzform statt mit einem absoluten Pfad wie */home/smith*. Eine Kurzform ist die Shell-Variable HOME:

```
$ cd $HOME/Work
```

Eine andere bietet die Tilde:

```
$ cd ~/Work
```

Sowohl $HOME als auch ~ sind Ausdrücke, die von der Shell erweitert werden, eine Tatsache, die Sie überprüfen können, indem Sie sie auf der Standardausgabe anzeigen lassen:

```
$ echo $HOME ~
/home/smith /home/smith
```

Die Tilde kann auch das Home-Verzeichnis eines anderen Benutzers benennen, wenn Sie sie unmittelbar vor dessen Benutzernamen setzen:

```
$ echo ~jones
/home/jones
```

Schneller bewegen mit Tab-Ergänzung

Sparen Sie sich beim Eingeben von cd-Befehlen Tipparbeit, indem Sie die Tab-Taste drücken. Dabei werden automatisch Verzeichnisnamen angegeben. Besuchen Sie zum Beispiel mal ein Verzeichnis, das Unterverzeichnisse enthält, wie etwa */usr*:

```
$ cd /usr
$ ls
bin  games  include  lib  local  sbin  share  src
```

Nehmen wir an, Sie wollten das Unterverzeichnis *share* aufsuchen. Tippen Sie sha ein und drücken Sie dann einmal die Tab-Taste:

```
$ cd sha<Tab>
```

Die Shell ergänzt den Verzeichnisnamen für Sie:

```
$ cd share/
```

Diese praktische Abkürzung wird *Tab-Ergänzung* genannt. Sie funktioniert sofort, wenn der Text, den Sie eingeben, einem einzigen Verzeichnisnamen entspricht. Passt der Text zu mehreren Verzeichnisnamen, benötigt Ihre Shell weitere Informationen, um den gewünschten Namen zu vervollständigen. Angenommen, Sie hätten nur s eingetippt und dann Tab gedrückt:

```
$ cd s<Tab>
```

Die Shell kann den Namen *share* (noch) nicht vervollständigen, weil auch andere Verzeichnisse mit s beginnen: *sbin* und *src*. Drücken Sie ein zweites Mal Tab. Die Shell gibt nun alle möglichen Ergänzungen aus, um Ihnen zu helfen:

```
$ cd s<Tab><Tab>
sbin/  share/  src/
```

Dann wartet sie auf Ihre nächste Aktion. Um diese Mehrdeutigkeit aufzulösen, tippen Sie ein weiteres Zeichen ein, `h`, und drücken dann noch einmal Tab:

```
$ cd sh<Tab>
```

Die Shell vervollständigt den Namen des Verzeichnisses für Sie, und aus *sh* wird *share*:

```
$ cd share/
```

Im Allgemeinen drücken Sie Tab einmal, um so viele Ergänzungen wie möglich zu erreichen, oder Sie drücken Tab zweimal, um alle möglichen Ergänzungen auszugeben. Je mehr Zeichen Sie eintippen, umso weniger Mehrdeutigkeit gibt es, und umso besser wird der Treffer.

Die Tab-Ergänzung eignet sich hervorragend zum Beschleunigen der Navigation. Anstatt einen langen Pfad wie */home/smith/Projects/Web/src/include* einzutippen, geben Sie so wenig ein, wie Sie wollen, und drücken einfach immer wieder die Tab-Taste. Mit ein bisschen Übung bekommen Sie den Bogen schnell raus.

Die Tab-Ergänzung variiert je nach Programm

Die Tab-Ergänzung eignet sich nicht nur für `cd`-Befehle. Sie funktioniert für die meisten Befehle, allerdings kann ihr Verhalten variieren. Beim Befehl `cd` ergänzt die Tab-Taste die Verzeichnisnamen. Bei anderen Befehlen, die auf Dateien operieren, wie `cat`, `grep` und `sort`, erweitert die Tab-Ergänzung auch Dateinamen. Lautet der Befehl `ssh` (Secure Shell), vervollständigt sie Hostnamen. Beim Befehl `chown` (Ändern des Besitzers einer Datei) werden Benutzernamen vervollständigt. Sie können sogar Ihre eigenen Ergänzungsregeln herstellen, um schneller zu werden, wie wir in Beispiel 4-1 sehen werden. Schauen Sie außerdem auch in `man bash` und lesen Sie den Abschnitt »programmable completion«.

Mit Aliasen oder Variablen in oft besuchte Verzeichnisse springen

Sollten Sie häufig ein weit entfernt liegendes Verzeichnis besuchen, wie etwa */home/smith/Work/?Projects?/Web/src/include*, legen Sie sich am besten einen Alias an, der die cd-Operation ausführt:

```
# In einer Shell-Konfigurationsdatei:
alias work="cd $HOME/Work/Projects/Web/src/include"
```

Führen Sie einfach jedes Mal den Alias aus, wenn Sie Ihr Ziel erreichen wollen:

```
$ work
$ pwd
/home/smith/Work/Projects/Web/src/include
```

Stellen Sie alternativ eine Variable für den Verzeichnispfad her:

```
$ work=$HOME/Work/Projects/Web/src/include
$ cd $work
$ pwd
/home/smith/Work/Projects/Web/src/include
$ ls $work/
css                                Benutzt die Variable auf andere Arten.
main.css  mobile.css
```

Häufig bearbeitete Dateien mit einem Alias bearbeiten

Manchmal liegt der Grund für das häufige Aufsuchen eines Verzeichnisses darin, dass Sie eine bestimmte Datei bearbeiten müssen. Falls das der Fall ist, sollten Sie einen Alias für das Bearbeiten dieser Datei mit dem absoluten Pfad definieren, ohne das Verzeichnis zu wechseln. Die folgende Alias-Definition erlaubt Ihnen, *$HOME/.bashrc* zu bearbeiten – ganz egal, wo Sie sich im Dateisystem befinden –, indem Sie rcedit ausführen. Es ist kein cd erforderlich:

```
# Setzen Sie dies in eine Shell-Konfigurationsdatei
# und laden Sie sie neu:
alias rcedit='$EDITOR $HOME/.bashrc'
```

Falls Sie regelmäßig viele Verzeichnisse mit langen Pfadnamen besuchen, können Sie Aliase oder Variablen für sie alle herstellen. Das bringt jedoch einige Nachteile mit sich:

- Es ist schwer, sich diese ganzen Aliase/Variablen zu merken.
- Sie könnten versehentlich einen Alias erzeugen, der denselben Namen trägt wie ein vorhandener Befehl, was einen Konflikt erzeugt.

Eine Alternative besteht darin, eine Shell-Funktion wie in Beispiel 4-1 herzustellen, die ich qcd (*quick cd*) genannt habe. Diese Funktion nimmt einen String-Schlüssel als Argument entgegen, wie work oder recipes, und führt cd auf einem ausgewählten Verzeichnispfad aus.

Beispiel 4-1: Eine Funktion für den Wechsel in weit entfernte Verzeichnisse mit cd

```
# Definieren der Funktion qcd
qcd () {
  # Nimmt 1 Argument entgegen, das ein String-Schlüssel ist, und
  # führt für jeden Schlüssel eine andere "cd"-Operation aus.
  case "$1" in
    work)
      cd $HOME/Work/Projects/Web/src/include
      ;;
    recipes)
      cd $HOME/Family/Cooking/Recipes
      ;;
    video)
      cd /data/Arts/Video/Collection
      ;;
    beatles)
      cd $HOME/Music/mp3/Artists/B/Beatles
      ;;
    *)
      # Das angegebene Argument gehörte nicht zu den unterstützten Schlüsseln.
      echo "qcd: unknown key '$1'"
      return 1
      ;;
  esac
  # Der aktuelle Verzeichnisname wird ausgegeben, damit man weiß, wo man ist.
  pwd
}
# Einrichten einer Tab-Ergänzung
complete -W "work recipes video beatles" qcd
```

Speichern Sie die Funktion in einer Shell-Konfigurationsdatei wie *$HOME/.bashrc* (siehe »Umgebungen und Initialisierungsdateien, die Kurzfassung« auf Seite 49) und laden Sie diese neu. Damit ist sie bereit für den Einsatz. Tippen Sie `qcd` gefolgt von einem der unterstützten Schlüssel ein, um schnell in das damit verknüpfte Verzeichnis zu springen:

```
$ qcd beatles
/home/smith/Music/mp3/Artists/B/Beatles
```

Als Bonus führt die letzte Zeile des Skripts den Befehl `complete` aus, ein Shell-Builtin, das eine angepasste Tab-Ergänzung für `qcd` einrichtet, damit es die vier unterstützten Schlüssel vervollständigt. Nun müssen Sie sich die Argumente von `qcd` nicht mehr merken! Tippen Sie einfach `qcd` gefolgt von einem Leerzeichen ein und drücken Sie dann zweimal die Tab-Taste. Die Shell gibt nun alle Schlüssel für Ihre Referenz aus, und Sie können den gewünschten Schlüssel auf die übliche Weise vervollständigen:

```
$ qcd <Tab><Tab>
beatles  recipes  video   work
$ qcd v<Tab><Enter>                     Ergänzt 'v' zu 'video'.
/data/Arts/Video/Collection
```

Machen Sie ein großes Dateisystem gefühlt kleiner mit CDPATH

Die `qcd`-Funktion verarbeitet nur die Verzeichnisse, die Sie angeben. Die Shell bietet eine allgemeinere `cd`-Lösung ohne diese Einschränkung, den sogenannten *cd-Suchpfad*. Seit ich diese Shell-Eigenschaft kenne, navigiere ich ganz anders im Linux-Dateisystem.

Nehmen wir einmal an, Sie hätten ein wichtiges Unterverzeichnis namens *Photos*, das Sie oft besuchen. Es liegt unter */home/smith/Family/Memories/Photos*. Wenn Sie sich im Dateisystem umherbewegen, müssen Sie jedes Mal einen langen Pfadnamen eintippen, um *Photos* zu besuchen:

```
$ cd ~/Family/Memories/Photos
```

Wäre es nicht großartig, wenn Sie diesen Pfad auf *Photos* abkürzen könnten, ganz egal, wo Sie sich im Dateisystem gerade befinden?

```
$ cd Photos
```

Normalerweise funktioniert dieser Befehl nicht:

```
bash: cd: Photos: No such file or directory
```

Es sei denn, Sie befinden sich gerade im richtigen Parent-Verzeichnis (*~/Family/Memories*) oder in einem anderen Verzeichnis, das zufällig ebenfalls ein Unterverzeichnis mit dem Namen *Photos* enthält. Nun, mit ein paar kleinen Vorbereitungen können Sie `cd` anweisen, auch an anderen Orten als Ihrem aktuellen Verzeichnis nach dem *Photos*-Unterverzeichnis zu suchen. Die Suche erfolgt blitzschnell und in allen Parent-Verzeichnissen, die Sie angeben. Sie könnten zum Beispiel `cd` anweisen, zusätzlich zu Ihrem aktuellen Verzeichnis auch das Verzeichnis *$HOME/Family/Memories* zu durchsuchen. Wenn Sie dann an irgendeiner anderen Stelle im Dateisystem `cd Photos` eintippen, wird `cd` erfolgreich sein:

```
$ pwd
/etc
$ cd Photos
/home/smith/Family/Memories/Photos
```

Ein `cd`-Suchpfad funktioniert genauso wie der Befehlssuchpfad, `$PATH`, allerdings werden anstelle von Befehlen Unterverzeichnisse gefunden. Konfigurieren Sie ihn mit der Shell-Variablen `CDPATH`, die dasselbe Format hat wie `PATH`: eine Liste von Verzeichnissen, die durch Doppelpunkte getrennt sind. Falls Ihr `CDPATH` zum Beispiel aus diesen vier Verzeichnissen besteht:

```
$HOME:$HOME/Projects:$HOME/Family/Memories:/usr/local
```

und Sie …

```
$ cd Photos
```

eintippen, prüft `cd` nacheinander, ob die folgenden Verzeichnisse existieren, bis es ein passendes findet oder komplett scheitert:

1. *Photos* im aktuellen Verzeichnis
2. *$HOME/Photos*
3. *$HOME/Projects/Photos*
4. *$HOME/Family/Memories/Photos*
5. */usr/local/Photos*

In diesem Fall ist `cd` beim vierten Versuch erfolgreich und ändert das Verzeichnis auf *$HOME/Family/Memories/Photos*. Wenn zwei Verzeichnisse in `$CDPATH` ein Unterverzeichnis namens *Photos* besitzen, gewinnt das Parent-Verzeichnis, das zuerst kommt.

Hinweis

Normalerweise liefert ein erfolgreiches `cd` keine Ausgabe. Wenn `cd` jedoch mithilfe Ihres `CDPATH` ein Verzeichnis findet, gibt es den absoluten Pfad auf der Standardausgabe aus, um Sie über das neue aktuelle Verzeichnis in Kenntnis zu setzen:

```
$ CDPATH=/usr    Setzt einen CDPATH.
$ cd /tmp        Keine Ausgabe: CDPATH wurde nicht befragt.
$ cd bin         cd befragt CDPATH...
/usr/
bin             ...und gibt das neue Arbeitsverzeichnis aus.
```

Setzen Sie Ihre wichtigsten oder am häufigsten benutzten Parent-Verzeichnisse in `CDPATH`, und Sie können mit `cd` von beliebigen Stellen in Ihrem Dateisystem aus in deren Unterverzeichnisse springen, ohne den kompletten Pfad eintippen zu müssen. Vertrauen Sie mir, das ist *erstaunlich*. Die folgende Fallstudie sollte das beweisen.

Organisieren Sie Ihr Home-Verzeichnis für eine schnelle Navigation

Benutzen wir `CDPATH`, um die Art und Weise zu vereinfachen, wie Sie zu Ihrem Home-Verzeichnis navigieren. Mit einer kleinen Konfiguration können Sie viele Verzeichnisse innerhalb Ihres Home-Verzeichnisses leicht zugänglich machen, ohne viel tippen zu müssen, und das unabhängig davon, wo Sie sich in Ihrem Dateisystem befinden. Diese Technik funktioniert am besten, wenn Ihr Home-Verzeichnis gut organisiert ist und wenigstens zwei Ebenen an Unterverzeichnissen besitzt. Abbildung 4-1 zeigt ein Beispiel für ein gut organisiertes Verzeichnislayout.

Der Trick besteht darin, Ihren `CDPATH` so einzurichten, dass er in der angegebenen Reihenfolge Folgendes enthält:

1. *$HOME*
2. Ihre Auswahl an Unterverzeichnissen von *$HOME*
3. den relativen Pfad für ein Parent-Verzeichnis, gekennzeichnet mithilfe zweier Punkte (`..`)

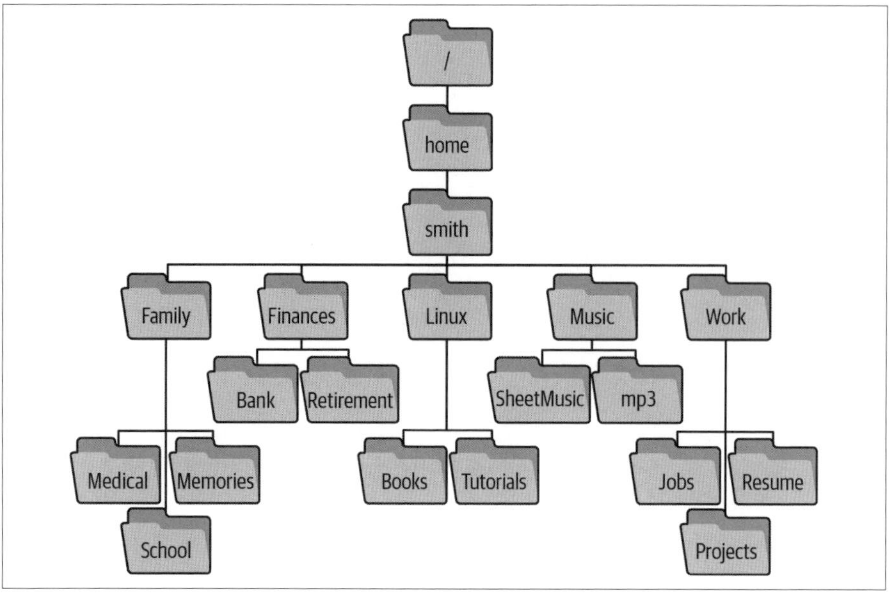

Abbildung 4-1: Zwei Ebenen an Unterverzeichnissen im Verzeichnis /home/smith

Indem Sie *$HOME* einbeziehen, können Sie unmittelbar in eines von seinen Unterverzeichnissen springen (*Family*, *Finances*, *Linux*, *Music* und *Work*), ohne dass Sie den kompletten Pfad angeben müssen, auch wenn Sie sich an irgendeiner anderen Stelle im Dateisystem befinden:

```
$ pwd
/etc                            Beginnt außerhalb Ihres Home-Verzeichnisses.
$ cd Work
/home/smith/Work
$ cd Family/School              Sie sind 1 Ebene unter $HOME gesprungen.
/home/smith/Family/School
```

Durch das Einfügen der Unterverzeichnisse von *$HOME* in Ihren CDPATH können Sie auf einen Schlag in *deren* Unterverzeichnisse springen:

```
$ pwd
/etc                            Irgendwo außerhalb Ihres Home-Verzeichnisses.
$ cd School
/home/smith/Family/School       Sie sind 2 Ebenen unter $HOME gesprungen.
```

Alle Verzeichnisse in Ihrem CDPATH sind bisher absolute Pfade in *$HOME* und dessen Unterverzeichnissen. Da Sie jedoch auch den relativen Pfad `..` aufgenommen haben, ermöglichen Sie ein neues cd-Verhalten in *jedem* Verzeichnis. Ganz egal wo Sie im Dateisystem sind, Sie können anhand des Namens in jedes *Sibling*-Verzeichnis (*../sibling*) springen, ohne die zwei Punkte eintippen zu müssen, weil cd Ihren aktuellen Parent durchsucht. Falls Sie sich zum Beispiel in */usr/bin* befinden und sich nach */usr/lib* begeben wollen, benötigen Sie nur `cd lib`:

```
$ pwd
/usr/bin                          Ihr aktuelles Verzeichnis
$ ls ..
bin   include   lib   src         Ihre Siblings
$ cd lib
/usr/lib                          Sie sind zu einem Sibling gesprungen.
```

Oder sollten Sie ein Programmierer sein, der an Code arbeitet, der die Unterverzeichnisses *rc*, *include* und *docs* hat:

```
$ pwd
/usr/src/myproject
$ ls
docs   include   src
```

können Sie zügig zwischen den Unterverzeichnissen hin- und herspringen:

```
$ cd docs                         Wechseln Sie Ihr aktuelles Verzeichnis.
$ cd include
/usr/src/myproject/include        Sie sind zu einem Sibling gesprungen.
$ cd src
/usr/src/myproject/src            Noch einmal.
```

Ein `CDPATH` für den Baum in Abbildung 4-1 könnte sechs Einträge enthalten: Ihr Home-Verzeichnis, vier seiner Unterverzeichnisse und den relativen Pfad für ein Parent-Verzeichnis:

```
# Setzen Sie das in eine Shell-Konfigurationsdatei und laden Sie diese:
export CDPATH=$HOME:$HOME/Work:$HOME/Family:$HOME/Linux:$HOME/Music:..
```

Nachdem Sie die Konfigurationsdatei geladen haben, können Sie mit `cd` in viele wichtige Verzeichnisse springen, ohne lange Verzeichnispfade eintippen zu müssen. Es sind nun nur noch die kurzen Verzeichnisnamen nötig. Hurra!

Diese Technik funktioniert am besten, wenn alle Unterverzeichnisse unter den `CDPATH`-Verzeichnissen eindeutige Namen haben. Sollten sich Namen wiederholen, wie etwa bei *$HOME/Music* und *$HOME/Linux/Music*, erzielen Sie möglicherweise nicht das gewünschte Verhalten. Der Befehl `cd Music` prüft immer *$HOME* vor *$HOME/Linux* und findet deshalb *$HOME/Linux/Music* bei der Suche nicht.

Um in den ersten zwei Ebenen von *$HOME* nach doppelt auftretenden Unterverzeichnisnamen zu suchen, probieren Sie diesen frechen Einzeiler aus. Er listet alle Unter- und Unterunterverzeichnisse von *$HOME* auf, isoliert die Unterunterverzeichnisnamen mit cut, sortiert die Liste und zählt die Vorkommen mit `uniq`:

```
$ cd
$ ls -d */ && (ls -d */*/ | cut -d/ -f2-) | sort | uniq -c | sort -nr | less
```

Sie kennen diese Technik zum Prüfen auf Duplikate vielleicht aus »Dateiduplikate entdecken« auf Seite 33. Wenn die Ausgabe eine Zahl anzeigt, die größer als 1 ist, haben Sie Duplikate. Ich weiß, dass dieser Befehl einige Dinge enthält, die wir noch nicht behandelt haben. Sie lernen den doppelten Ampersand (`&&`) in »Technik #1: Bedingte Listen« auf Seite 130 und die runden Klammern in »Technik #10: Explizite Subshells« auf Seite 151 kennen.

Effizient zu Verzeichnissen zurückkehren

Gerade haben Sie gelernt, wie Sie effizient ein Verzeichnis besuchen. Jetzt zeige ich Ihnen, wie Sie schnell wieder zu einem Verzeichnis zurückkehren können.

Mit »cd -« zwischen zwei Verzeichnissen umschalten

Nehmen wir an, Sie arbeiteten in einem ganz tief gelegenen Verzeichnis und führten `cd` aus, um woandershin zu gehen:

```
$ pwd
/home/smith/Finances/Bank/Checking/Statements
$ cd /etc
```

Und plötzlich denken Sie: »Nein, warte, ich will zurück in das Verzeichnis *Statements*, in dem ich gerade war.« Tippen Sie auf keinen Fall den langen Verzeichnispfad ein, sondern führen Sie einfach `cd` mit einem Bindestrich als Argument aus:

```
$ cd -
/home/smith/Finances/Bank/Checking/Statements
```

Dieser Befehl bringt Ihre Shell in das vorhergehende Verzeichnis zurück und gibt dankenswerterweise auch noch dessen absoluten Pfad aus, damit Sie wissen, wo Sie sind.

Um zwischen zwei Verzeichnissen hin- und herzuspringen, führen Sie wiederholt `cd -` aus. Das spart unglaublich viel Zeit, wenn Sie in einer einzigen Shell in zwei Verzeichnissen gleichzeitig arbeiten müssen. Es gibt allerdings einen Haken: Die Shell erinnert sich immer nur an ein vorhergehendes Verzeichnis. Wenn Sie zum Beispiel zwischen */usr/local/bin* und */etc* hin- und herwechseln:

```
$ pwd
/usr/local/bin
$ cd /etc                Die Shell erinnert sich an /usr/local/bin
$ cd -                   Die Shell erinnert sich an /etc
/usr/local/bin
$ cd -                   Die Shell erinnert sich an /usr/local/bin
/etc
```

und `cd` ohne Argumente aufrufen, um in Ihr Home-Verzeichnis zu springen:

```
$ cd                     Die Shell erinnert sich an /etc
```

hat die Shell */usr/local/bin* als vorheriges Verzeichnis vergessen:

```
$ cd -                   Die Shell erinnert sich an Ihr Home-Verzeichnis
/etc
$ cd -                   Die Shell erinnert sich an /etc
/home/smith
```

Die nächste Technik überwindet diese Einschränkung.

Mit pushd und popd zwischen vielen Verzeichnissen wechseln

Der Befehl `cd -` schaltet zwischen zwei Verzeichnissen hin und her. Doch was ist, wenn Sie drei oder mehr Verzeichnisse im Blick behalten wollen? Nehmen wir einmal an, Sie legten auf Ihrem Linux-Computer eine lokale Website an. Diese Aufgabe erfordert oft vier oder mehr Verzeichnisse:

- den Ort der live geschalteten, freigegebenen Webseiten, wie etwa */var/www/html*,
- das Konfigurationsverzeichnis des Webservers, oft */etc/apache2*,
- den Ort der SSL-Zertifikate, oft */etc/ssl/certs* sowie
- Ihr Arbeitsverzeichnis, also etwa *~/Work/Projects/Web/src*.

Glauben Sie mir, es ist mühselig, immer wieder zu tippen:

```
$ cd ~/Work/Projects/Web/src
$ cd /var/www/html
$ cd /etc/apache2
$ cd ~/Work/Projects/Web/src
$ cd /etc/ssl/certs
```

Wenn Sie einen großen Bildschirm haben, können Sie sich die Strapazen ersparen, indem Sie für jedes Verzeichnis ein eigenes Shell-Fenster öffnen. Falls Sie aber in einer einzigen Shell arbeiten (zum Beispiel über eine SSH-Verbindung), sollten Sie eine Shell-Eigenschaft namens *Verzeichnis-Stack* ausnutzen. Dieser erlaubt Ihnen, ganz leicht durch mehrere Verzeichnisse zu reisen. Dazu verwendet er die eingebauten Shell-Befehle `pushd`, `popd` und `dirs`. Es dauert vielleicht eine Viertelstunde, das zu erlernen, und der Vorteil, den Sie damit erwerben, bleibt Ihnen für den Rest Ihrer Karriere erhalten.[2]

Ein *Verzeichnis-Stack* ist eine Liste von Verzeichnissen, die Sie in der aktuellen Shell besucht haben und die Sie weiter im Auge behalten wollen. Sie manipulieren den Stack, indem Sie zwei Operationen ausführen, die *Push* und *Pop* genannt werden. Der Push eines Verzeichnisses fügt dieses am Anfang der Liste hinzu, die traditionell als Anfang oder *Top* des Stacks bezeichnet werden.[3] Ein Pop entfernt das oberste Verzeichnis aus dem Stack. Zu Anfang enthält der Stack nur Ihr aktuelles Verzeichnis, aber Sie können Verzeichnisse hinzufügen (Push) und entfernen (Pop) sowie mit `cd` zwischen ihnen wechseln.

Hinweis

Jede laufende Shell führt ihren eigenen Verzeichnis-Stack.

2 Eine Alternative wäre, mithilfe von Kommandozeilenprogrammen wie `screen` und `tmux` mehrere virtuelle Displays zu öffnen. Diese Programme werden als *Terminal-Multiplexer* bezeichnet. Sie erfordern einen größeren Lernaufwand als Verzeichnis-Stacks, lohnen die Betrachtung aber ebenfalls.

3 Stacks werden in der Informatik auch als Stapel benannt, und genau so sollten Sie sich das auch vorstellen: Sie legen etwas oben auf einem Stapel ab und können auch nur von oben etwas herunternehmen. Was zuletzt auf den Stapel gepackt wurde, muss zuerst wieder weggenommen werden.

Ich beginne mit den Grundoperationen (Push, Pop, Betrachten) und komme dann zu dem guten Kram.

Ein Verzeichnis auf den Stack schieben (Push)

Der Befehl `pushd` (kurz für *push directory*) macht Folgendes:

1. Er fügt ein bestimmtes Verzeichnis oben dem Stack hinzu.
2. Er führt ein `cd` zu diesem Verzeichnis aus.
3. Er gibt den Stack von oben bis unten aus, damit Sie einen Vergleich haben.

Ich werde einen Verzeichnis-Stack aus vier Verzeichnissen aufbauen, indem ich diese nacheinander auf den Stack schiebe:

```
$ pwd
/home/smith/Work/Projects/Web/src
$ pushd /var/www/html
/var/www/html ~/Work/Projects/Web/src
$ pushd /etc/apache2
/etc/apache2 /var/www/html ~/Work/Projects/Web/src
$ pushd /etc/ssl/certs
/etc/ssl/certs /etc/apache2 /var/www/html ~/Work/Projects/Web/src
$ pwd
/etc/ssl/certs
```

Nach jeder `pushd`-Operation gibt die Shell den Stack aus. Das aktuelle Verzeichnis ist das ganz linke (oberste) Verzeichnis.

Betrachten eines Verzeichnis-Stacks

Sie geben den Verzeichnis-Stack einer Shell mit dem Befehl `dirs` aus. Dabei wird der Stack nicht verändert:

```
$ dirs
/etc/ssl/certs /etc/apache2 /var/www/html ~/Work/Projects/Web/src
```

Falls Sie den Stack von oben nach unten anschauen wollen, nutzen Sie die Option `-p`:

```
$ dirs -p
/etc/ssl/certs
/etc/apache2
/var/www/html
~/Work/Projects/Web/src
```

Sie können die Ausgabe sogar mit einer Pipeline auf den Befehl `nl` leiten, um die Zeilen mit null beginnend zu nummerieren:

```
$ dirs -p | nl -v0
     0  /etc/ssl/certs
     1  /etc/apache2
     2  /var/www/html
     3  ~/Work/Projects/Web/src
```

Noch einfacher: Führen Sie `dirs -v` aus, um den Stack mit nummerierten Zeilen auszugeben:

```
$ dirs -v
 0  /etc/ssl/certs
 1  /etc/apache2
 2  /var/www/html
 3  ~/Work/Projects/Web/src
```

Falls Sie dieses Top-down-Format künftig immer benutzen wollen, könnten Sie sich dafür einen Alias anlegen:

```
# Setzen Sie dies in eine Shell-Konfigurationsdatei und laden Sie sie:
alias dirs='dirs -v'
```

Ein Verzeichnis vom Stack holen (Pop)

Der Befehl `popd` (kurz für *pop directory*) ist das Gegenstück zu `pushd`. Er macht Folgendes:

1. Er entfernt das oberste Verzeichnis vom Stack.
2. Er führt ein `cd` zum neuen obersten Verzeichnis durch.
3. Er gibt zu Ihrer Information den Stack von oben nach unten aus.

Falls Ihr Stack zum Beispiel vier Verzeichnisse enthält:

```
$ dirs
/etc/ssl/certs /etc/apache2 /var/www/html ~/Work/Projects/Web/src
```

wird ein wiederholtes Ausführen von `popd` die Verzeichnisse von oben bis unten durchlaufen:

```
$ popd
/etc/apache2 /var/www/html ~/Work/Projects/Web/src
$ popd
/var/www/html ~/Work/Projects/Web/src
$ popd
~/Work/Projects/Web/src
$ popd
bash: popd: directory stack empty
$ pwd
~/Work/Projects/Web/src
```

Tipp

Die Befehle `pushd` und `popd` sind so effektiv, dass ich Ihnen empfehle, Aliase aus zwei Buchstaben für sie anzulegen, damit sie genauso schnell getippt werden können wie `cd`:

```
# Setzen Sie das in eine Shell-Konfigurationsdatei
# und laden Sie sie:
alias gd=pushd
alias pd=popd
```

Verzeichnisse im Stack vertauschen

Sie können nun also den Verzeichnis-Stack aufbauen und wieder leeren. Schauen wir uns jetzt einige praktische Anwendungsfälle an. pushd ohne Argumente vertauscht die obersten beiden Verzeichnisse und navigiert zum neuen obersten Verzeichnis. Springen wir mehrmals zwischen */etc/apache2* und Ihrem Arbeitsverzeichnis hin und her, indem wir einfach pushd ausführen. Sie sehen, dass das dritte Verzeichnis */var/www/html* an seiner Position im Stack bleibt, während die ersten beiden Verzeichnisse die Positionen tauschen:

```
$ dirs
/etc/apache2 ~/Work/Projects/Web/src /var/www/html
$ pushd
~/Work/Projects/Web/src /etc/apache2 /var/www/html
$ pushd
/etc/apache2 ~/Work/Projects/Web/src /var/www/html
$ pushd
~/Work/Projects/Web/src /etc/apache2 /var/www/html
```

Der Befehl pushd verhält sich ähnlich wie cd -, wechselt also zwischen zwei Verzeichnissen, allerdings hat er nicht die Beschränkung, sich immer nur ein Verzeichnis merken zu können.

Verwandeln Sie ein versehentliches cd in ein pushd

Nehmen wir einmal an, dass Sie mit pushd zwischen mehreren Verzeichnissen hin und her springen. Plötzlich führen Sie versehentlich stattdessen cd aus und verlieren ein Verzeichnis:

```
$ dirs
~/Work/Projects/Web/src /var/www/html /etc/apache2
$ cd /etc/ssl/certs
$ dirs
/etc/ssl/certs /var/www/html /etc/apache2
```

Hoppla, der versehentliche cd-Befehl hat *~/Work/Projects/Web/src* im Stack durch */etc/ssl/certs* ersetzt. Aber keine Panik. Sie können das verloren gegangene Verzeichnis wieder auf den Stack packen, ohne dessen langen Pfad eintippen zu müssen. Führen Sie zweimal pushd aus, einmal mit dem Bindestrich als Argument und einmal ohne:

```
$ pushd -
~/Work/Projects/Web/src /etc/ssl/certs /var/www/html /etc/apache2
$ pushd
/etc/ssl/certs ~/Work/Projects/Web/src /var/www/html /etc/apache2
```

Schauen wir uns genau an, wieso das funktioniert:

- Das erste pushd kehrt zum vorhergehenden Verzeichnis Ihrer Shell, *~/Work/Projects/Web/src*, zurück und schiebt es auf den Stack. pushd akzeptiert genau wie cd einen Bindestrich als Argument, der bedeutet: »Gehe zurück in mein vorheriges Verzeichnis.«

- Der zweite pushd-Befehl vertauscht die beiden oberen Verzeichnisse, sodass Sie zurück zu */etc/ssl/certs* gelangen. Sie haben also nun *~/Work/Projects/Web/src* wieder an die zweite Position im Stack befördert, also genau dorthin, wo es gewesen wäre, wenn Sie den Fehler nicht gemacht hätten.

Dieser »Hoppla, ich habe ein pushd vergessen«-Befehl ist so nützlich, dass er einen eigenen Alias verdient. Ich selbst nenne ihn slurp (schlürfen), weil er (zumindest in meiner Vorstellung) ein Verzeichnis »zurückschlürft«, das ich versehentlich verloren habe:

```
# Setzen Sie dies in eine Shell-Konfigurationsdatei und laden Sie sie:
alias slurp='pushd - && pushd'
```

Tiefer in den Stack eintauchen

Was ist, wenn Sie mit cd zwischen anderen als den obersten beiden Verzeichnissen im Stack wechseln wollen? pushd und popd akzeptieren ein positives oder negatives Integer-Argument, um weiter in den Stack einzutauchen. Der Befehl:

```
$ pushd +N
```

verschiebt *N* Verzeichnisse vom Anfang des Stacks (also von oben) an das Ende (also nach unten) und führt dann ein cd an das neue oberste Verzeichnis aus. Ein negatives Argument (-*N*) verschiebt Verzeichnisse in die entgegengesetzte Richtung, also von unten nach oben, bevor cd ausgeführt wird.[4]

```
$ dirs
/etc/ssl/certs ~/Work/Projects/Web/src /var/www/html /etc/apache2
$ pushd +1
~/Work/Projects/Web/src /var/www/html /etc/apache2 /etc/ssl/certs
$ pushd +2
/etc/apache2 /etc/ssl/certs ~/Work/Projects/Web/src /var/www/html
```

Auf diese Weise können Sie mit einem einfachen Befehl zu jedem anderen Verzeichnis im Stack springen. Falls Ihr Stack jedoch sehr lang ist, könnte es schwierig sein, die numerische Position eines bestimmten Verzeichnisses abzuschätzen. Geben Sie also mit dirs -v diese numerischen Positionen aus, wie Sie es in »Betrachten eines Verzeichnis-Stacks« auf Seite 80 gemacht haben:

```
$ dirs -v
 0  /etc/apache2
 1  /etc/ssl/certs
 2  ~/Work/Projects/Web/src
 3  /var/www/html
```

Um */var/www/html* im Stack ganz nach oben zu verschieben (und damit zu Ihrem aktuellen Verzeichnis zu machen), führen Sie pushd +3 aus.

Um zum Verzeichnis ganz unten im Stack zu springen, führen Sie pushd -0 (Bindestrich null) aus:

---

4 Programmierer kennen diese Operationen vermutlich als das Rotieren des Stacks.

```
$ dirs
/etc/apache2 /etc/ssl/certs ~/Work/Projects/Web/src /var/www/html
$ pushd -0
/var/www/html /etc/apache2 /etc/ssl/certs ~/Work/Projects/Web/src
```

Sie können auch Verzeichnisse jenseits des obersten Verzeichnisses aus dem Stack entfernen, indem Sie popd mit einem numerischen Argument benutzen. Der Befehl:

```
$ popd +N
```

entfernt das Verzeichnis an Position *N* aus dem Stack. Gezählt wird hierbei von oben. Ein negatives Argument (-*N*) zählt stattdessen von unten im Stack nach oben. Das Zählen beginnt bei null; popd +1 entfernt also das zweite Verzeichnis von oben:

```
$ dirs
/var/www/html /etc/apache2 /etc/ssl/certs ~/Work/Projects/Web/src
$ popd +1
/var/www/html /etc/ssl/certs ~/Work/Projects/Web/src
$ popd +2
/var/www/html /etc/ssl/certs
```

Zusammenfassung

Alle Techniken in diesem Kapitel sind mit ein bisschen Übung leicht zu verstehen und ersparen Ihnen eine Menge Zeit und Arbeit beim Tippen. Ich persönlich finde diese Techniken besonders nützlich:

- CDPATH für eine schnelle Navigation.
- pushd und popd für ein schnelles Zurückkehren.
- Gelegentlich auch einmal cd -.

TEIL II

Erweiterte Fähigkeiten

Nachdem Sie nun die Grundlagen von Befehlen, Pipes, der Shell und der Navigation kennengelernt und verstanden haben, wird es Zeit für den nächsten Schritt. In den folgenden fünf Kapiteln stelle ich Ihnen eine Fülle an neuen Linux-Programmen und einige wichtige Shell-Konzepte vor. Mit deren Hilfe werden Sie komplexe Befehle zusammenbauen und realistische Situationen auf einem Linux-Computer bewältigen.

KAPITEL 5

Das Arsenal erweitern

Linux-Systeme besitzen Tausende von Kommandozeilenprogrammen. Erfahrene Benutzer verlassen sich normalerweise auf eine kleinere Teilmenge – eine Art Werkzeugkasten –, zu dem sie immer und immer wieder zurückkehren. Kapitel 1 fügte Ihrem Werkzeugkasten sechs ausgesprochen nützliche Befehle hinzu, und ich empfehle Ihnen nun ein weiteres Dutzend (oder mehr). Ich werde jeden Befehl kurz beschreiben und Ihnen einige Beispielanwendungen zeigen. (Wenn Sie alle verfügbaren Optionen kennenlernen wollen, schauen Sie in die Manpage des jeweiligen Befehls.) Ich stelle außerdem zwei leistungsfähige Befehle vor, die schwieriger zu erlernen sind, aber die Mühe wirklich lohnen: `awk` und `sed`. Insgesamt dienen die Befehle in diesem Kapitel vier gebräuchlichen, praktischen Zwecken für Pipelines und andere komplexe Befehle:

Text erzeugen
: Datumsangaben, Zeiten, Abfolgen von Zahlen und Buchstaben, Dateipfade, wiederholte Strings und anderen Text ausgeben, um Ihre Pipelines auf den Weg zu bringen.

Text isolieren
: Irgendeinen Teil einer Textdatei mit einer Kombination aus `grep`, `cut`, `head`, `tail` und einer praktischen Eigenschaft von `awk` extrahieren.

Text kombinieren
: Dateien von oben nach unten mit `cat` und `tac` oder Seite an Seite mit `echo` und `paste` kombinieren. Sie können Dateien außerdem mit `paste` und `diff` verschachteln.

Text transformieren
: Text mit einfachen Befehlen wie `tr` und `rev` oder leistungsfähigeren Befehlen wie `awk` und `sed` konvertieren.

Dieses Kapitel ist ein schneller Überblick. Spätere Kapitel zeigen die Befehle in Aktion.

Text erzeugen

Jede Pipeline beginnt mit einem einfachen Befehl, der auf die Standardausgabe schreibt. Manchmal ist es ein Befehl wie grep oder cut, der ausgewählte Daten aus einer Datei zieht:

```
$ cut -d: -f1 /etc/
passwd | sort                    Gibt alle Benutzernamen aus und sortiert sie.
```

oder sogar cat, der ganz praktisch ist, wenn man den kompletten Inhalt mehrerer Dateien mittels Pipelines an andere Befehle leiten möchte:

```
$ cat *.txt | wc -l              Gesamtzeilenzahl
```

Zu anderen Gelegenheiten kommt der Anfangstext in einer Pipeline aus anderen Quellen. Sie kennen bereits einen solchen: ls gibt Datei- und Verzeichnisnamen und damit verbundene Informationen aus. Schauen wir uns weitere Befehle und Techniken an, die Text erzeugen:

date
: Gibt Datums- und Uhrzeitangaben in verschiedenen Formaten aus.

seq
: Gibt eine Abfolge von Zahlen aus.

Klammererweiterung
: Eine Shell-Eigenschaft, die eine Abfolge von Zahlen oder Zeichen ausgibt.

find
: Gibt Dateipfade aus.

yes
: Gibt wiederholt die gleiche Zeile aus.

Der Befehl date

Der Befehl date gibt in verschiedenen Formaten das aktuelle Datum und/oder die Uhrzeit aus:

```
$ date                           Standardformatierung
Mon Jun 28 16:57:33 EDT 2021
$ date +%Y-%m-%d                 Jahr-Monat-Tag-Format
2021-06-28
$ date +%H:%M:%S                 Stunde:Minute:Sekunden-Format
16:57:33
```

Um das Ausgabeformat zu steuern, geben Sie ein Argument an, das mit einem Pluszeichen beginnt (+), gefolgt von beliebigem Text. Der Text kann spezielle Ausdrücke enthalten, die mit einem Prozentzeichen (%) beginnen, wie etwa %Y für das aktuelle vierstellige Jahr und %H für die aktuelle Stunde auf einer 24-Stunden-Uhr. Eine komplette Liste der Ausdrücke finden Sie auf der Manpage für date.

```
$ date +"Ich kann kaum glauben, dass es schon %A ist!"      Wochentag
Ich kann kaum glauben, dass es schon Tuesday ist!
```

Der seq-Befehl

Der seq-Befehl gibt eine Abfolge von Zahlen in einem Bereich aus. Geben Sie zwei Argumente an, nämlich den niedrigsten und den höchsten Wert des Bereichs. seq gibt dann den gesamten Bereich aus:

```
$ seq 1 5                    Gibt alle Integer-Werte von 1 bis einschließlich 5 aus.
1
2
3
4
5
```

Wenn Sie drei Werte angeben, definieren der erste und der dritte Wert den Bereich, während der zweite das Inkrement bestimmt:

```
$ seq 1 2 10                 Inkrementiert um 2 statt um 1.
1
3
5
7
9
```

Benutzen Sie ein negatives Inkrement wie etwa `-1`, um eine absteigende Sequenz zu erzeugen:

```
$ seq 3 -1 0
3
2
1
0
```

Mit einem Dezimalinkrement erzeugen Sie Gleitkommazahlen:

```
$ seq 1.1 0.1 2              Inkrementiert um 0,1.
1.1
1.2
1.3
...
2.0
```

Die Werte werden standardmäßig durch ein Newline-Zeichen getrennt, Sie können das Trennzeichen aber auch mit der Option `-s` gefolgt von einem String ändern:

```
$ seq -s/ 1 5                Trennt Werte durch Schrägstriche.
1/2/3/4/5
```

Die Option `-w` sorgt dafür, dass alle Werte die gleiche Breite (in Zeichen) haben, indem sie bei Bedarf führende Nullen hinzufügt:

```
$ seq -w 8 10
08
09
10
```

seq kann Zahlen auch in vielen anderen Formaten erzeugen (siehe Manpage). Meine Beispiele repräsentieren die gebräuchlichsten Fälle.

Klammererweiterung (eine Shell-Eigenschaft)

Die Shell bietet ihre eigene Methode zum Ausgeben einer Abfolge von Zahlen, die sogenannte *Klammererweiterung*. Beginnen Sie mit einer öffnenden (linken) geschweiften Klammer, fügen Sie zwei Integer-Werte hinzu, die durch zwei Punkte getrennt sind, und beenden Sie das Ganze mit einer schließenden (rechten) geschweiften Klammer:

```
$ echo {1..10}                  vorwärts von 1
1 2 3 4 5 6 7 8 9 10
$ echo {10..1}                  rückwärts von 10
10 9 8 7 6 5 4 3 2 1
$ echo {01..10}                 mit führenden Nullen (gleiche Breite)
01 02 03 04 05 06 07 08 09 10
```

Allgemeiner ausgedrückt: Der Shell-Ausdruck {*x*..*y*..*z*} generiert die Werte *x* bis *y*, inkrementiert um *z*:

```
$ echo {1..1000..100}                                 Zählt von 1 an um Hunderte.
1 101 201 301 401 501 601 701 801 901
$ echo {1000..1..100}                                 rückwärts von 1000
1000 900 800 700 600 500 400 300 200 100
$ echo {01..1000..100}                                mit führenden Nullen
0001 0101 0201 0301 0401 0501 0601 0701 0801 0901
```

Geschweifte Klammern versus eckige Klammern

Eckige Klammern sind ein Operator für das Pattern-Matching von Dateinamen (siehe Kapitel 2). Die Erweiterung geschweifter Klammern hat dagegen nichts mit Dateinamen zu tun. Sie wird einfach nur zu einer Liste von Strings ausgewertet. Sie können die Klammererweiterung einsetzen, um Dateinamen *auszugeben*, es tritt aber kein Pattern-Matching auf:

```
$ ls
file1 file2 file4
$ ls file[2-4]       Erfasst vorhandene Dateinamen.
file2 file4
$ ls file{2..4}      Wird ausgewertet zu: file2 file3 file4.
ls: cannot access 'file3': No such file or directory
file2  file4
```

Die Klammererweiterung kann auch Sequenzen aus Buchstaben erzeugen, was seq nicht kann:

```
$ echo {A..Z}
A B C D E F G H I J K L M N O P Q R S T U V W X Y Z
```

Bei der Klammererweiterung wird die Ausgabe immer auf einer einzigen Zeile erzeugt, die Abtrennung erfolgt durch Leerzeichen. Sie können dies ändern, indem Sie die Ausgabe durch eine Pipeline an andere Befehle leiten, wie etwa `tr` (siehe »Der tr-Befehl« auf Seite 104):

```
$ echo {A..Z} | tr -d ' '       Löscht Leerzeichen.
ABCDEFGHIJKLMNOPQRSTUVWXYZ
$ echo {A..Z} | tr ' ' '\n'     Ändert Leerzeichen in Newlines.
A
B
C
...
Z
```

Erzeugen Sie einen Alias, der den *n.* Buchstaben des englischen Alphabets ausgibt:

```
$ alias nth="echo {A..Z} | tr -d ' ' | cut -c"
$ nth 10
J
```

Der find-Befehl

Der `find`-Befehl listet rekursiv die Dateien in einem Verzeichnis auf, wobei er in die Unterverzeichnisse hinuntersteigt und die kompletten Dateinamen ausgibt.[1] Die Ergebnisse sind nicht alphabetisch (schicken Sie die Ausgabe notfalls mit einer Pipe an `sort`):

```
$ find /etc -print             Listet rekursiv den ganzen Inhalt von /etc auf.
/etc
/etc/issue.net
/etc/nanorc
/etc/apache2
/etc/apache2/sites-available
/etc/apache2/sites-available/default.conf
...
```

`find` besitzt zahllose Optionen, die Sie miteinander kombinieren können. Hier sind einige ganz besonders nützliche. Beschränken Sie mit der Option -type die Ausgabe nur auf Dateien oder nur auf Verzeichnisse:

```
$ find . -type f -print             nur Dateien
$ find . -type d -print             nur Verzeichnisse
```

Beschränken Sie die Ausgabe mit der Option -name auf Namen, die einem Dateinamensmuster entsprechen. Schützen Sie das Muster mit Anführungszeichen, damit die Shell es nicht auswertet:

```
$ find /etc -type f -name "*.conf" -print        Dateien, die auf .conf enden.
/etc/logrotate.conf
/etc/systemd/logind.conf
```

1 Der verwandte Befehl `ls -R` erzeugt eine Ausgabe in einem Format, das sich weniger gut für Pipelines eignet.

```
/etc/systemd/timesyncd.conf
...
```

Mit der Option -iname verhindern Sie, dass die Groß-/Kleinschreibung von Namen beim Mustervergleich eine Rolle spielt:

```
$ find . -iname "*.txt" -print
```

find kann mit der Option -exec auch einen Linux-Befehl für *jeden Dateipfad* in der Ausgabe ausführen. Die Syntax ist ein bisschen wackelig:

1. Konstruieren Sie einen find-Befehl und lassen Sie -print weg.
2. Hängen Sie ein -exec an, gefolgt von dem Befehl, der ausgeführt werden soll. Benutzen Sie den Ausdruck {}, um anzudeuten, wo der Dateipfad in dem Befehl auftauchen soll.
3. Beenden Sie das mit einem in Anführungszeichen stehenden oder anderweitig geschützten Semikolon, wie etwa ";" oder \;.

Hier ist ein Beispiel, bei dem ein @-Symbol an beiden Seiten des Dateipfads ausgegeben wird:

```
$ find /etc -exec echo @ {} @ ";"
@ /etc @
@ /etc/issue.net @
@ /etc/nanorc @
...
```

Bei diesem praktischeren Beispiel erfolgt eine lange Auflistung (ls -l) aller *.conf*-Dateien in */etc* und seinen Unterverzeichnissen:

```
$ find /etc -type f -name "*.conf" -exec ls -l {} ";"
-rw-r--r-- 1 root root 703  Aug 21  2017 /etc/logrotate.conf
-rw-r--r-- 1 root root 1022 Apr 20  2018 /etc/systemd/logind.conf
-rw-r--r-- 1 root root 604  Apr 20  2018 /etc/systemd/timesyncd.conf
...
```

find -exec funktioniert gut, wenn man Massenlöschungen von Dateien in einer Verzeichnishierarchie vornehmen möchte (seien Sie jedoch vorsichtig!). Löschen wir einmal alle Dateien, deren Namen mit einer Tilde (~) enden, im Verzeichnis *$HOME/tmp* und seinen Unterverzeichnissen.

Aus Sicherheitsgründen führen Sie zuerst den Befehl echo rm aus, damit Sie sehen, welche Dateien gelöscht werden würden. Anschließend entfernen Sie echo, um das Löschen tatsächlich durchzuführen:

```
$ find $HOME/tmp -type f -name "*~" -exec echo rm {} ";"       echo zur Sicherheit
rm /home/smith/tmp/file1~
rm /home/smith/tmp/junk/file2~
rm /home/smith/tmp/vm/vm-8.2.0b/lisp/vm-cus-load.el~
$ find $HOME/tmp -type f -name "*~" -exec rm {} ";"        tatsächliches Löschen
```

Der yes-Befehl

Der yes-Befehl gibt denselben String immer und immer wieder aus, bis er (der Befehl) beendet wird:

```
$ yes          Wiederholt standardmäßig "y".
y
y
y ^C           Beendet den Befehl mit Strg-C.
$ yes woof!    Wiederholt einen anderen String.
woof!
woof!
woof! ^C
```

Wozu ist dieses seltsame Verhalten nützlich? yes kann interaktive Programme mit Eingaben versorgen, sodass sie unbeaufsichtigt laufen können. So könnte zum Beispiel das Programm `fsck`, das ein Linux-Dateisystem auf Fehler überprüft, den Benutzer auffordern, auf eine Antwort auf y oder n zu warten. Schickt man die Ausgabe des Befehls yes über eine Pipeline an `fsck`, dann antwortet sie in Ihrem Namen auf jede Eingabeaufforderung, sodass Sie einfach weggehen und `fsck` bis zum Ende durchlaufen lassen können.[2]

Die Hauptanwendung von yes besteht für unsere Zwecke darin, einen String eine bestimmte Anzahl mal ausgeben zu lassen, indem yes über eine Pipe an head geleitet wird (Sie werden in »Testdateien generieren« auf Seite 169 ein praktisches Beispiel sehen):

```
$ yes "Efficient Linux" | head -n3        Gibt einen String dreimal aus.
Efficient Linux
Efficient Linux
Efficient Linux
```

Text isolieren

Wenn Sie nur einen Teil einer Datei brauchen, sind die einfachsten Befehle, die Sie hier kombinieren können, grep, cut, head und `tail`. Sie haben die ersten drei bereits in Kapitel 1 gesehen: grep gibt Zeilen aus, die einem String entsprechen, cut gibt Spalten aus einer Datei aus, und head gibt die ersten Zeilen einer Datei aus. Ein neuer Befehl, `tail`, ist das Gegenstück zu head und gibt die letzten Zeilen einer Datei aus. Abbildung 5-1 stellt dar, wie diese vier Befehle zusammenarbeiten.

2 Heutzutage haben manche Implementierungen von `fsck` die Möglichkeiten, auf jede Eingabeaufforderung -y bzw. -n antworten zu lassen, sodass der yes-Befehl hier unnötig ist.

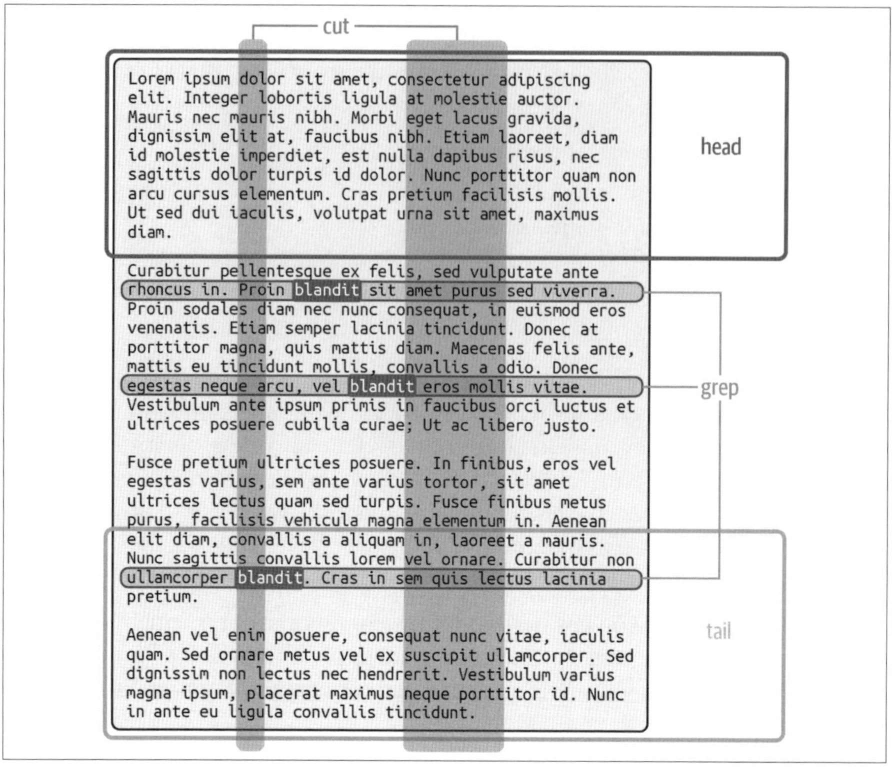

Abbildung 5-1: head, grep und tail extrahieren Zeilen, und cut extrahiert Spalten. In diesem Beispiel erfasst grep Zeilen, die den String »blandit« enthalten.

In diesem Abschnitt tauche ich tiefer in grep ein, das mehr macht, als nur einfache Strings zu erfassen. Außerdem erkläre ich tail etwas genauer. Darüber hinaus schauen wir uns schon einmal eine Eigenschaft des Befehls awk an, die in der Lage ist, Spalten auf eine Weise zu extrahieren, die cut nicht beherrscht. Diese fünf Befehle zusammen können so ziemlich jeden Text isolieren, und das in einer einzigen Pipeline.

grep: Ein tieferer Einblick

Sie haben bereits gesehen, wie grep Zeilen aus einer Datei ausgibt, die zu einem bestimmten String passen:

```
$ cat frost
Whose woods these are I think I know.
His house is in the village though;
He will not see me stopping here
To watch his woods fill up with snow.
This is not the end of the poem.
$ grep his frost                          Gibt Zeilen aus, die "his" enthalten.
```

```
To watch his woods fill up with snow.
This is not the end of the poem.          "This" enthält "his".
```

grep besitzt einige ausgesprochen nützliche Optionen. Benutzen Sie die Option -w, um nur ganze Wörter zu erfassen:

```
$ grep -w his frost                       Erfasst exakt das Wort "his".
To watch his woods fill up with snow.
```

Mit der Option -i ignorieren Sie die Groß-/Kleinschreibung von Buchstaben:

```
$ grep -i his frost
His house is in the village though;        Erfasst "His".
To watch his woods fill up with snow.      Erfasst "his".
This is not the end of the poem.           "This" entspricht "his".
```

Verwenden Sie die Option -l, um nur die Namen der Dateien auszugeben, die passende Zeilen enthalten, nicht jedoch die passenden Zeilen selbst:

```
$ grep -l his *              Welche Dateien enthalten den String "his"?
frost
```

Die wirkliche Macht von grep entfaltet sich jedoch erst, wenn Sie über das Abgleichen einfacher Strings hinausgehen und Muster erfassen, sogenannte *reguläre Ausdrücke*.[3] Die Syntax unterscheidet sich von Dateinamensmustern; eine teilweise Beschreibung finden Sie in Tabelle 5-1.

Tabelle 5-1: Syntax einiger regulärer Ausdrücke für grep, awk und sed?[4]

Um dies zu erfassen …	… benutzen Sie diese Syntax:	Beispiel
Zeilenanfang	^	^a = Zeile, die mit a beginnt
Zeilenende	$	!$ = Zeile, die mit einem Ausrufezeichen endet
Jedes einzelne Zeichen (ausgenommen Newline)	.	... = drei beliebige aufeinanderfolgende Zeichen
Ein wortwörtliches Caret, ein Dollarzeichen oder ein anderes Sonderzeichen *c*	*c*	\\$ = ein wortwörtliches Dollarzeichen
Null oder mehr Vorkommen des Ausdrucks *E*	*E**	_* = null oder mehr Unterstriche
Jedes einzelne Zeichen in einer Menge	[*Zeichen*]	[aeiouAEIOU] = jeder Vokal
Jedes einzelne Zeichen, das *nicht* in einer Menge ist	[^*Zeichen*]	[^aeiouAEIOU] = jeder Nichtvokal
Jedes Zeichen in einem gegebenen Bereich zwischen c_1 und c_2	[c_1-c_2]	[0-9] = jede Ziffer

3 Der Name »grep« ist die Abkürzung von *get regular expression and print*.

4 Die drei Befehle unterscheiden sich auch in ihrer Behandlung regulärer Ausdrücke; Tabelle 5-1 bietet eine teilweise Liste.

Tabelle 5-1: Syntax einiger regulärer Ausdrücke für grep, awk und sed?[4] (Fortsetzung)

Um dies zu erfassen …	… benutzen Sie diese Syntax:	Beispiel
Jedes Zeichen, das *nicht* in einem gegebenen Bereich zwischen c_1 und c_2 liegt	[^c_1-c_2]	[^0-9] = jede Nichtziffer
Einer von zwei Ausdrücken E_1 oder E_2	E_1\\|E_2 für grep und sed	one\\|two = entweder one oder two
	E_1|E_2 für awk	one|two = entweder one oder two
Gruppieren des Ausdrucks *E*, um eine Präzedenz vorzugeben	\(*E*\) für grep und sed[5]	\(one\\|two\)* = null oder mehr Vorkommen von one oder two
	(*E*) für awk	(one|two)* = null oder mehr Vorkommen von one oder two

Hier sind einige Beispiel-grep-Befehle mit regulären Ausdrücken. Erfassen Sie alle Zeilen, die mit einem Großbuchstaben beginnen:

```
$ grep '^[A-Z]' myfile
```

Erfassen Sie alle nicht leeren Zeilen (d. h., erfassen Sie alle leeren Zeilen und nutzen Sie -v, um sie wegzulassen):

```
$ grep -v '^$' myfile
```

Erfassen Sie alle Zeilen, die entweder *cookie* oder *cake* enthalten:

```
$ grep 'cookie\|cake' myfile
```

Erfassen Sie alle Zeilen, die wenigstens fünf Zeichen lang sind:

```
$ grep '.....' myfile
```

Erfassen Sie alle Zeilen, in denen ein Kleiner-als-Symbol irgendwo vor einem Größer-als-Symbol auftaucht, wie etwa in Zeilen aus HTML-Code:

```
$ grep '<.*>' page.html
```

Reguläre Ausdrücke sind toll, aber manchmal geraten sie einem auch in die Quere. Nehmen wir einmal an, Sie wollten nach den zwei Zeilen in der Datei *frost* suchen, die ein w gefolgt von einem Punkt enthalten. Der folgende Befehl erzeugt die falschen Ergebnisse, weil ein Punkt ein regulärer Ausdruck ist, der »jedes Zeichen« bedeutet:

```
$ grep w. frost
Whose woods these are I think I know.
He will not see me stopping here
To watch his woods fill up with snow.
```

5 Bei sed macht diese Syntax mehr als nur eine Gruppierung; siehe »Teilausdrücke mit sed erfassen« auf Seite 112.

Um dieses Problem zu umgehen, können Sie das Sonderzeichen mit einem Escape-Zeichen schützen:

```
$ grep 'w\.' frost
Whose woods these are I think I know.
To watch his woods fill up with snow.
```

Aber diese Lösung nervt sehr schnell, wenn Sie viele Sonderzeichen schützen müssen. Glücklicherweise können Sie grep zwingen, alles über reguläre Ausdrücke zu vergessen und nach jedem Zeichen wörtlich in der Eingabe zu suchen. Dazu verwenden Sie die Option -F (*fixed*) oder führen, als Alternative mit äquivalenten Ergebnissen, fgrep anstelle von grep aus:

```
$ grep -F w. frost
Whose woods these are I think I know.
To watch his woods fill up with snow.
$ fgrep w. frost
Whose woods these are I think I know.
To watch his woods fill up with snow.
```

grep besitzt viele weitere Optionen; ich werde noch eine vorstellen, die ein häufig auftretendes Problem löst. Verwenden Sie die Option -f (kleingeschrieben, nicht mit -F verwechseln), um anstelle eines einzelnen Strings eine Menge von Strings zu erfassen. Als praktisches Beispiel wollen wir alle Shells auflisten, die in der Datei */etc/passwd* zu finden sind, die ich in »Befehl #5: sort« auf Seite 28 vorgestellt habe. Wie Sie sich erinnern werden, enthält jede Zeile in */etc/passwd* Informationen über einen Benutzer, organisiert als Felder, die durch Doppelpunkte getrennt sind. Das letzte Feld auf jeder Zeile enthält das Programm, das gestartet wird, wenn sich der Benutzer einloggt. Dieses Programm ist oft, aber nicht immer eine Shell:

```
$ cat /etc/passwd
root:x:0:0:root:/root:/bin/bash                          7. Feld ist eine Shell.
daemon:x:1:1:daemon:/usr/sbin:/usr/sbin/nologin          7. Feld ist keine Shell.
...
```

Wie können Sie feststellen, ob ein Programm eine Shell ist? Nun, die Datei*/etc/shells* listet alle gültigen Login-Shells in einem Linux-System auf:

```
$ cat /etc/shells
/bin/sh
/bin/bash
/bin/csh
```

Sie können also alle gültigen Shells in */etc/passwd* auflisten, indem Sie das siebte Feld mit cut extrahieren, Duplikate mit sort -u eliminieren und die Ergebnisse mit grep -f an */etc/shells* prüfen. Aus Sicherheitsgründen füge ich außerdem die Option -F hinzu, sodass alle Zeilen in */etc/shells* wörtlich verarbeitet werden, selbst wenn sie Sonderzeichen enthalten:

```
$ cut -d: -f7 /etc/passwd | sort -u | grep -f /etc/shells -F
/bin/bash
/bin/sh
```

Der tail-Befehl

Der Befehl `tail` gibt die letzten Zeilen einer Datei aus – standardmäßig zehn Zeilen. Er ist das Gegenstück zum Befehl `head`. Nehmen wir einmal an, Sie hätten eine Datei namens *alphabet*, die 26 Zeilen enthält, eine pro Buchstabe:

```
$ cat alphabet
A is for aardvark
B is for bunny
C is for chipmunk
...
X is for xenorhabdus
Y is for yak
Z is for zebu
```

Geben Sie die letzten drei Zeilen mit `tail` aus. Die Option `-n` legt die Anzahl der auszugebenden Zeilen fest, analog zu `head`:

```
$ tail -n3 alphabet
X is for xenorhabdus
Y is for yak
Z is for zebu
```

Falls Sie vor die Zahl ein Pluszeichen setzen (+), beginnt die Ausgabe bei der Zeile mit dieser Nummer und wird bis zum Ende der Datei fortgesetzt. Der folgende Befehl beginnt an der 25. Zeile der Datei:

```
$ tail -n+25 alphabet
Y is for yak
Z is for zebu
```

Kombinieren Sie `tail` und `head`, um einen beliebigen Bereich an Zeilen aus einer Datei auszugeben. Um zum Beispiel nur die vierte Zeile auszugeben, extrahieren Sie nur die ersten vier Zeilen und isolieren die letzte:

```
$ head -n4 alphabet | tail -n1
D is for dingo
```

Um ganz allgemein die Zeilen *M* bis *N* auszugeben, extrahieren Sie die ersten *N* Zeilen mit `head` und isolieren dann die letzten *N-M+1* Zeilen mit `tail`. Geben Sie die Zeilen sechs bis acht der Datei *alphabet* aus:

```
$ head -n8 alphabet | tail -n3
F is for falcon
G is for gorilla
H is for hawk
```

Tipp

`head` und `tail` unterstützen beide eine einfachere Syntax zum Festlegen einer Zeilenzahl ohne `-n`. Diese Syntax ist schon ziemlich alt, nicht dokumentiert und gilt als überholt, wird aber wahrscheinlich noch bis in alle Ewigkeit unterstützt werden:

```
$ head -4 alphabet      das Gleiche wie head -n4 alphabet
$ tail -3 alphabet      das Gleiche wie tail -n3 alphabet
$ tail +25 alphabet     das Gleiche wie tail -n+25 alphabet
```

Der Befehl awk {print}

Der Befehl awk ist eine allgemeine Textverarbeitung mit Hunderten von Anwendungen. Werfen wir mal einen Blick auf eine kleine Funktion namens print, die Spalten aus einer Datei auf eine Weise extrahiert, die cut nicht beherrscht. Betrachten Sie die Systemdatei*/etc/hosts*, in der IP-Adressen und Hostnamen enthalten sind, die jeweils durch beliebig viel Whitespace getrennt werden:

```
$ less /etc/hosts
127.0.0.1       localhost
127.0.1.1           myhost      myhost.example.com
192.168.1.2       frodo
192.168.1.3     gollum
192.168.1.28        gandalf
```

Stellen Sie sich nun vor, Sie wollten die Hostnamen isolieren, indem Sie das zweite Wort auf jeder Zeile ausgeben. Die Herausforderung liegt darin, dass vor jedem Hostnamen eine beliebige Menge an Whitespace steht. Bei cut müssen die Spalten entweder ordentlich anhand der Spaltennummer aufgereiht (-c) oder durch ein einzelnes, konsistentes Zeichen getrennt sein (-f). Sie brauchen einen Befehl, der das zweite Wort auf jeder Zeile ausgibt, was awk mit Leichtigkeit schafft:

```
$ awk '{print $2}' /etc/hosts
localhost
myhost
frodo
gollum
gandalf
```

awk verweist auf eine Spalte mit einem Dollarzeichen, gefolgt von einer Spaltennummer: zum Beispiel $7 für die siebte Spalte. Falls die Spaltennummer mehr als eine Stelle aufweist, umgeben Sie die Zahl mit runden Klammern: zum Beispiel $(25). Um auf das letzte Feld zu verweisen, benutzen Sie $NF (*Number of Fields*, Feldanzahl). Um die ganze Zeile anzusprechen, verwenden Sie $0.

awk gibt standardmäßig zwischen den Werten keinen Whitespace aus. Sollten Sie Whitespace wünschen, trennen Sie die Werte mit Kommata:

```
$ echo Efficient fun Linux | awk '{print $1 $3}'          kein Whitespace
EfficientLinux
$ echo Efficient fun Linux | awk '{print $1, $3}'         Whitespace
Efficient Linux
```

Die awk-Anweisung print eignet sich hervorragend für die Verarbeitung der Ausgaben von Befehlen, die keine sauberen und ordentlichen Spalten liefern. Ein Beispiel ist df, das die Menge an freiem und benutztem Festplattenplatz auf einem Linux-System ausgibt:

```
$ df / /data
Filesystem       1K-blocks       Used  Available Use% Mounted on
/dev/sda1       1888543276  902295944  890244772  51% /
/dev/sda2       7441141620 1599844268 5466214400  23% /data
```

Die Lage der Spalten kann je nach Länge der Filesystem-Pfade, der Plattengrößen und der Optionen, die Sie an df übergeben, variieren, sodass sich die Werte nicht zuverlässig mit cut extrahieren lassen. Mit awk dagegen können Sie leicht zum Beispiel den vierten Wert auf jeder Zeile, der den verfügbaren Festplattenplatz repräsentiert, isolieren:

```
$ df / /data | awk '{print $4}'
Available
890244772
5466214400
```

und sogar gleichzeitig die erste Zeile (den Header) mit ein bisschen awk-Zauberei entfernen, die nur Zeilennummern ausgibt, die größer als 1 sind:

```
$ df / /data | awk 'FNR>1 {print $4}'
890244772
5466214400
```

Falls Ihnen eine Eingabe begegnet, die durch etwas anderes als Leerzeichen abgetrennt ist, kann awk das Feldtrennzeichen mit der Option -F in einen regulären Ausdruck ändern:

```
$ echo efficient::::linux | awk -F':*' '{print $2}'    beliebige Anzahl von Doppelpunkten
linux
```

Mehr über awk erfahren Sie in »Die awk-Grundlagen« auf Seite 106.

Text kombinieren

Sie kennen bereits mehrere Befehle, die Text aus unterschiedlichen Dateien miteinander kombinieren. Der erste ist cat, der den Inhalt mehrerer Dateien auf der Standardausgabe ausgibt. Dateien werden von oben nach unten vereint bzw. verkettet. Daher stammt auch der Name – das englische Wort für verketten lautet »con*cat*enate«:

```
$ cat poem1
It is an ancient Mariner,
And he stoppeth one of three.
$ cat poem2
'By thy long grey beard and glittering eye,
$ cat poem3
Now wherefore stopp'st thou me?
$ cat poem1 poem2 poem3
It is an ancient Mariner,
And he stoppeth one of three.
'By thy long grey beard and glittering eye,
Now wherefore stopp'st thou me?
```

Der zweite Befehl zum Kombinieren von Text, den Sie bereits gesehen haben, ist echo, das Shell-Builtin, das alle Argumente, die Sie ihm übergeben, getrennt durch ein einzelnes Leerzeichen, ausgibt. Es kombiniert Strings nebeneinander:

```
$ echo efficient                 linux      in      $HOME
efficient linux in /home/smith
```

Schauen wir uns noch weitere Befehle an, die Text kombinieren:

`tac`
: Kombiniert Textdateien von unten nach oben.

`paste`
: Kombiniert Textdateien nebeneinander.

`diff`
: Ein Befehl, der Text aus zwei Dateien verschachtelt, indem er deren Unterschiede ausgibt.

Der tac-Befehl

Der tac-Befehl kehrt eine Datei Zeile für Zeile um. Sein Name ist das Wort *cat*, aber rückwärts geschrieben.

```
$ cat poem1 poem2 poem3 | tac
Now wherefore stopp'st thou me?
'By thy long grey beard and glittering eye,
And he stoppeth one of three.
It is an ancient Mariner,
```

Beachten Sie, dass ich vor dem Umkehren des Texts drei Dateien verkettet habe. Übergebe ich stattdessen mehrere Dateien als Argumente an tac, kehrt es stattdessen die Zeilen der einzelnen Dateien um, was eine andere Ausgabe produziert:

```
$ tac poem1 poem2 poem3
And he stoppeth one of three.                erste Datei umgekehrt
It is an ancient Mariner,
'By thy long grey beard and glittering eye,  zweite Datei
Now wherefore stopp'st thou me?              dritte Datei
```

tac eignet sich großartig zum Verarbeiten von Daten, die bereits in chronologischer Reihenfolge vorliegen, aber nicht mit dem Befehl `sort -r` umgekehrt werden können. Ein typischer Anwendungsfall ist das Umkehren einer Webserver-Logdatei, um deren Inhalt vom neuesten zum ältesten Eintrag verarbeiten zu können:

```
192.168.1.34 - - [30/Nov/2021:23:37:39 -0500] "GET / HTTP/1.1"...
192.168.1.10 - - [01/Dec/2021:00:02:11 -0500] "GET /notes.html HTTP/1.1"...
192.168.1.8 - - [01/Dec/2021:00:04:30 -0500] "GET /stuff.html HTTP/1.1"...
...
```

Die Zeilen sind in chronologischer Reihenfolge mit Zeitstempeln sortiert, jedoch nicht in alphabetischer oder numerischer Reihenfolge angeordnet, sodass uns der Befehl `sort -r` nicht weiterhilft. Der tac-Befehl kann diese Zeilen umkehren, ohne die Zeitstempel betrachten zu müssen.

Der paste-Befehl

Der Befehl paste kombiniert Dateien nebeneinander in Spalten, die durch ein einzelnes Tab-Zeichen getrennt sind. Er ist eine Art Partner für den cut-Befehl, der Spalten aus einer durch Tabs separierten Datei extrahiert:

```
$ cat title-words1
EFFICIENT
AT
COMMAND
$ cat title-words2
linux
the
line
$ paste title-words1 title-words2
EFFICIENT	linux
AT	the
COMMAND	line
$ paste title-words1 title-words2 | cut -f2          cut & paste ergänzen einander
linux
the
line
```

Zum Ändern des Trennzeichens in ein anderes Zeichen, etwa ein Komma, verwenden Sie die Option -d (wie *Delimiter*):

```
$ paste -d, title-words1 title-words2
EFFICIENT,linux
AT,the
COMMAND,line
```

Transponieren Sie die Ausgabe, wodurch eingefügte Zeilen statt eingefügter Spalten entstehen, mit der Option -s:

```
$ paste -d, -s title-words1 title-words2
EFFICIENT,AT,COMMAND
linux,the,line
```

paste kann auch Daten aus zwei oder mehr Dateien verschachteln, wenn Sie das Trennzeichen zu einem Newline-Zeichen ändern (\n):

```
$ paste -d "\n" title-words1 title-words2
EFFICIENT
linux
AT
the
COMMAND
line
```

Der diff-Befehl

diff vergleicht zwei Dateien Zeile für Zeile und gibt einen Bericht über deren Unterschiede aus:

```
$ cat file1
Linux is all about efficiency.
I hope you will enjoy this book.
$ cat file2
MacOS is all about efficiency.
I hope you will enjoy this book.
Have a nice day.
$ diff file1 file2
1c1
< Linux is all about efficiency.
---
> MacOS is all about efficiency.
2a3
> Have a nice day.
```

Die Notation `1c1` repräsentiert eine Änderung oder einen Unterschied zwischen diesen beiden Dateien. Das bedeutet, dass sich Zeile 1 in der ersten Datei von Zeile 1 in der zweiten Datei unterscheidet. Dieser Notation folgen dann die entsprechende Zeile aus *file1*, ein Trenner aus drei Bindestrichen (`---`) und die entsprechende Zeile aus *file2*. Das führende Symbol `<` kennzeichnet immer eine Zeile aus der ersten Datei, `>` kennzeichnet entsprechend eine Zeile aus der zweiten Datei.

Die Notation `2a3` repräsentiert einen Zusatz. Dies bedeutet, dass *file2* eine dritte Zeile besitzt, die nach der zweiten Zeile von *file1* nicht vorhanden ist. Dieser Notation folgt dann die zusätzliche Zeile aus *file2*, »Have a nice day«.

Die `diff`-Ausgabe kann andere Notationen enthalten und andere Formen annehmen. Diese kurze Erklärung reicht jedoch für unsere Hauptaufgabe, nämlich die Verwendung von `diff` als Textverarbeitung, die Zeilen aus zwei Dateien miteinander verschränkt. Viele Benutzer sehen `diff` nicht auf diese Weise, aber es eignet sich sehr gut zum Bilden von Pipelines, mit denen sich bestimmte Arten von Problemen lösen lassen. Zum Beispiel können Sie die sich unterscheidenden Zeilen mit grep und cut isolieren:

```
$ diff file1 file2 | grep '^[<>]'
< Linux is all about efficiency.
> MacOS is all about efficiency.
> Have a nice day.
$ diff file1 file2 | grep '^[<>]' | cut -c3-
Linux is all about efficiency.
MacOS is all about efficiency.
Have a nice day.
```

Praktische Beispiele finden Sie in »Technik #4: Prozesssubstitution« auf Seite 135 und »Zusammengehörende Dateipaare prüfen« auf Seite 165.

Text transformieren

Kapitel 1 hat mehrere Befehle vorgestellt, die Text von der Standardeingabe lesen und auf der Standardausgabe in etwas anderes verwandeln. `wc` gibt die Anzahl von Zeilen, Wörtern und Zeichen aus, `sort` ordnet Zeilen in alphabetischer oder numerischer Reihenfolge an, und uniq konsolidiert doppelt vorhandene Zeilen. Sprechen wir über weitere Befehle, die ihre Eingaben transformieren:

tr
: Übersetzt Zeichen in andere Zeichen.

rev
: Kehrt die Zeichen auf einer Zeile um.

awk *und* sed
: Allzwecktransformatoren.

Der tr-Befehl

tr übersetzt eine Gruppe von Zeichen in eine andere. Ich habe Ihnen in Kapitel 2 ein Beispiel für das Übersetzen von Doppelpunkten in Newline-Zeichen zum Ausgeben der Shell-Variablen PATH gezeigt:

```
$ echo $PATH | tr : "\n"          Übersetzt Doppelpunkte in Newlines.
/home/smith/bin
/usr/local/bin
/usr/bin
/bin
/usr/games
/usr/lib/java/bin
```

tr nimmt zwei Mengen aus Zeichen als Argumente entgegen und übersetzt Mitglieder der ersten Menge in die entsprechenden Mitglieder der zweiten Menge. Gebräuchliche Anwendungsfälle sind das Konvertieren von Text in Groß- oder Kleinbuchstaben:

```
$ echo efficient | tr a-z A-Z     Übersetzt a in A, b in B usw.
EFFICIENT
$ echo Efficient | tr A-Z a-z
efficient
```

das Umwandeln von Leerzeichen in Newlines:

```
$ echo Efficient Linux | tr " " "\n"
Efficient
Linux
```

und das Löschen von Whitespace mit der Option -d (delete):

```
$ echo efficient linux | tr -d ' \t'     Entfernt Leerzeichen und Tabs.
efficientlinux
```

Der rev-Befehl

Der Befehl rev kehrt die Zeichen jeder Eingabezeile um:[6]

6 Quiz: Was macht die Pipeline rev myfile | tac | rev | tac?

```
$ echo Efficient Linux! | rev
!xuniL tneiciffE
```

Neben dem offensichtlichen Unterhaltungsfaktor ist rev ganz praktisch für das Extrahieren von kniffligen Informationen aus Dateien. Nehmen wir einmal an, Sie hätten eine Datei mit den Namen von Prominenten:

```
$ cat celebrities
Jamie Lee Curtis
Zooey Deschanel
Zendaya Maree Stoermer Coleman
Rihanna
```

und wollten das letzte Wort auf jeder Zeile extrahieren (Curtis, Deschanel, Coleman, Rihanna). Das ließe sich leicht mit cut -f bewerkstelligen, wenn jede Zeile dieselbe Anzahl an Feldern hätte, aber leider variiert die Anzahl. Mit rev können Sie alle Zeilen umkehren, das *erste* Feld herausschneiden und das Ganze wieder umkehren, um so Ihr Ziel zu erreichen:[7]

```
$ rev celebrities
sitruC eeL eimaJ
lenahcseD yeooZ
nameloC remreotS eeraM ayadneZ
annahiR
$ rev celebrities | cut -d' ' -f1
sitruC
lenahcseD
nameloC
annahiR
$ rev celebrities | cut -d' ' -f1 | rev
Curtis
Deschanel
Coleman
Rihanna
```

Die Befehle awk und sed

awk und sed sind weithin einsetzbare »Superbefehle« zum Verarbeiten von Text. Sie können fast alles von dem erledigen, was auch die anderen Befehle in diesem Kapitel machen, allerdings mit einer Syntax, die kryptischer aussieht. Ein einfaches Beispiel für den Einstieg: Sie können genau wie head die ersten zehn Zeilen einer Datei ausgeben:

```
$ sed 10q myfile              Gibt zehn Zeilen aus und beendet sich, dann (q).
$ awk 'FNR<=10' myfile        Gibt Text aus, solange die Zeilennummer ≤ 10 ist.
```

Sie können aber auch Dinge, die andere Befehle nicht können, wie etwa das Ersetzen oder Vertauschen von Strings:

7 Sie werden schon bald einfacherere Lösungen mit awk und sed sehen, aber dieser doppelte-rev-Trick ist auch wissenswert.

```
$ echo image.jpg | sed 's/\.jpg/.png/'                Ersetzt .jpg durch .png.
image.png
$ echo "linux efficient" | awk '{print $2, $1}'       Vertauscht zwei Wörter.
efficient linux
```

awk und sed sind schwieriger zu erlernen als die anderen Befehle, die ich bisher behandelt habe, weil in beide eine Art Mini-Programmiersprache eingebaut ist. Sie besitzen so viele Fähigkeiten, dass schon ganze Bücher über sie geschrieben wurden.[8] Ich empfehle ganz dringend, sich die Zeit zu nehmen, beide Befehle (oder zumindest einen von ihnen) zu erlernen. Am Anfang unserer Reise stelle ich die jeweiligen Grundprinzipien der beiden Befehle vor und demonstriere einige gebräuchliche Anwendungen. Außerdem empfehle ich Ihnen ein paar Onlinetutorials, mit deren Hilfe Sie mehr über diese leistungsfähigen, wichtigen Befehle lernen können.

Keine Sorge, Sie müssen sich nicht jede einzelne Funktion oder Eigenschaft von awk oder sed merken. Erfolg mit diesen Befehlen bedeutet in Wirklichkeit:

- Die *Arten* von Transformationen zu verstehen, die sie ermöglichen, damit Sie erkennen: »Ah! Das ist ein Job für awk (oder sed)!«, um sie bei Bedarf einsetzen zu können.
- Zu lernen, deren Manpages zu lesen und komplette Lösungen auf Stack Exchange (*https://oreil.ly/0948M*) und anderen Onlineressourcen zu finden.

Die awk-Grundlagen

awk transformiert Textzeilen aus Dateien (oder der Standardeingabe) in anderen Text. Dazu verwendet es eine Abfolge von Anweisungen, die als *awk-Programm* bezeichnet werden.[9] Je geübter Sie im Schreiben von awk-Programmen werden, umso flexibler können Sie Text manipulieren. Sie können das awk-Programm auf der Kommandozeile angeben:

```
$ awk Programm Eingabedateien
```

Oder Sie speichern ein oder mehrere awk-Programme in Dateien und referenzieren sie mithilfe der Option -f. Die Programme werden dann nacheinander ausgeführt:

```
$ awk -f Programmdatei1 -f Programmdatei2 -f Programmdatei3 Eingabedateien
```

Ein awk-Programm enthält eine oder mehrere *Aktionen*, wie etwa das Berechnen von Werten oder das Ausgeben von Text, die ausgeführt werden, wenn eine Eingabezeile einem *Muster* entspricht. Jede Anweisung im Programm hat die Form:

```
Muster {Aktion}
```

Zu den typischen Mustern gehören:

8 Einschließlich des Buchs *sed & awk* (*https://oreil.ly/FjtTm*) von O'Reilly.

9 Der Name *awk* ist ein Akronym aus Aho, Weinberger und Kernighan, den Schöpfern des Programms.

Das Wort BEGIN
: Dessen Aktion wird nur einmal ausgeführt, und zwar bevor awk irgendwelche Eingaben verarbeitet.

Das Wort END
: Dessen Aktion wird nur einmal ausgeführt, und zwar nachdem awk alle Eingaben verarbeitet hat.

Ein regulärer Ausdruck (siehe Tabelle 5-1), umgeben von Schrägstrichen
: Ein Beispiel ist `/^[A-Z]/` zum Erfassen von Zeilen, die mit einem Großbuchstaben beginnen.

Andere awk-spezifische Ausdrücke
: Um zum Beispiel zu prüfen, ob das dritte Feld auf einer Eingabezeile (`$3`) mit einem Großbuchstaben beginnt, würde das Muster so aussehen: `$3~/^[A-Z]/`. Ein anderes Beispiel ist `FNR>5`, das awk anweist, die ersten fünf Zeilen der Eingabe zu überspringen.

Eine Aktion ohne Muster wird für jede Zeile der Eingabe ausgeführt. (Mehrere awk-Programme in »Der Befehl awk {print}« auf Seite 99 waren von diesem Typ.) Beispielsweise löst awk ganz elegant das »Gib den Nachnamen der Prominenten aus«-Problem aus »Der rev-Befehl« auf Seite 104, indem es direkt das letzte Wort jeder Zeile ausgibt:

```
$ awk '{print $NF}' celebrities
Curtis
Deschanel
Coleman
Rihanna
```

Tipp

Wenn Sie ein awk-Programm auf der Kommandozeile aufrufen, schließen Sie es in Anführungszeichen ein, um zu verhindern, dass die Shell die Sonderzeichen von awk auswertet. Verwenden Sie je nach Bedarf einfache oder doppelte Anführungszeichen.

Ein Muster ohne Aktion führt ganz einfach die Standardaktion `{print}` aus, bei der alle passenden Eingabezeilen unverändert ausgegeben werden:

```
$ echo efficient linux | awk '/efficient/'
efficient linux
```

Für eine umfassendere Demonstration verarbeiten Sie die durch Tabulatoren getrennte Datei *animals.txt* aus Beispiel 1-1, um eine ordentliche Bibliografie herzustellen, wobei Zeilen aus diesem Format:

```
python    Programming Python    2010    Lutz, Mark
```

in dieses Format konvertiert werden:

```
Lutz, Mark (2010). "Programming Python"
```

Dazu müssen drei Felder neu angeordnet und einige Zeichen, wie runde Klammern und doppelte Anführungszeichen, hinzugefügt werden. Das folgende awk-Programm erledigt das für uns. Dabei setzt es die Option -F ein, um das eingegebene Trennzeichen von Leerzeichen in Tabulatoren zu ändern (\t):

```
$ awk -F'\t' '{print $4, "(" $3 ").", "\"" $2 "\""}' animals.txt
Lutz, Mark (2010). "Programming Python"
Barrett, Daniel (2005). "SSH, The Secure Shell"
Schwartz, Randal (2012). "Intermediate Perl"
Bell, Charles (2014). "MySQL High Availability"
Siever, Ellen (2009). "Linux in a Nutshell"
Boney, James (2005). "Cisco IOS in a Nutshell"
Roman, Steven (1999). "Writing Word Macros"
```

Fügen Sie einen regulären Ausdruck hinzu, um nur das »horse«-Buch zu verarbeiten:

```
$ awk -F'\t' '/^horse/{print $4, "(" $3 ").", "\"" $2 "\""}' animals.txt
Siever, Ellen (2009). "Linux in a Nutshell"
```

Oder verarbeiten Sie lediglich Bücher von 2010 oder später, indem Sie testen, ob Feld $3 diesem hier entspricht: ^201:

```
$ awk -F'\t' '$3~/^201/{print $4, "(" $3 ").", "\"" $2 "\""}' animals.txt
Lutz, Mark (2010). "Programming Python"
Schwartz, Randal (2012). "Intermediate Perl"
Bell, Charles (2014). "MySQL High Availability"
```

Fügen Sie schließlich eine BEGIN-Anweisung hinzu, um eine freundliche Überschrift auszugeben, einige Bindestriche zum Einrücken und eine END-Anweisung, um den Leser auf weitere Informationen hinzuweisen:

```
$ awk -F'\t' \
  'BEGIN {print "Recent books:"} \
  $3~/^201/{print "-", $4, "(" $3 ").", "\"" $2 "\""} \
  END {print "For more books, search the web"}' \
  animals.txt
Recent books:
- Lutz, Mark (2010). "Programming Python"
- Schwartz, Randal (2012). "Intermediate Perl"
- Bell, Charles (2014). "MySQL High Availability"
For more books, search the web
```

awk kann noch viel mehr als einfach nur ausgeben – es kann auch Berechnungen durchführen, wie etwa das Addieren der Zahlen 1 bis 100:

```
$ seq 1 100 | awk '{s+=$1} END {print s}'
5050
```

Um mehr über awk zu lernen als das, was auf ein paar mickrigen Buchseiten behandelt werden kann, nehmen Sie sich eines der awk-Tutorials unter tutorialspoint.com/awk (*https://www.tutorialspoint.com/awk/*) oder riptutorial.com/awk (*https://riptutorial.com/awk*) vor, oder suchen Sie im Web nach »awk Tutorial«. Sie werden froh sein, wenn Sie es gemacht haben.

Den Duplikate-Detektor verbessern

In »Dateiduplikate entdecken« auf Seite 33 haben Sie eine Pipeline gebaut, die doppelt vorhandene JPEG-Dateien mithilfe der Prüfsumme erkennt und zählt. Allerdings war diese Lösung nicht leistungsfähig genug, um die Dateinamen auszugeben:

```
$ md5sum *.jpg | cut -c1-32 | sort | uniq -c | sort -nr | grep -v "      1 "
      3 f6464ed766daca87ba407aede21c8fcc
      2 c7978522c58425f6af3f095ef1de1cd5
      2 146b163929b6533f02e91bdf21cb9563
```

Mit awk stehen Ihnen Werkzeuge zur Verfügung, auch die Dateinamen auszugeben. Konstruieren wir uns einen neuen Befehl, der jede Zeile der md5sum-Ausgabe liest:

```
$ md5sum *.jpg
146b163929b6533f02e91bdf21cb9563  image001.jpg
63da88b3ddde0843c94269638dfa6958  image002.jpg
146b163929b6533f02e91bdf21cb9563  image003.jpg
...
```

und nicht nur die Vorkommen der einzelnen Prüfsummen zählt, sondern auch die Dateinamen für die Ausgabe speichert. Sie brauchen zwei zusätzliche awk-Funktionen: *Arrays* und *Loops*.

Ein *Array* ist eine Variable, die eine Sammlung von Werten enthält. Wenn das Array den Namen A trägt und sieben Werte aufgenommen hat, könnten die Werte als A[1], A[2], A[3] bis A[7] angesprochen werden. Die Werte 1 bis 7 werden als *Schlüssel* des Arrays bezeichnet. A[1] bis A[7] sind die *Elemente* des Arrays. Sie können jedoch beliebige Schlüssel anlegen. Falls Sie auf die sieben Elemente Ihres Arrays lieber mithilfe der Namen von Disneyfiguren zugreifen, nennen Sie sie einfach entsprechend A["Chef"],A["Brummbaer"], A["Pimpel"] bis zu A["Schlafmuetz"].

Um die Duplikate von Bildern zu zählen, erzeugen Sie ein Array namens counts mit einem Element für jede der Prüfsummen. Jeder Array-Schlüssel ist eine Prüfsumme, und die damit verknüpften Elemente geben an, wie oft die Prüfsumme in der Eingabe auftaucht. Zum Beispiel könnte das Array-Element counts["f6464ed766daca87ba407aede21c8fcc"] den Wert 3 haben. Das folgende awk-Skript untersucht jede Zeile der md5sum-Ausgabe, isoliert die Prüfsumme ($1) und benutzt sie als Schlüssel für das counts-Array. Der Operator ++ inkrementiert ein Element jedes Mal um 1, wenn awk die damit verknüpfte Prüfsumme entdeckt:

```
$ md5sum *.jpg | awk '{counts[$1]++}'
```

Bisher erzeugt das awk-Skript keine Ausgabe – es zählt lediglich die Prüfsummen und beendet sich dann. Um die Zählerwerte auszugeben, brauchen Sie eine zweite awk-Funktion, nämlich eine sogenannte for-Schleife. Eine for-Schleife geht Schlüssel für Schlüssel durch ein Array und verarbeitet die Elemente nacheinander. Dabei verwendet es folgende Syntax:

```
for (Variable in Array) mache etwas mit Array[Variable]
```

Gib zum Beispiel jedes Array-Element anhand seines Schlüssels aus:

```
for (key in counts) print array[key]
```

Platzieren Sie diese Schleife in die END-Anweisung, sodass sie ausgeführt wird, nachdem alle Zähler berechnet wurden.

```
$ md5sum *.jpg \
  | awk '{counts[$1]++} \
        END {for (key in counts) print counts[key]}'
1
2
2
...
```

Fügen Sie als Nächstes die Prüfsummen zur Ausgabe hinzu. Jeder Array-Schlüssel ist eine Prüfsumme, deshalb geben Sie den Schlüssel einfach hinter dem Zähler aus:

```
$ md5sum *.jpg \
  | awk '{counts[$1]++} \
        END {for (key in counts) print counts[key] " " key}'
1 714eceeb06b43c03fe20eb96474f69b8
2 146b163929b6533f02e91bdf21cb9563
2 c7978522c58425f6af3f095ef1de1cd5
...
```

Um die Dateinamen zu sammeln und auszugeben, benutzen Sie ein zweites Array, names, ebenfalls mit Prüfsummen als Schlüssel. Wenn awk die einzelnen Zeilen der Ausgabe verarbeitet, fügen Sie den Dateinamen ($2) sowie ein Leerzeichen als Trennzeichen zu dem entsprechenden Element des names-Arrays hinzu. Geben Sie in der END-Schleife nach dem Ausgeben der Prüfsumme (key) einen Doppelpunkt sowie die gesammelten Dateinamen für diese Prüfsumme aus:

```
$ md5sum *.jpg \
  | awk '{counts[$1]++; names[$1]=names[$1] " " $2} \
        END {for (key in counts) print counts[key] " " key ":" names[key]}'
1 714eceeb06b43c03fe20eb96474f69b8: image011.jpg
2 146b163929b6533f02e91bdf21cb9563: image001.jpg image003.jpg
2 c7978522c58425f6af3f095ef1de1cd5: image019.jpg image020.jpg
...
```

Zeilen, die mit 1 beginnen, repräsentieren Prüfsummen, die nur einmal auftreten, also keine Duplikate sind. Leiten Sie die Ausgabe mit einer Pipe an grep -v, um diese Zeilen zu entfernen, sortieren Sie die Ergebnisse dann mit sort +nr numerisch von hohen zu niedrigen Werten, und Sie haben Ihre gewünschte Ausgabe:

```
$ md5sum *.jpg \
  | awk '{counts[$1]++; names[$1]=names[$1] " " $2} \
        END {for (key in counts) print counts[key] " " key ":" names[key]}' \
  | grep -v '^1 ' \
  | sort -nr
3 f6464ed766daca87ba407aede21c8fcc: image007.jpg image012.jpg image014.jpg
2 c7978522c58425f6af3f095ef1de1cd5: image019.jpg image020.jpg
2 146b163929b6533f02e91bdf21cb9563: image001.jpg image003.jpg
```

Die sed-Grundlagen

sed verwandelt genau wie awk Text aus Dateien (oder von der Standardeingabe) in irgendwelchen anderen Text. Dazu verwendet es eine Abfolge von Anweisungen, die als *sed-Skript* bezeichnet wird.[10] sed-Skripte sehen auf den ersten Blick ziemlich kryptisch aus. Ein Beispiel ist `s/Windows/Linux/g`, das jedes Vorkommen des Strings `Windows` durch `Linux` ersetzt. Das Wort *Skript* meint hier keine Datei (wie bei einem Shell-Skript), sondern einen String.[11] Rufen Sie sed mit einem Skript auf der Kommandozeile auf:

```
$ sed Skript Eingabedateien
```

oder verwenden Sie die Option `-e`, um mehrere Skripte zu übergeben, die die Eingabe nacheinander verarbeiten:

```
$ sed -e Skript1 -e Skript2 -e Skript3 Eingabedateien
```

Sie können sed-Skripte auch in Dateien speichern und sie mithilfe der Option `-f` ansprechen. Sie werden dann nacheinander ausgeführt:

```
$ sed -f Skriptdatei1 -f Skriptdatei2 -f Skriptdatei Eingabedateien
```

Wie bei awk hängt der Nutzen von sed von Ihrem Können beim Erstellen von sed-Skripten ab. Die gebräuchlichste Art von Skript ist ein Substitutionsskript, das Strings durch andere Strings ersetzt. Die Syntax ist:

```
s/regexp/Ersatz/
```

wobei *regexp* ein regulärer Ausdruck ist, der mit jeder Eingabezeile abgeglichen wird (siehe Tabelle 5-1), und *Ersatz* einen String darstellt, der den entsprechend passenden Text ersetzt. Ändern Sie als einfaches Beispiel ein Wort in ein anderes:

```
$ echo Efficient Windows | sed "s/Windows/Linux/"
Efficient Linux
```

Tipp

Wenn Sie ein sed-Skript auf der Kommandozeile angeben, sollten Sie es in Anführungszeichen einschließen, um zu verhindern, dass die Shell die Sonderzeichen von sed auswertet. Verwenden Sie nach Bedarf einfache oder doppelte Anführungszeichen.

sed löst mithilfe eines regulären Ausdrucks ganz leicht das »Gib den Nachnamen der Prominenten aus«-Problem aus »Der rev-Befehl« auf Seite 104. Erfassen Sie einfach alle Zeichen (`.*`) bis zum letzten Leerzeichen und ersetzen Sie sie durch nichts:

```
$ sed 's/.* //' celebrities
Curtis
Deschanel
Coleman
Rihanna
```

10 Der Name sed ist die Kurzform von *Stream Editor*, weil es einen Textstrom verarbeitet.

11 Falls Sie mit den Editoren vi, vim, ex oder ed vertraut sind, könnte Ihnen die Syntax von sed-Skripten bekannt vorkommen.

Substitution und Schrägstriche

Die Schrägstriche in einer Substitution lassen sich durch ein anderes gewünschtes Zeichen ersetzen. Das ist ganz hilfreich, wenn ein regulärer Ausdruck selbst Schrägstriche enthält (die ansonsten anderweitig geschützt werden müssten). Diese drei sed-Skripte sind äquivalent:

```
s/one/two/     s_one_two_     s@one@two@
```

Sie könnten auf eine Substitution noch weitere Optionen folgen lassen, um deren Verhalten zu beeinflussen. Die Option `i` sorgt dafür, dass die Groß- und Kleinschreibung keine Rolle mehr spielt:

```
$ echo Efficient Stuff | sed "s/stuff/linux/"  Schreibweise wichtig; kein Treffer.
Efficient Stuff
$ echo Efficient Stuff | sed "s/stuff/linux/i" Groß-/Kleinschreibung unwichtig, Treffer.
Efficient linux
```

Die Option g (*global*) ersetzt nicht nur das erste, sondern alle Vorkommen des regulären Ausdrucks:

```
$ echo efficient stuff | sed "s/f/F/"         Ersetzt nur das erste "f".
eFficient stuff
$ echo efficient stuff | sed "s/f/F/g"        Ersetzt alle Vorkommen von "f".
eFFicient stuFF
```

Eine andere gebräuchliche Art von sed-Skript ist das Löschskript. Es entfernt Zeilen anhand ihrer Zeilennummer:

```
$ seq 10 14 | sed 4d                  Entfernt die 4. Zeile.
10
11
12
14
```

oder Zeilen, die durch einen regulären Ausdruck erfasst werden:

```
$ seq 101 200 | sed '/[13579]$/
d'   Löscht Zeilen, die auf eine ungerade Ziffer enden.
102
104
106
...
200
```

Teilausdrücke mit sed erfassen

Angenommen, Sie hätten einige Dateinamen:

```
$ ls
image.jpg.1  image.jpg.2  image.jpg.3
```

und wollten neue Namen erzeugen: *image1.jpg*, *image2.jpg* und *image3.jpg*. `sed` kann die Dateinamen in mehrere Teile zerlegen und sie über eine Eigenschaft namens *Teilausdrücke* neu anordnen. Erzeugen Sie zuerst einen regulären Ausdruck, der die Dateinamen erfasst:

```
image\.jpg\.[1-3]
```

Sie wollen die letzte Ziffer weiter vorn im Dateinamen haben. Isolieren Sie sie deshalb, indem Sie sie mit den Symbolen `\(` und `\)` umgeben. Dies definiert einen Teilausdruck – einen designierten Teil eines regulären Ausdrucks:

```
image\.jpg\.\([1-3]\)
```

`sed` kann Teilausdrücke anhand der Nummer referenzieren und sie manipulieren. Sie haben nur einen Teilausdruck erzeugt, deshalb ist sein Name `\1`. Ein zweiter Teilausdruck wäre `\2`, und so weiter, bis zum Höchstwert`\9`. Ihre neuen Dateinamen hätten die Form `image\1.jpg`. Ihr `sed`-Skript sieht daher so aus:

```
$ ls | sed "s/image\.jpg\.\([1-3]\)/image\1.jpg/"
image1.jpg
image2.jpg
image3.jpg
```

Um die Dinge komplizierter zu machen, nehmen wir einmal an, dass die Dateinamen mehr Variationen aufweisen und aus kleingeschriebenen Wörtern bestehen würden:

```
$ ls
apple.jpg.1  banana.png.2  carrot.jpg.3
```

Erzeugen Sie drei Teilausdrücke, um den Basisdateinamen, die Erweiterung und die letzte Ziffer zu erfassen:

```
\([a-z][a-z]*\)          \1 = Basisdateiname aus einem oder mehreren Buchstaben
\([a-z][a-z][a-z]\)      \2 = Dateierweiterung aus drei Buchstaben
\([0-9]\)                \3 = eine Ziffer
```

Verbinden Sie sie mit geschützten Punkten (`\.`) zu diesem regulären Ausdruck:

```
\([a-z][a-z]*\)\.\([a-z][a-z][a-z]\)\.\([0-9]\)
```

Präsentieren Sie `sed` die neu umgeformten Dateinamen als `\1\3.\2`. Die Substitution mit `sed` sieht nun so aus:

```
$ ls | sed "s/\([a-z][a-z]*\)\.\([a-z][a-z][a-z]\)\.\([0-9]\)/\1\3.\2/"
apple1.jpg
banana2.png
carrot3.jpg
```

Dieser Befehl benennt die Dateien nicht um, sondern gibt nur die neuen Namen aus. Der Abschnitt »Einen Dateinamen in eine Sequenz einfügen« auf Seite 162 zeigt ein ähnliches Beispiel, das auch noch die Umbenennung durchführt.

Um mehr über `sed` zu erfahren, als auf ein paar mickrigen Buchseiten behandelt werden kann, nehmen Sie sich eines der `sed`-Tutorials unter tutorialspoint.com/sed (*https://www.tutorialspoint.com/sed*) oder grymoire.com/Unix/Sed.html (*https://www.grymoire.com/Unix/Sed.html*) vor, oder suchen Sie im Web nach »sed Tutorial«.

Weiter zu einem noch größeren Werkzeugkasten

Die meisten Linux-Systeme enthalten Tausende von Kommandozeilenprogrammen, und die meisten von diesen haben zahllose Optionen, die deren Verhalten ändern. Sie werden mit hoher Wahrscheinlichkeit weder alle kennenlernen noch sie sich merken können. Wie finden Sie deshalb im Ernstfall ein neues Programm – oder biegen sich ein Programm, das Sie bereits kennen, zurecht –, um Ihre Ziele zu erreichen?

Ihr erster (offensichtlicher) Schritt ist der Einsatz einer Websuchmaschine. Falls Sie zum Beispiel einen Befehl brauchen, der die Breite der Zeilen in einer Textdatei beschränkt, indem er Zeilen umbricht, die zu lang sind, suchen Sie im Web nach »Linux command wrap lines«, und Sie werden auf den Befehl `fold` hingewiesen:

```
$ cat title.txt
This book is titled "Efficient Linux at the Command Line"
$ fold -w40 title.txt
This book is titled "Efficient Linux at
the Command Line"
```

Um Befehle zu entdecken, die bereits auf Ihrem Linux-System installiert sind, führen Sie den Befehl `man -k` (oder äquivalent `apropos`) aus. Wenn Sie ein Wort angeben, sucht `man -k` in den kurzen Beschreibungen am Anfang der Manpages nach diesem Wort:

```
$ man -k width
DisplayWidth (3)     - image format functions and macros
DisplayWidthMM (3)   - image format functions and macros
fold (1)             - wrap each input line to fit in specified width
...
```

`man -k` akzeptiert in Suchstrings reguläre Ausdrücke im `awk`-Stil (siehe Tabelle 5-1):

```
$ man -k "wide|width"
```

Ein Befehl, der auf Ihrem System nicht installiert ist, könnte immer noch durch den Paketmanager Ihres Systems installierbar sein. Ein Paketmanager ist eine Software zum Installieren von Linux-Programmen, die für Ihr System unterstützt werden. Populäre Paketmanager sind unter anderem `apt`, `dnf`, `emerge`, `pacman`, `rpm`, `yum` und `zypper`. Mithilfe des Befehls `man` können Sie ermitteln, welcher Paketmanager auf Ihrem System installiert ist und wie Sie nach nicht installierten Paketen suchen. Oft handelt es sich um eine Abfolge von zwei Befehlen: einem Befehl zum Kopieren der neuesten Daten über verfügbare Pakete (Metadaten) aus dem Internet auf Ihr System und einem weiteren zum Durchsuchen der Metadaten. So lauten zum Beispiel die Befehle für Ubuntu- oder Debian-Linux-basierte Systeme:

```
$ sudo apt update                Herunterladen der neuesten Metadaten
$ apt-file search String         Suchen nach einem String
```

Falls Sie auch nach langer Suche keinen passenden Befehl für Ihre Bedürfnisse finden oder konstruieren können, sollten Sie vielleicht in einem Onlineforum um Hilfe bitten. Ein großartiger Ausgangspunkt zum Stellen von Fragen ist die Hilfeseite »How Do I Ask a Good Question?« (*https://oreil.ly/J0jho*) von Stack Overflow. Wenn Sie beim Formulieren Ihrer Fragen deutlich machen, dass Sie die Zeit der anderen Personen zu schätzen wissen, werden die Experten eher geneigt sein, Ihnen zu antworten. Halten Sie also Ihre Fragen kurz und prägnant. Schließen Sie Fehlermeldungen und andere Ausgaben mit ein (und zwar wörtlich) und erläutern Sie kurz, was Sie schon selbst probiert haben. Nehmen Sie sich Zeit, um gute Fragen zu stellen. Sie erhöhen damit nicht nur die Wahrscheinlichkeit, eine hilfreiche Antwort zu erhalten, sondern können – falls das Forum öffentlich ist und durchsucht werden kann – damit auch anderen helfen, die vergleichbare Probleme haben.

Zusammenfassung

Sie haben nun Ihren Werkzeugkasten aus Kapitel 1 deutlich erweitert und können sich schwierigeren und anspruchsvolleren Problemen auf der Kommandozeile zuwenden. Die folgenden Kapitel sind voller praktischer Beispiele für die Verwendung Ihrer neuen Befehle in allen möglichen Situationen.

KAPITEL 6

Eltern, Kinder und Umgebungen

Der Zweck der Shell – das Ausführen von Befehlen – ist so grundlegend für Linux, dass man glauben könnte, die Shell wäre auf irgendeine besondere Weise in Linux eingebaut. Das ist sie aber nicht. Eine Shell ist auch nur ein normales Programm wie `ls` oder `cat`. Sie ist darauf programmiert, die folgenden Schritte immer und immer und immer wieder zu wiederholen:

1. Ausgeben eines Prompts (Eingabeaufforderung).
2. Einlesen eines Befehls von der Standardeingabe.
3. Auswerten und Ausführen des Befehls.

Linux ist ziemlich gut darin, die Tatsache zu verbergen, dass eine Shell ein normales Programm ist. Wenn Sie sich anmelden, führt Linux automatisch eine Instanz der Shell für Sie aus, nämlich Ihre *Login-Shell*. Sie startet so nahtlos, dass sie Linux zu *sein* scheint, obwohl sie nur ein Programm ist, das in Ihrem Namen mit Linux interagiert.

Wo ist Ihre Login-Shell?

Wenn Sie sich an einem nicht grafischen Terminal anmelden, etwa mit einem SSH-Clientprogramm, ist die Login-Shell die erste Shell, mit der Sie es zu tun haben. Sie gibt den ersten Prompt aus und wartet auf Ihre Befehle.

Falls Sie alternativ an der Konsole Ihres Computers mit einer grafischen Anzeige sind, läuft die Shell hinter den Kulissen. Sie startet eine Desktopumgebung wie GNOME, Unity, Cinnamon oder KDE Plasma. Sie können dann Terminalfenster öffnen, um weitere interaktive Shells auszuführen.

Je besser Sie die Shell verstehen, umso effektiver können Sie mit Linux arbeiten, und umso weniger Fehlannahmen entwickeln Sie über ihre inneren Abläufe. Dieses Kapitel untersucht die folgenden Mysterien der Shell gründlicher als Kapitel 2:

- wo die Shell-Programme zu finden sind,
- wie unterschiedliche Shell-Instanzen miteinander zusammenhängen,

- wieso unterschiedliche Shell-Instanzen die gleichen Variablen, Werte, Aliase und andere Kontextinformationen haben könnten,
- wie Sie das vorgegebene Verhalten einer Shell verändern, indem Sie die Konfigurationsdateien bearbeiten.

Ich hoffe, dass Sie am Ende herausgefunden haben, dass diese Mysterien gar nicht so mysteriös sind.

Shells sind ausführbare Dateien

Die Standard-Shell auf den meisten Linux-Systemen ist `bash`,[1] und diese ist ein normales Programm – eine ausführbare Datei –, das im Systemverzeichnis */bin* neben `cat`, `ls`, `grep` und anderen vertrauten Befehlen zu finden ist:

```
$ cd /bin
$ ls -l bash cat ls grep
-rwxr-xr-x 1 root root 1113504 Jun  6  2019 bash
-rwxr-xr-x 1 root root   35064 Jan 18  2018 cat
-rwxr-xr-x 1 root root  219456 Sep 18  2019 grep
-rwxr-xr-x 1 root root  133792 Jan 18  2018 ls
```

Wahrscheinlich ist `bash` nicht die einzige Shell auf Ihrem System. Gültige Shells sind üblicherweise zeilenweise in der Datei */etc/shells* aufgeführt:

```
$ cat /etc/shells
/bin/sh
/bin/bash
/bin/csh
/bin/zsh
```

Um festzustellen, welche Shell Sie ausführen, geben Sie mit `echo` die Shell-Variable `SHELL` aus:

```
$ echo $SHELL
/bin/bash
```

Theoretisch kann ein Linux-System *jedes Programm* als gültige Login-Shell behandeln, wenn ein Benutzer-Account so konfiguriert ist, dass er es als Login aufruft, und wenn es in */etc/shells* aufgeführt ist (falls das auf Ihrem System erforderlich ist). Mit Superuser-Rechten können Sie sogar Ihre eigene Shell schreiben und installieren, siehe das Skript in Beispiel 6-1. Es liest jeden Befehl ein und antwortet dann: »Tut mir leid, aber ich kann das nicht machen.« Diese selbst gemachte Shell ist bewusst albern, aber sie demonstriert, dass andere Programme genauso rechtmäßige Shells sein können wie */bin/bash*.

Beispiel 6-1: halshell: Eine Shell, die sich weigert, Ihre Befehle auszuführen

```
#!/bin/bash
# Gibt einen Prompt aus.
```

1 Falls Sie eine andere Shell benutzen, lesen Sie auch Anhang B.

```
echo -n '$ '
 # Liest die Eingabe des Benutzers in einer Schleife.
 # Beendet sich, wenn der Benutzer Strg-D drückt.
while read line; do
 # Ignoriert die Eingabe $line und gibt eine Botschaft aus.
 echo "Tut mir leid, aber ich kann das nicht machen"
 # Gibt den nächsten Prompt aus.
 echo -n '$ '
done
```

Da bash nur ein Programm ist, können Sie es wie jeden anderen Befehl manuell ausführen:

```
$ bash
```

Wenn Sie das machen, sehen Sie einfach einen weiteren Prompt, eben so, als hätte Ihr Befehl keine Wirkung gehabt:

```
$
```

In Wirklichkeit haben Sie eine neue Instanz von bash ausgeführt. Diese neue Instanz gibt einen Prompt aus und wartet auf Ihre Befehle. Um die neue Instanz besser sichtbar zu machen, ändern Sie ihren Prompt (etwa auf %%), indem Sie die Shell-Variable PS1 setzen und einige Befehle ausführen:

```
$ PS1="%% "
%% ls                              Der Prompt hat sich geändert.
animals.txt
%% echo "Dies ist eine neue Shell"
Dies ist eine neue Shell
```

Rufen Sie nun exit auf, um die neue Instanz von bash zu beenden. Sie kehren zur Original-Shell zurück, deren Prompt ein Dollarzeichen ist:

```
%% exit
$
```

Ich muss noch einmal darauf hinweisen, dass die Änderung von %% zurück zu $ keine Änderung des Prompts war. Stattdessen wurde die ganze Shell gewechselt. Die neue Instanz von bash wurde beendet, sodass nun die Original-Shell auf den nächsten Befehl wartet.

Das manuelle Ausführen von bash hat nicht nur Unterhaltungswert. Sie werden in Kapitel 7 Shells benutzen, die von Hand gestartet wurden.

Eltern- und Kindprozesse

Wenn eine Instanz der Shell eine andere aufruft, wie ich es gerade gezeigt habe, wird die Original-Shell *Eltern* und die neue Instanz *Kind* genannt. Das gilt für jedes Linux-Programm, das ein anderes Linux-Programm startet. Das startende Programm ist das Elternprogramm, und das gestartete Programm ist sein Kind. Ein laufendes Linux-Programm wird auch als *Prozess* bezeichnet, Ihnen werden also die Begriffe *Elternprozess* und *Kindprozess* begegnen. Ein Prozess kann eine beliebige Anzahl von Kindern aufrufen, aber jedes Kind hat nur einen Elternprozess.

Jeder Prozess besitzt seine eigene Umgebung. Eine Umgebung enthält, wie Sie vielleicht noch aus »Umgebungen und Initialisierungsdateien, die Kurzfassung« auf Seite 49 wissen, ein aktuelles Verzeichnis, einen Suchpfad, einen Shell-Prompt und andere wichtige Informationen, die in Shell-Variablen gespeichert sind. Wenn ein Kind erzeugt wird, ist seine Umgebung im Großen und Ganzen eine Kopie der Umgebung seines Elternprozesses. (Ich erkläre das genauer in »Umgebungsvariablen« auf Seite 121.)

Jedes Mal, wenn Sie einen einfachen Befehl ausführen, erzeugen Sie einen Kindprozess. Dies ist ein so wichtiger Punkt beim Verstehen von Linux, dass ich es noch einmal sage: Selbst wenn Sie einen einfachen Befehl wie `ls` ausführen, läuft dieser Befehl heimlich in einem neuen Kindprozess mit seiner eigenen (kopierten) Umgebung. Das bedeutet, dass alle Änderungen, die Sie in einem Kind vornehmen, wie das Ändern der Prompt-Variablen `PS1` in einer Kind-Shell, nur das Kind beeinflussen und verloren gehen, wenn das Kind beendet wird. Entsprechend werden Kinder, die bereits laufen, *nicht* durch Änderungen beeinflusst, die Sie am Elternprozess durchführen. Solche Änderungen am Elternprozess *können* jedoch seine *künftigen* Kinder betreffen, da die Umgebung eines Kinds bei dessen Start eine Kopie der Elternumgebung ist.

Wieso ist es wichtig, dass Befehle in Kindprozessen laufen? Zum einen bedeutet es, dass jedes Programm, das Sie ausführen, mit `cd` irgendwo im Dateisystem landen kann, doch wenn es beendet wird, hat Ihre aktuelle Shell (der Elternprozess) sein aktuelles Verzeichnis nicht geändert. Zum Beweis kommt hier ein schnelles Experiment. Erzeugen Sie in Ihrem Home-Verzeichnis ein Shell-Skript namens `cdtest`, das den Befehl `cd` enthält:

```
#!/bin/bash
cd /etc
echo "Hier ist mein aktuelles Verzeichnis:"
pwd
```

Machen Sie es ausführbar:

```
$ chmod +x cdtest
```

Geben Sie Ihren aktuellen Verzeichnisnamen aus und rufen Sie dann das Skript auf:

```
$ pwd
/home/smith
$ ./cdtest
Hier ist mein aktuelles Verzeichnis:
/etc
```

Prüfen Sie nun Ihr aktuelles Verzeichnis:

```
$ pwd
/home/smith
```

Ihr aktuelles Verzeichnis hat sich nicht geändert, obwohl das cdtest-Skript zum Verzeichnis */etc* gereist ist. Das liegt daran, dass cdtest in einem Kindprozess mit seiner eigenen Umgebung gelaufen ist. Änderungen an der Umgebung des Kinds haben keinen Einfluss auf die Umgebung des Elternprozesses, sodass sich auch das aktuelle Verzeichnis des Elternprozesses nicht geändert hat. Das Gleiche passiert auch, wenn Sie ein ausführbares Programm wie cat oder grep aufrufen – es läuft in einem Kindprozess, der beendet wird, wenn das Programm fertig ist, und alle Umgebungsänderungen mitnimmt.

Weshalb cd ein Shell-Builtin sein muss

Wenn Linux-Programme das aktuelle Verzeichnis Ihrer Shell nicht ändern können, wie schafft es dann der Befehl cd, es zu ändern? Nun, cd ist kein Programm. Es ist eine in die Shell eingebaute Funktion (auch Shell-Builtin genannt). Wäre cd ein Programm außerhalb der Shell, wären Verzeichnisänderungen unmöglich – sie würden in einem Kindprozess laufen und könnten den Elternprozess nicht beeinflussen.

Pipelines starten mehrere Kindprozesse: einen für jeden Befehl in der Pipeline. Dieser Befehl aus dem Abschnitt »Befehl #6: uniq« auf Seite 31 startet sechs Kinder:

```
$ cut -f1 grades | sort | uniq -c | sort -nr | head -n1 | cut -c9
```

Umgebungsvariablen

Jede Instanz der Shell hat eine Sammlung an Variablen, wie Sie in »Variablen auswerten« auf Seite 39 gelernt haben. Manche Variablen sind lokal in einer einzigen Shell. Sie werden *lokale Variablen* genannt. Andere Variablen werden automatisch von einer bestimmten Shell in jedes Kind kopiert, das sie startet. Diese Variablen werden als *Umgebungsvariablen* bezeichnet, und sie bilden gemeinsam die Umgebung der Shell. Hier sind Beispiele für Umgebungsvariablen und ihre Einsatzgebiete:

HOME
: Der Pfad zu Ihrem Home-Verzeichnis. Dessen Wert wird automatisch durch Ihre Login-Shell gesetzt, wenn Sie sich anmelden. Texteditoren wie vim und emacs lesen die Variable HOME, damit sie ihre Konfigurationsdateien finden und lesen können (*$HOME/.vim* bzw. *$HOME/.emacs*).

PWD
: Das aktuelle oder auch Arbeitsverzeichnis Ihrer Shell. Dieser Wert wird automatisch durch Ihre Shell gesetzt und auf dem Laufenden gehalten, wann immer Sie mit cd in ein anderes Verzeichnis wechseln. Der Befehl pwd liest die Variable PWD, um den Namen des aktuellen Verzeichnisses Ihrer Shell auszugeben.

EDITOR
: Der Name (oder der Pfad) Ihres bevorzugten Texteditors. Diesen Wert legen im Allgemeinen Sie selbst in einer Shell-Konfigurationsdatei fest. Andere Pro-

gramme lesen dann diese Variable, um in Ihrem Namen einen passenden Editor zu starten.

Sie betrachten die Umgebungsvariablen einer Shell mit dem Befehl printenv. Die Ausgabe listet eine Variable pro Zeile auf. Sie ist unsortiert und kann recht lang ausfallen. Schicken Sie sie daher am besten mittels einer Pipeline durch sort und less, um das Betrachten angenehmer zu machen:[2]

```
$ printenv | sort -i | less
...
DISPLAY=:0
EDITOR=emacs
HOME=/home/smith
LANG=en_US.UTF-8
PWD=/home/smith/Music
SHELL=/bin/bash
TERM=xterm-256color
USER=smith
...
```

Lokale Variablen tauchen in der Ausgabe von printenv nicht auf. Sie zeigen deren Werte an, indem Sie vor den Variablennamen ein Dollarzeichen setzen und das Ergebnis mit echo ausgeben:

```
$ title="Efficient Linux"
$ echo $title
Efficient Linux
$ printenv title                              (erzeugt keine Ausgabe)
```

Umgebungsvariablen erzeugen

Um eine lokale Variable in eine Umgebungsvariable umzuwandeln, verwenden Sie den Befehlexport:

```
$ MY_VARIABLE=10                Eine lokale Variable.
$ export MY_VARIABLE            Exportieren Sie diese, um eine Umgebungsvariable zu erhalten.
$ export ANOTHER_VARIABLE=20 Oder setzen und exportieren Sie sie in einem einzigen Befehl.
```

export legt fest, dass die Variable und ihr Wert aus der aktuellen Shell in künftige Kinder kopiert werden. Lokale Variablen dagegen werden nicht an Kindprozesse kopiert:

```
$ export E="Ich bin eine Umgebungsvariable"   Setzen einer Umgebungsvariablen.
$ L="Ich bin nur eine lokale Variable"        Setzen einer lokalen Variablen.
$ echo $E
Ich bin eine Umgebungsvariable
$ echo $L
Ich bin nur eine lokale Variable
$ bash                                        Ausführen einer Kind-Shell.
$ echo $E                                     Umgebungsvariable wurde kopiert.
Ich bin eine Umgebungsvariable
```

2 Ich habe die Ausgabe hier gekürzt, um nur die gebräuchlichsten Umgebungsvariablen anzuzeigen. Ihre Ausgabe ist vermutlich viel länger und voller obskurer Variablennamen.

```
$ echo $L                                    Lokale Variable wurde nicht kopiert.
                                             Ein leerer String wird ausgegeben.
$ exit                                       Beenden der Kind-Shell.
```

Merken Sie sich, dass die Variablen eines Kinds *Kopien* sind. Änderungen an der Kopie haben keine Auswirkungen auf die Eltern-Shell:

```
$ export E="Ich bin der Originalwert"        Setzen einer Umgebungsvariablen.
$ bash                                       Ausführen einer Kind-Shell.
$ echo $E
Ich bin der Originalwert                     Elternwert wurde kopiert.
$ E="Ich wurde in einem Kind modifiziert"    Die Kopie des Kinds wird geändert.
$ echo $E
Ich wurde in einem Kind modifiziert
$ exit                                       Beenden der Kind-Shell.
$ echo $E
Ich bin der Originalwert                     Elternwert ist unverändert.
```

Starten Sie eine neue Shell und ändern Sie irgendetwas in deren Umgebung. Sobald Sie die Shell beenden, verschwinden auch die Änderungen. Das bedeutet, dass Sie sicher mit Shell-Eigenschaften experimentieren können – rufen Sie einfach manuell eine Shell auf, wodurch Sie ein Kind erzeugen, und beenden Sie sie, wenn Sie fertig sind.

Achtung Aberglaube: »Globale« Variablen

Manchmal verbirgt Linux seine inneren Abläufe zu gut. Ein Beispiel dafür ist das Verhalten von Umgebungsvariablen. Irgendwie, fast wie durch Zauberei, weisen Variablen wie `HOME` und `PATH` in all Ihren Shell-Instanzen einen konsistenten Wert auf. Sie scheinen in gewisser Weise »globale Variablen« zu sein. (Ich habe diese Behauptung sogar schon in anderen Linux-Büchern gesehen, zum Glück allerdings nicht in O'Reilly-Büchern.) Eine Umgebungsvariable ist aber *nicht global*. Jede Shell-Instanz hat ihre eigene Kopie. Das Modifizieren einer Umgebungsvariablen in einer Shell kann den Wert in anderen laufenden Shells nicht verändern. Modifikationen beeinflussen nur künftige Kinder dieser Shell (die also noch nicht gestartet wurden).

Wenn das der Fall ist, wieso scheint dann eine Variable wie `HOME` oder `PATH` ihren Wert in all Ihren Shell-Instanzen beizubehalten? Es gibt zwei Wege, um das zu ermöglichen, die in Abbildung 6-1 dargestellt werden. Kurz gesagt:

Kinder kopieren von ihren Eltern.

Für Variablen wie `HOME` werden die Werte normalerweise durch Ihre Login-Shell gesetzt und exportiert. Alle künftigen Shells (bis Sie sich abmelden) sind Kinder der Login-Shell, sie erhalten also eine Kopie der Variablen und ihres Werts. Diese Arten von systemdefinierten Umgebungsvariablen werden im echten Leben so selten modifiziert, dass sie global zu sein scheinen. Dabei sind es ganz normale Variablen, die nach ganz normalen Regeln spielen. (Sie könnten ihre Werte in einer laufenden Shell sogar ändern, aber das könnte das erwartete Verhalten dieser Shell und anderer Programme stören.)

Unterschiedliche Instanzen lesen dieselben Konfigurationsdateien.
Die Werte lokaler Variablen, die nicht an Kinder kopiert werden, können in einer Linux-Konfigurationsdatei wie etwa *$HOME/.bashrc* gesetzt werden (Näheres in »Ihre Umgebung konfigurieren« auf Seite 125). Jede Instanz der Shell liest beim Start die entsprechenden Konfigurationsdateien und führt sie aus. In der Folge scheinen diese lokalen Variablen von Shell zu Shell kopiert zu werden. Das gilt auch für andere nicht exportierte Shell-Eigenschaften wie Aliase.

Dieses Verhalten versetzt einige Benutzer in den Irrglauben, dass der `export`-Befehl eine globale Variable erzeugt. Das macht er nicht. Der Befehl `export WHATEVER` erklärt lediglich, dass die Variable `WHATEVER` von der aktuellen Shell in künftige Kinder kopiert wird.

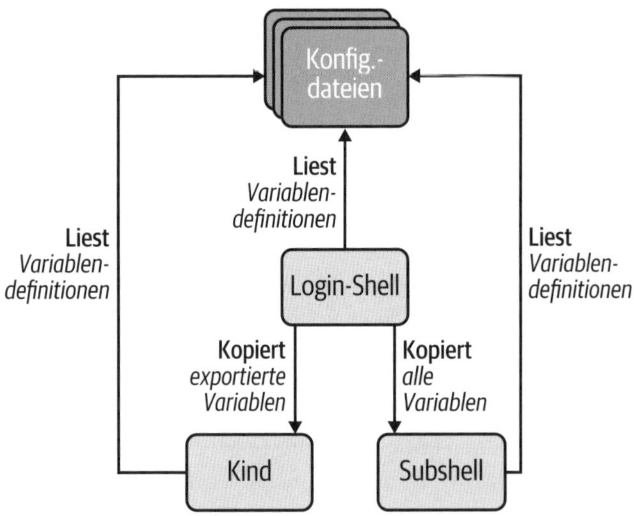

Abbildung 6-1: Shells können Variablen und Werte durch einen Export teilen oder indem sie dieselben Konfigurationsdateien lesen.

Kind-Shells versus Subshells

Ein Kind ist eine teilweise Kopie seiner Elterninstanz. Es enthält zum Beispiel Kopien der Eltern-Umgebungsvariablen, aber nicht der lokalen (nicht exportierten) Variablen oder Aliase:

```
$ alias                 Auflisten der Aliase.
alias gd='pushd'
alias l='ls -CF'
alias pd='popd'
$ bash --norc           Ausführen einer Kind-Shell und Ignorieren der bashrc-Dateien.
$ alias                 Auflisten der Aliase - es sind keine bekannt.
```

```
$ echo $HOME          Umgebungsvariablen sind bekannt.
/home/smith
$ exit                Beenden der Kind-Shell.
```

Sollten Sie sich jemals gefragt haben, wieso Ihre Aliase in Shell-Skripten nicht verfügbar sind, dann wissen Sie jetzt, warum. Shell-Skripte laufen in einem Kind, das keine Kopien der Eltern-Aliase erhält.

Eine *Subshell* ist im Gegensatz dazu eine komplette Kopie ihrer Eltern-Shell.[3] Sie enthält alle Variablen, Aliase, Funktionen und mehr der Eltern-Shell. Um einen Befehl in einer Subshell zu starten, schließen Sie ihn in runde Klammern ein:

```
$ (ls -l)                                   Startet ls -l in einer Subshell.
-rw-r--r-- 1 smith smith 325 Oct 13 22:19 animals.txt
$ (alias)                                   Betrachtet Aliase in einer Subshell.
alias gd=pushd
alias l=ls -CF
alias pd=popd
...
$ (l)                                       Führt einen Alias der Eltern-Shell aus.
animals.txt
```

Um zu überprüfen, ob eine Shell-Instanz eine Subshell ist, geben Sie die Variable `BASH_SUBSHELL` aus. Der Wert ist in Subshells ungleich null, ansonsten ist er null:

```
$ echo $BASH_SUBSHELL       Prüfen der aktuellen Shell
0                           keine Subshell
$ bash                      Ausführen einer Kind-Shell
$ echo $BASH_SUBSHELL       Prüfen der Kind-Shell
0                           keine Subshell
$ exit                      Beenden der Kind-Shell
$ (echo $BASH_SUBSHELL)     Ausführen einer expliziten Subshell
1                           Ja, es ist eine Subshell.
```

Ich werde in »Technik #10: Explizite Subshells« auf Seite 151 einige praktische Anwendungen von Subshells behandeln. Seien Sie sich für den Augenblick nur bewusst, dass Sie sie erzeugen können und dass sie die Aliase ihrer Eltern-Shell kopieren.

Ihre Umgebung konfigurieren

Wenn die `bash` läuft, konfiguriert sie sich selbst, indem sie eine Abfolge von Dateien, die sogenannten *Konfigurationsdateien*, liest und deren Inhalt ausführt. Diese Dateien definieren Variablen, Aliase, Funktionen und andere Shell-Eigenschaften und können auch Linux-Befehle enthalten. (Sie sind wie Shell-Skripte, die die Shell konfigurieren.) Manche Konfigurationsdateien werden durch den Systemadministrator definiert und gelten systemweit für alle Anwender. Sie sind im Verzeichnis */etc* zu finden. Andere Konfigurationsdateien gehören den einzelnen Be-

3 Sie ist komplett, jedoch mit Ausnahme von Traps, die »auf die Werte zurückgesetzt werden, die die Shell beim Start von ihrer Eltern-Shell geerbt hat« (`man bash`). Ich werde Traps in diesem Buch nicht weiter diskutieren.

nutzern und werden auch von diesen geändert. Sie befinden sich im Home-Verzeichnis des jeweiligen Benutzers. Tabelle 6-1 listet die Standardkonfigurationsdateien der bash auf, von denen es verschiedene Typen gibt:

Startdateien
: Konfigurationsdateien, die automatisch ausgeführt werden, wenn Sie sich anmelden – das heißt, sie gelten nur in Ihrer Login-Shell. Ein Befehl in dieser Datei könnte zum Beispiel eine Umgebungsvariable setzen und exportieren. Das Definieren eines Alias in dieser Datei wäre dagegen nicht so sinnvoll, weil Aliase nicht an Kinder kopiert werden.

Initialisierungsdateien (init)
: Konfigurationsdateien, die für jede Shell-Instanz ausgeführt werden, die keine Login-Shell ist – etwa wenn Sie eine interaktive Shell von Hand oder über ein (nicht interaktives) Shell-Skript ausführen. Ein Befehl in einer Initialisierungsdatei könnte zum Beispiel eine Variable setzen oder einen Alias definieren.

Cleanup-Dateien
: Konfigurationsdateien, die unmittelbar vor dem Beenden Ihrer Login-Shell ausgeführt werden. Ein Befehl in dieser Datei könnte zum Beispiel `clear` sein, der Ihren Bildschirm beim Ausloggen löscht.

Tabelle 6-1: Standardkonfigurationsdateien, die von der bash geladen werden

Dateityp	Ausgeführt von	Systemweiter Standort	Persönliche Dateistandorte (in der Reihenfolge des Aufrufs)
Startdateien	Login-Shells, beim Aufruf	*/etc/profile*	*$HOME/.bash_profile*, *$HOME/.bash_login* und *$HOME/.profile*
Init-Dateien	Interaktive Shells (Nicht-login), beim Aufruf	*/etc/bash.bashrc*	*$HOME/.bashrc*
	Shell-Skripte, beim Aufruf	setzt die Variable `BASH_ENV` auf den absoluten Pfad auf eine Initialisierungsdatei (Beispiel: `BASH_ENV=/usr/local/etc/bashrc`)	setzt die Variable `BASH_ENV` auf den absoluten Pfad auf eine Initialisierungsdatei (Beispiel: `BASH_ENV=/usr/local/etc/bashrc`)
Cleanup-Dateien	Login-Shells, beim Beenden	*/etc/bash.bash_logout*	*$HOME/.bash_logout*

Sie sehen sicher, dass Sie drei Möglichkeiten für persönliche Startdateien in Ihrem Home-Verzeichnis haben (*.bash_profile*, *.bash_login* und *.profile*). Die meisten Benutzer entscheiden sich nur für eine und bleiben dann bei dieser. Ihre Linux-Distribution bringt vermutlich bereits eine mit, in der sich (idealerweise) schon nützliche Befehle befinden. Ein bisschen anders sieht es aus, wenn Sie andere Shells ausführen, wie etwa die Bourne-Shell (*/bin/sh*) und die Korn-Shell (*/bin/ksh*). Diese Shells lesen ebenfalls *.profile* und machen möglicherweise Probleme (starten zum Beispiel nicht), wenn sie auf bash-spezifische Befehle treffen. Setzen Sie bash-spezifische Befehle deshalb stattdessen in *.bash_profile* oder *.bash_login* (auch hier sollten Sie sich für eine Datei entscheiden).

Manchmal finden Benutzer die Trennung zwischen persönlichen Startdateien und der persönlichen Initialisierungsdatei verwirrend. Warum sollte man wollen, dass sich Ihre Login-Shell anders verhält als Shells, die Sie zum Beispiel in mehreren Fenstern öffnen? Die Antwort lautet, dass es oft gar nicht nötig ist, dass sie sich anders verhalten. Ihre persönliche Startdatei macht vielleicht nicht mehr, als Ihre persönliche Initialisierungsdatei *$HOME/.bashrc* zu laden, sodass alle interaktiven Shells (Login oder Nichtlogin) im Großen und Ganzen die gleiche Konfiguration haben würden.

In anderen Fällen ziehen Sie es möglicherweise vor, die Verantwortung zwischen Ihren Start- und Initialisierungsdateien aufzuteilen. So könnte zum Beispiel Ihre persönliche Startdatei Ihre Umgebungsvariablen setzen und exportieren, die an künftige Kinder kopiert werden sollen, während *$HOME/.bashrc* all Ihre Aliase definiert (die nicht an die Kinder kopiert werden).

Eine weitere Überlegung ist, ob Sie sich in eine grafische Desktopumgebung mit Fenstern einloggen (GNOME, Unity, KDE Plasma usw.), in der Ihre Login-Shell verborgen ist. In diesem Fall dürfte es Ihnen egal sein, wie sich die Login-Shell verhält, weil Sie nur mit deren Kindern interagieren. Sie müssen dann also die Konfiguration teilweise oder ganz in *$HOME/.bashrc* legen.[4] Falls Sie sich andererseits hauptsächlich von einem nicht grafischen Terminalprogramm aus einloggen, wie einem SSH-Client, können Sie direkt mit Ihrer Login-Shell interagieren, sodass deren Konfiguration eine viel größere Rolle spielt.

In jedem dieser Fälle lohnt es sich im Allgemeinen, durch Ihre persönliche Startdatei Ihre persönliche Initialisierungsdatei laden zu lassen:

```
# Setzen Sie dies in $HOME/.bash_profile oder eine andere persönliche Startdatei.
if [ -f "$HOME/.bashrc" ]
then
  source "$HOME/.bashrc"
fi
```

Was auch immer Sie tun, versuchen Sie nicht, identische Konfigurationsbefehle in zwei unterschiedliche Konfigurationsdateien zu setzen. Das stiftet nur Verwirrung und ist schwer zu warten, da Sie daran denken müssen, jede Änderung, die Sie an einer Datei vornehmen, in der anderen zu duplizieren (und Sie werden das irgendwann vergessen, glauben Sie mir). Laden Sie stattdessen eine Datei aus der anderen, wie ich es Ihnen gezeigt habe.

4 Um es noch verwirrender zu machen, bringen manche Desktopumgebungen ihre eigenen Shell-Konfigurationsdateien mit. Zum Beispiel hat GNOME *$HOME/.gnomerc*, und das diesem zugrunde liegende X Window-System hat *$HOME/.xinitrc*.

Eine Konfigurationsdatei erneut lesen

Wenn Sie eine Start- oder Initialisierungsdatei ändern, können Sie eine laufende Shell zwingen, sie erneut einzulesen, wie ich in »Umgebungen und Initialisierungsdateien, die Kurzfassung« auf Seite 49 erklärt habe:

```
$ source ~/.bash_profile          Verwendet das Builtin "source" command.
$ . ~/.bash_profile               Verwendet einen Punkt.
```

Wieso der source-Befehl existiert

Warum laden Sie eine Konfigurationsdatei mit dem source-Befehl, anstatt sie mit einem `chmod` ausführbar zu machen und wie ein Shell-Skript auszuführen? Weil ein Skript in einem Kindprozess ausgeführt wird. Die Befehle in dem Skript haben keine Auswirkungen auf die vorgesehene (Eltern-)Shell. Sie würden nur das Kind beeinflussen, das beendet wird, sodass Sie am Ende nichts verändert hätten.

Mit Ihrer Umgebung verreisen

Falls Sie viele Linux-Maschinen an unterschiedlichen Orten benutzen, wollen Sie vermutlich irgendwann Ihre sorgfältig zusammengestellten Konfigurationsdateien auf mehr als einer Maschine installieren. Kopieren Sie nicht einzelne Dateien von Rechner zu Rechner – das führt nur irgendwann zu Verwirrung. Speichern und pflegen Sie die Dateien stattdessen auf einem freien und kostenlosen Account auf GitHub (*https://github.com*) oder einem vergleichbaren Softwareentwicklungsdienst mit Versionskontrolle. Sie können dann Ihre Konfigurationsdateien bequem und konsistent auf alle Ihre Linux-Maschinen herunterladen und sie dort installieren und aktualisieren. Sollten Sie beim Bearbeiten einer Konfigurationsdatei einen Fehler machen, können Sie mit nur wenigen Befehlen zu einer früheren Version zurückkehren. Das Behandeln der Versionskontrolle würde den Rahmen dieses Buchs sprengen; lesen Sie »Versionskontrolle für alltägliche Dateien« auf Seite 219, wenn Sie mehr wissen wollen.

Falls Sie mit Versionskontrollsystemen wie Git oder Subversion nicht zurechtkommen, speichern Sie die Konfigurationsdateien in einem einfachen Dateidienst wie Dropbox, Google Drive oder OneDrive. Updates Ihrer Konfigurationsdateien werden dann weniger bequem verlaufen, aber zumindest sind die Dateien leicht verfügbar, um sie auf andere Linux-Systeme zu kopieren.

Zusammenfassung

Ich habe viele Linux-Anwender kennengelernt, denen Eltern- und Kindprozesse, Umgebungen und die Aufgaben der vielen Shell-Konfigurationsdateien irgendwie rätselhaft waren (oder die davon gar nichts wussten). Nach dem Lesen dieses Kapitels haben Sie hoffentlich ein klareres Bild von all diesen Dingen. Wir kommen in Kapitel 7 auf sie zurück, wenn sie uns als leistungsstarke Werkzeuge zum flexiblen Ausführen von Befehlen dienen.

KAPITEL 7

Elf weitere Möglichkeiten, einen Befehl auszuführen

Sie haben nun viele Befehle in Ihrem Werkzeugkasten und ein umfassendes Verständnis von der Shell. Jetzt ist es an der Zeit zu lernen ... wie Sie Befehle ausführen. Moment mal, haben Sie nicht schon seit Beginn des Buchs Befehle ausgeführt? Im Prinzip ja, aber nur auf zwei Arten. Die erste ist die normale Ausführung eines einfachen Befehls:

```
$ grep Nutshell animals.txt
```

Die zweite Art ist eine Pipeline aus einfachen Befehlen, wie in Kapitel 1 behandelt:

```
$ cut -f1 grades | sort | uniq -c | sort -nr
```

In diesem Kapitel zeige ich Ihnen elf weitere Möglichkeiten, einen Befehl auszuführen, und erläutere, weshalb Sie diese unbedingt lernen sollten. Jede Technik hat ihre Pros und Kontras, und je mehr Techniken Sie kennen, umso flexibler und effizienter können Sie mit Linux umgehen. Ich konzentriere mich für den Augenblick auf die Grundlagen der einzelnen Techniken. In den nächsten beiden Kapiteln lernen Sie dann raffiniertere Beispiele kennen.

Listentechniken

Eine Liste ist eine Abfolge von Befehlen auf einer einzigen Kommandozeile. Sie haben bereits eine Art von Liste kennengelernt – eine Pipeline –, doch die Shell unterstützt auch noch weitere mit anderen Verhaltensweisen:

Bedingte Listen
: Jeder Befehl hängt vom Erfolg oder Scheitern eines vorangegangenen Befehls ab.

Bedingungslose Listen
: Befehle werden einfach nacheinander ausgeführt.

Technik #1: Bedingte Listen

Nehmen wir einmal an, Sie wollten eine Datei *new.txt* in einem Verzeichnis *dir* anlegen. Eine typische Abfolge von Befehlen könnte so aussehen:

```
$ cd dir            Betreten des Verzeichnisses
$ touch new.txt     Anlegen der Datei
```

Erkennen Sie, dass der zweite Befehl vom Erfolg des ersten abhängt? Wenn das Verzeichnis *dir* nicht existiert, ist es sinnlos, den Befehl `touch` auszuführen. Die Shell erlaubt es Ihnen, diese Abhängigkeit explizit zu formulieren. Wenn Sie den Operator `&&` (ausgesprochen »und«) zwischen die zwei Befehle setzen, die auf einer einzigen Zeile stehen:

```
$ cd dir && touch new.txt
```

wird der zweite Befehl (`touch`) nur ausgeführt, wenn der erste Befehl (`cd`) erfolgreich war. Das gezeigte Beispiel ist eine *bedingte Liste* aus zwei Befehlen. (Um zu erfahren, was es für einen Befehl bedeutet, »erfolgreich zu sein«, siehe »Exit-Codes zeigen Erfolg oder Scheitern an« auf Seite 131.)

Wahrscheinlich führen Sie jeden Tag Befehle aus, die von früheren Befehlen abhängen. Haben Sie zum Beispiel irgendwann einmal eine Sicherungskopie (Backup-Kopie) einer Datei erstellt, das Original verändert und dann die Sicherungskopie gelöscht, als Sie fertig waren?

```
$ cp myfile.txt myfile.safe     Herstellen einer Backup-Kopie
$ nano myfile.txt               Ändern des Originals
$ rm myfile.safe                Löschen des Backups
```

Jeder dieser Befehle ist nur dann sinnvoll, wenn der vorhergehende Befehl erfolgreich war. Deshalb ist diese Sequenz ein Kandidat für eine bedingte Liste:

```
$ cp myfile.txt myfile.safe && nano myfile.txt && rm myfile.safe
```

Ein anderes Beispiel. Falls Sie das Versionskontrollsystem Git zum Pflegen Ihrer Dateien verwenden, sind Sie vermutlich mit der folgenden Sequenz aus Befehlen vertraut, die Sie ausführen, nachdem Sie einige Dateien geändert haben: Sie führen `git add` aus, um Dateien für einen Commit vorzubereiten, dann kommt `git commit` und schließlich `git push`, um Ihre bestätigten Änderungen zu teilen. Würde einer dieser Befehle fehlschlagen, dann würden Sie den Rest nicht ausführen (weil Sie erst die Ursache des Fehlers beseitigen müssten). Daher eignen sich diese drei Befehle ebenfalls gut für eine bedingte Liste:

```
$ git add . && git commit -m"fixed a bug" && git push
```

Genau wie der `&&`-Operator einen zweiten Befehl nur ausführt, wenn der erste erfolgreich war, führt der damit verwandte Operator `||` (ausgesprochen »oder«) einen zweiten Befehl nur dann aus, wenn der erste fehlschlägt. Zum Beispiel versucht der folgende Befehl, *dir* zu betreten. Sollte das nicht gelingen, wird *dir* erzeugt:[1]

1 Der Befehl `mkdir -p dir`, der einen Verzeichnispfad nur dann anlegt, wenn er noch nicht existiert, wäre hier eine elegantere Lösung.

```
$ cd dir || mkdir dir
```

Sie finden den ||-Operator üblicherweise in Skripten, wo er dafür sorgt, dass das Skript beendet wird, wenn ein Fehler auftritt:

```
# Falls ein Verzeichnis nicht betreten werden kann,
# beende das Ganze mit dem Fehlercode 1.
cd dir || exit 1
```

Kombinieren Sie die Operatoren && und ||, um kompliziertere Aktionen für Erfolg und Fehlschlagen einzurichten. Der folgende Befehl versucht, das Verzeichnis *dir* zu betreten. Schlägt dies fehl, wird das Verzeichnis angelegt und dann betreten. Sollte alles scheitern, gibt der Befehl eine Fehlermeldung aus:

```
$ cd dir || mkdir dir && cd dir || echo "Ich bin gescheitert"
```

Die Befehle in einer bedingten Liste müssen keine einfachen Befehle sein, es kann sich auch um Pipelines und andere kombinierte Befehle handeln.

Exit-Codes zeigen Erfolg oder Scheitern an

Was bedeutet es für einen Linux-Befehl, erfolgreich zu sein oder zu scheitern? Jeder Linux-Befehl erzeugt ein Ergebnis, wenn er beendet wird, einen sogenannten *Exit-Code*. Üblicherweise bedeutet der Exit-Code null, dass der Befehl erfolgreich war. Ist der Exit-Code nicht null, war der Befehl nicht erfolgreich.[2] Betrachten Sie den Exit-Code des zuletzt abgeschlossenen Befehls der Shell, indem Sie die spezielle Shell-Variable ausgeben, deren Name ein Fragezeichen ist (?):

```
$ ls myfile.txt
myfile.txt
$ echo $?                          Ausgeben des Werts der Variablen ?
0                                  ls war erfolgreich.
$ cp nonexistent.txt somewhere.txt
cp: cannot stat 'nonexistent.txt': No such file or directory
$ echo $?
1                                  cp ist gescheitert.
```

Technik #2: Bedingungslose Listen

Befehle in einer Liste müssen nicht voneinander abhängig sein. Falls Sie die Befehle mit Semikola trennen, werden sie einfach nacheinander ausgeführt. Erfolg oder Scheitern eines Befehls haben keinen Einfluss auf nachfolgende Befehle in der Liste.

Ich nutze bedingungslose Listen gern, um ein paar Befehle auszuführen, nachdem ich mit meiner Arbeit für den Tag fertig bin. Hier ist einer, der zwei Stunden (7.200

2 Dieses Verhalten ist genau entgegengesetzt zu dem, was viele Programmiersprachen machen, wo null Scheitern bedeutet.

Sekunden) schläft (nichts tut) und dann meine wichtigen Dateien in einem Backup sichert:

```
$ sleep 7200; cp -a ~/important-files /mnt/backup_drive
```

Es folgt ein ähnlicher Befehl, der als einfaches Erinnerungssystem funktioniert: Erst schläft er für fünf Minuten, und dann sendet er mir eine E-Mail:[3]

```
$ sleep 300; echo "Denk dran, mit dem Hund rauszugehen" | mail -s reminder $USER
```

Bedingungslose Listen dienen vor allem der Bequemlichkeit: Sie erzielen die gleichen Ergebnisse (meistens), als würde man jeden Befehl einzeln eintippen und hinterher die Enter-Taste drücken. Der einzige signifikante Unterschied betrifft die Exit-Codes. In einer bedingungslosen Liste werden die Exit-Codes der einzelnen Befehle mit Ausnahme des letzten weggeworfen. Nur der Exit-Code des letzten Befehls, der aus der Liste ausgeführt wird, wird der Shell-Variablen ? zugewiesen:

```
$ mv file1 file2; mv file2 file3; mv file3 file4
$ echo $?
0                       Exit-Code für "mv file3 file4"
```

Substitutionstechniken

Substitution bedeutet das automatische Ersetzen des Texts eines Befehls durch anderen Text. Ich zeige Ihnen zwei Typen mit leistungsstarken Möglichkeiten:

Befehlssubstitution
: Ein Befehl wird durch seine Ausgabe ersetzt.

Prozesssubstitution
: Ein Befehl wird durch eine Datei ersetzt (quasi).

Technik #3: Befehlssubstitution

Nehmen wir einmal an, Sie hätten einige Tausend Textdateien, die Musiktitel repräsentieren. Jede Datei enthält einen Songtitel, den Künstlernamen, den Albumtitel und den Text des Songs:

```
Title: Carry On Wayward Son
Artist: Kansas
Album: Leftoverture

Carry on my wayward son
There'll be peace when you are done
...
```

3 Alternativ könnten Sie cron für den Backup-Job und at für die Erinnerungen nutzen, aber bei Linux geht es ja um Flexibilität – mehrere Möglichkeiten zu finden, um dasselbe Ergebnis zu erzielen.

Sie möchten die Dateien gern nach Künstlern geordnet in Unterverzeichnissen organisieren. Um diese Aufgabe von Hand auszuführen, könnten Sie mit grep nach allen Lieddateien von Kansas suchen:

```
$ grep -l "Artist: Kansas" *.txt
carry_on_wayward_son.txt
dust_in_the_wind.txt
belexes.txt
```

und dann die einzelnen Dateien in ein Verzeichnis *kansas* verschieben:

```
$ mkdir kansas
$ mv carry_on_wayward_son.txt kansas
$ mv dust_in_the_wind.txt kansas
$ mv belexes.txt kansas
```

Lästig, nicht wahr? Es wäre doch großartig, wenn Sie der Shell sagen könnten: »Verschiebe alle Dateien, die den String *Artist: Kansas* enthalten, in das Verzeichnis *kansas*«. In Linux-Begriffen würden Sie gern die Liste der Namen aus dem vorherigen grep -l-Befehl nehmen und sie an mv übergeben. Nun, das können Sie ganz leicht mithilfe einer Shell-Eigenschaft namens *Befehlssubstitution* erledigen:

```
$ mv $(grep -l "Artist: Kansas" *.txt) kansas
```

Die Syntax:

```
$(beliebiger Befehl hier)
```

führt den Befehl in den runden Klammern aus und ersetzt ihn durch seine Ausgabe. Auf der vorherigen Kommandozeile wird also der Befehl grep -l durch die Liste der Dateinamen ersetzt, die er ausgibt, so als hätten Sie die Dateinamen folgendermaßen eingetippt:

```
$ mv carry_on_wayward_son.txt dust_in_the_wind.txt belexes.txt kansas
```

Immer wenn Sie feststellen, dass Sie die Ausgabe eines Befehls auf eine spätere Kommandozeile kopieren, können Sie normalerweise mit einer Befehlssubstitution Zeit sparen. Sie können sogar Aliase bei der Befehlssubstitution verwenden, weil ihr Inhalt in einer Subshell läuft, die Kopien der Aliase ihrer Eltern-Shell enthält.

Sonderzeichen und Befehlssubstitution

Das vorherige Beispiel mit grep -l funktioniert prima für die meisten Linux-Dateinamen, nicht jedoch für Dateinamen, die Leer- oder andere Sonderzeichen enthalten. Die Shell wertet diese Zeichen aus, bevor die Ausgabe an mv übergeben wird, wobei potenziell unerwartete Ergebnisse erzeugt werden. Falls zum Beispiel grep -l *dust in the wind.txt* ausgegeben hätte, würde die Shell die Leerzeichen als Trennzeichen behandeln, und mv würde versuchen, vier nicht existierende Dateien namens *dust*, *in*, *the* und *wind.txt* zu verschieben.

Hier ist ein weiteres Beispiel. Nehmen wir einmal an, Sie hätten die Kontoauszüge mehrerer Jahre im PDF-Format heruntergeladen. Die heruntergeladenen Dateien tragen Namen, die das Jahr, den Monat und den Tag des Auszugs enthalten, wie etwa *eStmt_2021-08-26.pdf* für den 26. August 2021.[4] Sie würden sich gern den neuesten Auszug im aktuellen Verzeichnis anschauen. Das könnten Sie manuell erledigen: Listen Sie das Verzeichnis auf, suchen Sie die Datei mit dem neuesten Datum (das wird die letzte Datei in der Liste sein) und zeigen Sie sie mit einem Linux-PDF-Viewer wie `okular` an. Doch warum sollten Sie all das von Hand erledigen? Lassen Sie sich die ganze Arbeit von der Befehlssubstitution abnehmen. Erzeugen Sie einen Befehl, der den Namen der neuesten PDF-Datei im Verzeichnis ausgibt:

```
$ ls eStmt*pdf | tail -n1
```

und übergeben Sie diesen mittels Befehlssubstitution an `okular`:

```
$ okular $(ls eStmt*pdf | tail -n1)
```

Der Befehl `ls` listet alle Kontoauszugsdateien auf, und `tail` gibt nur die letzte aus, also etwa *eStmt_2021-08-26.pdf*. Die Befehlssubstitution setzt diesen einen Dateinamen direkt auf die Kommandozeile, so als hätten Sie `okular eStmt_2021-08-26.pdf` eingetippt.

Hinweis

Die Originalsyntax für die Befehlssubstitution verwendete Backquotes (Backticks). Die folgenden beiden Befehle sind äquivalent:

```
$ echo Heute ist $(date +%A).
Heute ist Samstag.
$ echo Heute ist `date +%A`.
Heute ist Samstag.
```

Backticks werden von den meisten Shells unterstützt. Die `$()`-Syntax lässt sich jedoch einfacher verschachteln:

```
$ echo $(date +%A) | tr a-z A-Z                     einzeln
SAMSTAG
echo Heute ist $(echo $(date +%A) | tr a-z A-Z)! geschachtelt
Heute ist SAMSTAG!
```

In Skripten wird die Befehlssubstitution oft eingesetzt, um die Ausgabe eines Befehls in einer Variablen zu speichern:

```
Variablenname=$(irgendein Befehl hier)
```

Um zum Beispiel die Dateinamen zu erhalten, die Songs von Kansas enthalten, und sie in einer Variablen zu speichern, verwenden Sie die Befehlssubstitution folgendermaßen:

```
$ kansasFiles=$(grep -l "Artist: Kansas" *.txt)
```

Die Ausgabe könnte mehrere Zeilen haben; um also alle Newline-Zeichen zu behalten, sollten Sie den Wert quotieren, also mit Anführungszeichen schützen, wenn Sie ihn benutzen:

```
$ echo "$kansasFiles"
```

4 Zum Herunterladen bereitgestellte Kontoauszüge der Bank of America wurden zur Drucklegung auf diese Weise benannt.

Technik #4: Prozesssubstitution

Die Befehlssubstitution, die Sie gerade gesehen haben, ersetzt einen Befehl an Ort und Stelle durch seine Ausgabe, also als String. Die *Prozesssubstitution* ersetzt einen Befehl ebenfalls durch seine Ausgabe, behandelt die Ausgabe aber, als wäre sie in einer Datei gespeichert. Dieser entscheidende Unterschied wirkt auf den ersten Blick verwirrend, deshalb erkläre ich ihn Schritt für Schritt.

Nehmen wir einmal an, Sie befänden sich in einem Verzeichnis mit JPEG-Bilddateien namens *1.jpg* bis *1000.jpg*, allerdings fehlen einige Dateien mysteriöserweise, und Sie möchten diese identifizieren. Erzeugen Sie ein solches Verzeichnis mit den folgenden Befehlen:

```
$ mkdir /tmp/jpegs && cd /tmp/jpegs
$ touch {1..1000}.jpg
$ rm 4.jpg 981.jpg
```

Eine schlechte Methode, um fehlende Dateien zu finden, besteht darin, das Verzeichnis aufzulisten, numerisch zu sortieren und dann durch »scharfes Hinschauen« nach Lücken zu suchen:

```
$ ls -1 | sort -n | less
1.jpg
2.jpg
3.jpg
5.jpg            4.jpg fehlt
...
```

Bei einer robusteren, automatisierten Lösung werden die vorhandenen Dateinamen mit dem Befehl `diff` mit einer kompletten Liste der Namen von *1.jpg* bis *1000.jpg* verglichen. Dies lässt sich zum Beispiel mit temporären Dateien bewerkstelligen. Speichern Sie die vorhandenen Dateinamen sortiert in einer temporären Datei *original-list*:

```
$ ls *.jpg | sort -n > /tmp/original-list
```

Geben Sie dann eine vollständige Liste der Dateinamen von *1.jpg* bis *1000.jpg* in eine weitere temporäre Datei namens *full-list* aus, indem Sie mit `seq` die Integer-Werte 1 bis 1000 generieren und dann an jede Zeile mit `sed` ».jpg« anhängen:

```
$ seq 1 1000 | sed 's/$/.jpg/' > /tmp/full-list
```

Wenn Sie nun die beiden temporären Dateien mit dem Befehl `diff` vergleichen, werden Sie entdecken, dass *4.jpg* und *981.jpg* fehlen. Anschließend löschen Sie die temporären Dateien:

```
$ diff /tmp/original-list /tmp/full-list
3a4
> 4.jpg
979a981
> 981.jpg
$ rm /tmp/original-list /tmp/full-list       hinterher aufräumen
```

Das sind viele Schritte. Wäre es nicht toll, wenn man die zwei Namenslisten direkt vergleichen könnte und sich nicht mit temporären Dateien herumschlagen müsste? Die Herausforderung liegt darin, dass `diff` nicht zwei Listen von der Standardeingabe vergleichen kann; es braucht Dateien als Argumente.[5] Eine Lösung für dieses Problem bietet die Prozesssubstitution. Sie lässt beide Listen für `diff` als Dateien erscheinen. (Der Kasten »Wie die Prozesssubstitution funktioniert« auf Seite 137 liefert die technischen Einzelheiten.) Die Syntax:

```
<(irgendein Befehl hier)
```

führt den Befehl in einer Subshell aus und stellt dessen Ausgabe so dar, als wäre sie in einer Datei enthalten. Zum Beispiel repräsentiert der folgende Ausdruck die Ausgabe von `ls -1 | sort -n`, als würde sie in einer Datei stehen:

```
<(ls -1 | sort -n)
```

Sie können die Datei mit cat verketten:

```
$ cat <(ls -1 | sort -n)
1.jpg
2.jpg
...
```

Und Sie können die Datei mit cp kopieren:

```
$ cp <(ls -1 | sort -n) /tmp/listing
$ cat /tmp/listing
1.jpg
2.jpg
...
```

Wie Sie nun sehen, können Sie die Datei mithilfe von `diff` mit einer anderen Datei vergleichen. Beginnen Sie mit den zwei Befehlen, die Ihre zwei temporären Dateien generiert haben:

```
ls *.jpg | sort -n
seq 1 1000 | sed 's/$/.jpg/'
```

Wenden Sie eine Prozesssubstitution an, damit `diff` sie als Dateien behandeln kann, und Sie erhalten die gleiche Ausgabe wie zuvor, allerdings ohne die Verwendung temporärer Dateien:

```
$ diff <(ls *.jpg | sort -n) <(seq 1 1000 | sed 's/$/.jpg/')
3a4
> 4.jpg
979a981
> 981.jpg
```

Säubern Sie die Ausgabe, indem Sie mit grep die Zeilen herausfiltern, die mit > beginnen, und die ersten zwei Zeichen mit cut wegschneiden. Schon wissen Sie über die fehlenden Dateien Bescheid:

5 Technisch gesehen, kann `diff` eine Liste von der Standardeingabe lesen, wenn Sie einen Bindestrich als Dateinamen angeben, nicht jedoch zwei Listen.

```
$ diff <(ls *.jpg | sort -n) <(seq 1 1000 | sed 's/$/.jpg/') \
    | grep '>' \
    | cut -c3-
4.jpg
981.jpg
```

Die Prozesssubstitution hat die Art und Weise verändert, wie ich die Kommandozeile einsetze. Befehle, die nur aus Dateien lesen konnten, können nun plötzlich von der Standardeingabe lesen. Mit ein wenig Übung wurden Befehle, die zuvor unmöglich erschienen, ganz leicht.

Wie die Prozesssubstitution funktioniert

Wenn das Linux-Betriebssystem eine Datei von der Festplatte öffnet, wird diese Datei durch einen Integer-Wert repräsentiert, der *Dateideskriptor* genannt wird. Die Prozesssubstitution imitiert eine Datei, indem Sie einen Befehl ausführt und dessen Ausgabe mit einem Dateideskriptor verknüpft, sodass die Ausgabe aus Sicht des Programms, das darauf zugreift, in einer Festplattendatei zu liegen scheint. Sie können sich den Dateideskriptor mit `echo` anschauen:

```
$ echo <(ls)
/dev/fd/63
```

In diesem Fall ist der Dateideskriptor für `<(ls)` 63. Er wird im Systemverzeichnis */dev/fd* nachverfolgt.

Fun Fact: Standardeingabe (`stdin`), Standardausgabe (`stdout`) und Standardfehlerausgabe (`stderr`) werden durch die Dateideskriptoren 0, 1 und 2 repräsentiert. Deswegen hat die Umleitung der Standardfehlerausgabe die Syntax `2>`.

Der Ausdruck <(…) erzeugt einen Dateideskriptor zum Lesen. Der verwandte Ausdruck >(…) erzeugt einen Dateideskriptor zum Schreiben, allerdings habe ich ihn in 25 Jahren noch nie gebraucht.

Die Prozesssubstitution ist eine Nicht-POSIX-Eigenschaft, die in Ihrer Shell möglicherweise deaktiviert ist. Um Nicht-POSIX-Eigenschaften in Ihrer aktuellen Shell einzuschalten, führen Sie `set +o posix` aus.

Befehl-als-String-Techniken

Jeder Befehl ist ein String, aber manche Befehle sind »stringier« als andere. Ich zeige Ihnen hier mehrere Techniken, die Stück für Stück einen String erzeugen und diesen String dann als Befehl ausführen:

- Übergeben eines Befehls an die `bash` als Argument
- Befehle als Pipeline auf der Standardeingabe an die `bash` leiten
- Befehle mit `ssh` an einen anderen Host senden
- Ausführen einer Sequenz aus Befehlen mit `xargs`

Warnung

Die folgenden Techniken können riskant sein, weil sie ungesehenen Text zur Ausführung an eine Shell senden. Machen Sie das niemals blind. Versuchen Sie immer, den Text zu verstehen (und seinem Ursprung zu vertrauen), bevor Sie ihn ausführen. Sie wollen schließlich nicht aus Versehen den String "`rm -rf $HOME`" ausführen und alle Ihre Dateien ausradieren.

Technik #5: Übergeben eines Befehls als Argument an die bash

Die `bash` ist ein normaler Befehl wie andere auch, wie ich in »Shells sind ausführbare Dateien« auf Seite 118 erklärt habe, Sie können sie also über ihren Namen auf der Kommandozeile ausführen. Standardmäßig wird beim Ausführen der `bash` eine interaktive Shell zum Eintippen und Ausführen von Befehlen gestartet, wie Sie gesehen haben. Alternativ können Sie einen Befehl auch als String an die `bash` übergeben. Sie nutzen dazu die Option `-c`. `bash` führt diesen String als Befehl aus und beendet sich dann:

```
$ bash -c "ls -l"
-rw-r--r-- 1 smith smith 325 Jul  3 17:44 animals.txt
```

Wozu ist das gut? Der neue `bash`-Prozess ist ein Kind mit seiner eigenen Umgebung, einschließlich eines aktuellen Verzeichnisses, Variablen mit Werten und so weiter. Änderungen an der Kind-Shell haben keine Auswirkungen auf Ihre aktuell laufende Shell. Hier ist ein `bash -c`-Befehl, der das Verzeichnis lange genug auf */tmp* ändert, um eine Datei zu löschen, und sich dann beendet:

```
$ pwd
/home/smith
$ touch /tmp/badfile                        Erzeugt eine temporäre Datei.
$ bash -c "cd /tmp && rm badfile"
$ pwd
/home/smith                                 Aktuelles Verzeichnis ist unverändert.
```

Der aufschlussreichste und schönste Anwendungsfall von `bash -c` tritt jedoch ein, wenn Sie bestimmte Befehle als Superuser ausführen. Speziell die Kombination aus `sudo` und Eingabe-/Ausgabeumleitung erzeugt eine interessante (manchmal verrückte) Situation, in der `bash -c` der Schlüssel zum Erfolg ist.

Stellen Sie sich vor, Sie wollten eine Logdatei im Systemverzeichnis */var/log* erzeugen, das von normalen Benutzern nicht verändert (geschrieben) werden darf. Sie führen den folgenden `sudo`-Befehl aus, um Superuser-Rechte zu erlangen, und erzeugen die Logdatei, aber das Ganze scheitert mysteriöserweise:

```
$ sudo echo "Neue Logdatei" > /var/log/custom.log
bash: /var/log/custom.log: Permission denied
```

Moment mal! `sudo` sollte Ihnen das Recht verleihen, irgendwo eine Datei anzulegen. Wie kann dieser Befehl scheitern? Warum hat `sudo` Sie nicht einmal nach einem Passwort gefragt? Die Antwort: weil `sudo` gar nicht gelaufen ist. Sie haben `sudo` auf den echo-Befehl, nicht jedoch auf die Ausgabeumleitung angewandt, die zuerst ausgeführt wurde und fehlgeschlagen ist. Im Einzelnen:

1. Sie haben Enter gedrückt.
2. Die Shell begann, den ganzen Befehl auszuwerten, einschließlich der Umleitung (>).
3. Die Shell versuchte, in einem geschützten Verzeichnis, nämlich */var/log*, die Datei *custom.log* anzulegen.
4. Sie hatten keine Berechtigung, in */var/log* zu schreiben, weshalb die Shell aufgab und die Meldung `Permission denied` ausgab.

Deshalb wurde `sudo` niemals ausgeführt. Um dieses Problem zu lösen, müssen Sie der Shell sagen: »Führe den gesamten Befehl als Superuser aus, auch die Ausgabeumleitung.« Das ist exakt die Art von Situation, die `bash -c` sehr gut beherrscht. Konstruieren Sie den Befehl, den Sie ausführen wollen, als String:

```
'echo "Neue Logdatei" > /var/log/custom.log'
```

und übergeben Sie ihn als Argument an `sudo bash -c`:

```
$ sudo bash -c 'echo "Neue Logdatei" > /var/log/custom.log'
[sudo] password for smith: xxxxxxxx
$ cat /var/log/custom.log
Neue Logdatei
```

Dieses Mal haben Sie `bash` und nicht nur `echo` als Superuser ausgeführt, und `bash` führt den gesamten String als Befehl aus. Die Umleitung ist erfolgreich. Denken Sie an diese Technik, wenn Sie `sudo` mit einer Umleitung kombinieren.

Technik #6: Einen Befehl mit einer Pipeline an bash leiten

Die Shell liest jeden Befehl, den Sie auf der Standardeingabe eintippen. Das bedeutet, dass das Programm `bash` an Pipelines teilnehmen kann. Geben Sie zum Beispiel den String `"ls -l"` aus und leiten Sie ihn in einer Pipe an `bash` weiter. `bash` behandelt den String als Befehl und führt ihn aus:

```
$ echo "ls -l"
ls -l
$ echo "ls -l" | bash
-rw-r--r-- 1 smith smith 325 Jul  3 17:44 animals.txt
```

> **Warnung**
> Merken Sie sich, dass Sie niemals blind einen Text in einer Pipe an `bash` senden sollten. Sie müssen sich immer bewusst sein, was Sie ausführen.

Diese Technik ist unglaublich, wenn Sie viele ähnliche Befehle hintereinander ausführen müssen. Können Sie die Befehle als Strings ausgeben, dann können Sie die Strings auch als Pipe zur Ausführung an die `bash` leiten. Angenommen, Sie sind in einem Verzeichnis mit vielen Dateien und wollen diese anhand des ersten Zeichens in Unterverzeichnissen organisieren. Eine Datei namens *apple* würde in das Unterverzeichnis *a* verschoben werden, eine Datei namens *cantaloupe* käme in das Unterverzeichnis *c* und so weiter.[6] (Aus Gründen der Einfachheit gehen wir davon aus, dass alle Dateinamen mit einem Kleinbuchstaben beginnen und keine Leer- oder Sonderzeichen enthalten.)

Zuerst listen Sie die Dateien sortiert auf. Wir nehmen an, dass alle Namen wenigstens zwei Zeichen lang sind (und damit dem Muster ??* entsprechen), sodass unsere Befehle nicht mit den Unterverzeichnissen *a* bis *z* kollidieren:

```
$ ls -1 ??*
apple
banana
cantaloupe
carrot
...
```

Erzeugen Sie die 26 benötigten Unterverzeichnisse mittels Klammererweiterung:

```
$ mkdir {a..z}
```

Nun generieren Sie die `mv`-Befehle, die Sie brauchen, als Strings. Beginnen Sie mit einem regulären Ausdruck für `sed`, der das erste Zeichen des Dateinamens als Ausdruck #1 (`\1`) erfasst:

```
^\(.\)
```

Erfassen Sie den Rest des Dateinamens als Ausdruck #2 (`\2`):

```
\(.*\)$
```

Verbinden Sie die beiden regulären Ausdrücke:

```
^\(.\)\(.*\)$
```

Formen Sie nun einen `mv`-Befehl mit dem Wort *mv*, gefolgt von einem Leerzeichen, dem kompletten Dateinamen (`\1\2`), einem weiteren Leerzeichen und dem ersten Zeichen (`\1`):

```
mv \1\2 \1
```

Der vollständige Befehlsgenerator ist:

```
$ ls -1 ??* | sed 's/^\(.\)\(.*\)$/mv \1\2 \1/'
mv apple a
mv banana b
mv cantaloupe c
mv carrot c
...
```

Seine Ausgabe enthält genau die `mv`-Befehle, die Sie brauchen. Lesen Sie die Ausgabe, um sicherzustellen, dass sie korrekt ist, indem Sie sie über eine Pipeline an `less` leiten – so können Sie sie seitenweise betrachten:

6 Diese Verzeichnisstruktur ähnelt einer Hash-Tabelle mit Verkettung.

```
$ ls -1 ??* | sed 's/^\(.\)\(.*\)$/mv \1\2\t\1/' | less
```

Wenn Sie sich davon überzeugt haben, dass Ihre generierten Befehle korrekt sind, leiten Sie die Ausgabe mit einer Pipe zur Ausführung an bash:

```
$ ls -1 ??* | sed 's/^\(.\)\(.*\)$/mv \1\2\t\1/' | bash
```

Die Schritte, die Sie gerade abgeschlossen haben, zeigen ein sich wiederholendes Muster:

1. Ausgeben einer Sequenz aus Befehlen durch das Manipulieren von Strings.
2. Betrachten der Ergebnisse mit less, um die Richtigkeit zu prüfen.
3. Leiten der Ergebnisse mit einer Pipe an bash.

Technik #7: Entferntes Ausführen eines Strings mit ssh

Hinweis: Diese Technik ist nur dann sinnvoll, wenn Sie mit SSH, der *Secure Shell*, zum Anmelden an entfernten Hosts vertraut sind. Das Einrichten von SSH-Beziehungen zwischen Hosts kann in diesem Buch nicht behandelt werden, weil es zu weit führen würde. Um mehr darüber zu erfahren, suchen Sie sich ein SSH-Tutorial.

Zusätzlich zu der normalen Methode, sich an einem entfernten Host anzumelden:

```
$ ssh myhost.example.com
```

können Sie auch einen einzelnen Befehl auf dem entfernten Host ausführen – indem Sie auf der Kommandozeile einen String an ssh übergeben. Hängen Sie den String einfach an den Rest der ssh-Kommandozeile an:

```
$ ssh myhost.example.com ls
remotefile1
remotefile2
remotefile3
```

Diese Technik ist im Allgemeinen schneller, als wenn man sich anmeldet, einen Befehl ausführt und sich wieder abmeldet. Wenn der Befehl Sonderzeichen enthält, etwa Umleitungssymbole, die auf dem entfernten Host ausgewertet werden müssen, setzen Sie sie in Anführungszeichen oder schützen sie durch andere Escape-Symbole. Sonst werden sie nämlich durch Ihre lokale Shell ausgewertet. Beide folgenden Befehle führen ls entfernt aus, allerdings erfolgt die Ausgabeumleitung auf verschiedenen Hosts:

```
$ ssh myhost.example.com ls > outfile      Erzeugt outfile auf dem lokalen Host.
$ ssh myhost.example.com "ls > outfile"    Erzeugt outfile auf dem entfernten Host.
```

Sie können Befehle auch mit einer Pipe an ssh leiten, um sie auf dem entfernten Host auszuführen. Im Prinzip ist das so, als würden Sie sie zur lokalen Ausführung mit einer Pipeline an die bash leiten:

```
$ echo "ls > outfile" | ssh myhost.example.com
```

Wenn Sie Befehle mit einer Pipe an ssh leiten, könnte der entfernte Host Diagnose- oder andere Meldungen ausgeben. Diese beeinflussen im Allgemeinen den entfernten Befehl nicht, und Sie können sie unterdrücken:

- Falls Sie Meldungen über Pseudo-Terminals oder Pseudo-ttys sehen, wie etwa »Pseudo-terminal will not be allocated because stdin is not a terminal«, führen Sie ssh mit der Option -T aus, um zu verhindern, dass der entfernte SSH-Server ein Terminal zuweist:

```
$ echo "ls > outfile" | ssh -T myhost.example.com
```

- Falls Sie Begrüßungsmeldungen, die normalerweise beim Anmelden erscheinen (»Welcome to Linux!«), oder andere unerwünschte Meldungen sehen, versuchen Sie, ssh ausdrücklich mitzuteilen, dass es bash auf dem entfernten Host ausführen soll. Die Meldungen sollten dann verschwinden:

```
$ echo "ls > outfile" | ssh myhost.example.com bash
```

Technik #8: Ausführen einer Liste von Befehlen mit xargs

Viele Linux-Benutzer haben noch nie von dem Befehl xargs gehört, dabei ist er ein mächtiges Werkzeug zum Konstruieren und Ausführen mehrerer ähnlicher Befehle. Das Erlernen von xargs war ein weiterer entscheidender Augenblick in meiner Linux-Ausbildung. Ich hoffe, das wird für Sie ebenso sein.

xargs nimmt zwei Eingaben entgegen:

- Auf der Standardeingabe: Eine Liste aus Strings, die durch Whitespace getrennt sind. Ein Beispiel sind Dateipfade, die durch ls oder find erzeugt wurden, es gehen aber auch andere Strings. Ich werde diese als *Eingabestrings* bezeichnen.
- Auf der Kommandozeile: Einen unvollständigen Befehl, dem noch einige Argumente fehlen. Ich nenne diesen das *Befehls-Template*.

xargs verbindet die Eingabestrings und das Befehls-Template, um damit neue, vollständige Befehle zu erzeugen und auszuführen, die ich als *generierte Befehle* bezeichne. Ich demonstriere dies an einem kleinen Beispiel. Nehmen wir einmal an, dass Sie sich in einem Verzeichnis mit drei Dateien befinden:

```
$ ls -1
apple
banana
cantaloupe
```

Schicken Sie die Verzeichnisliste als Pipe an xargs. Sie dient als Eingabestring. Geben Sie außerdem wc -l als Befehls-Template an:

```
$ ls -1 | xargs wc -l
3 apple
4 banana
1 cantaloupe
8 total
```

Wie versprochen, wendet xargs das Befehls-Template wc -l auf die Eingabestrings an und zählt die Zeilen in den einzelnen Dateien. Um diese drei Dateien mit cat auszugeben, ändern Sie einfach das Befehls-Template auf »cat«:

```
$ ls -1 | xargs cat
```

Mein kleines xargs-Beispiel hat zwei Mängel, einen schlimmen und einen praktischen. Der schlimme Mangel besteht darin, dass xargs etwas Falsches machen könnte, falls ein Eingabestring Sonderzeichen enthält, also etwa Leerzeichen. Eine robuste Lösung finden Sie im Kasten »Sicherheit mit find und xargs« auf Seite 144.

Der praktische Mangel ist, dass Sie xargs hier gar nicht brauchen – Sie könnten die gleiche Aufgabe viel einfacher mit einem Datei-Pattern-Matching erledigen:

```
$ wc -l *
3 apple
4 banana
1 cantaloupe
8 total
```

Wozu sollte man dann xargs benutzen? Seine Stärke wird offensichtlich, wenn die Eingabestrings interessanter sind als ein einfaches Verzeichnislisting. Stellen Sie sich vor, Sie möchten (rekursiv) die Zeilen in allen Dateien in einem Verzeichnis *und* in all seinen Unterverzeichnissen zählen, allerdings nur für Python-Quelldateien mit Namen, die auf *.py* enden. Es ist leicht, mit find eine solche Liste mit Dateipfaden zu erzeugen:

```
$ find . -type f -name \*.py -print
fruits/raspberry.py
vegetables/leafy/lettuce.py
...
```

xargs kann nun das Befehls-Template wc -l auf jeden Dateipfad anwenden, wodurch ein rekursives Ergebnis erzielt wird, das auf anderem Weg nur schwer zu erreichen wäre. Aus Sicherheitsgründen ersetze ich die Option -print durch -print0 und xargs durch xargs -0. Warum ich das mache, erkläre ich im Kasten »Sicherheit mit find und xargs« auf Seite 144:

```
$ find . -type f -name \*.py -print0 | xargs -0 wc -l
6 ./fruits/raspberry.py
3 ./vegetables/leafy/lettuce.py
...
```

Durch das Kombinieren von find und xargs können Sie jeden Befehl dazu befähigen, rekursiv durch das Dateisystem zu laufen, wobei nur Dateien (und/oder Verzeichnisse) beeinflusst werden, die Ihren angegebenen Kriterien entsprechen. (In manchen Fällen können Sie die gleiche Wirkung allein mit find erzielen, wenn Sie dessen Option -exec einsetzen, allerdings ist xargs oft eine sauberere Lösung.)

xargs besitzt zahlreiche Optionen (siehe man xargs), die steuern, wie es die generierten Befehle erzeugt und ausführt. Die wichtigsten sind aus meiner Sicht (abgesehen von -0) -n und -I. Die Option -n steuert, wie viele Argumente durch xargs an jeden generierten Befehl angehängt werden. Standardmäßig können so viele Argumente angehängt werden, wie die Shell erlaubt:[7]

```
$ ls | xargs echo                  Nimmt so viele Eingabestrings an wie möglich:
apple banana cantaloupe carrot       echo apple banana cantaloupe carrot
$ ls | xargs -n1 echo              Ein Argument pro echo-Befehl:
apple                                echo apple
banana                               echo banana
cantaloupe                           echo cantaloupe
carrot                               echo carrot
$ ls | xargs -n2 echo              Zwei Argumente pro echo-Befehl:
apple banana                         echo apple banana
cantaloupe carrot                    echo cantaloupe carrot
$ ls | xargs -n3 echo              Drei Argumente pro echo-Befehl:
apple banana cantaloupe              echo apple banana cantaloupe
carrot                               echo carrot
```

Sicherheit mit find und xargs

Wenn Sie `find` und `xargs` kombinieren, dann benutzen Sie `xargs -0` (Bindestrich null) statt nur allein `xargs`, um sich vor unerwarteten Sonderzeichen in den Eingabestrings zu schützen. Kombinieren Sie dies mit der Ausgabe, die durch `find -print0` (anstelle von `find -print`) erzeugt wird:

```
$ find Optionen... -print0 | xargs -0 Optionen...
```

Normalerweise erwartet `xargs`, dass seine Eingabestrings durch Whitespace-Zeichen getrennt werden, also etwa durch Newline-Zeichen. Das ist ein Problem, wenn die Eingabestrings selbst weiteren Whitespace enthalten, wie etwa Dateinamen mit Leerzeichen darin. Standardmäßig behandelt `xargs` diese Leerzeichen als Eingabetrennzeichen und wird auf unvollständigen Strings tätig, was natürlich falsche Ergebnisse erzeugt. Falls zum Beispiel die Eingabe für `xargs` eine Zeile wie *prickly pear.py* enthält, behandelt `xargs` dies wie zwei Eingabestrings, und Sie erhalten wahrscheinlich eine solche Fehlermeldung:

```
prickly: No such file or directory
pear.py: No such file or directory
```

Um dieses Problem zu vermeiden, benutzen Sie `xargs -0` (das ist eine Null), um ein anderes Zeichen als Eingabetrennzeichen zu akzeptieren, nämlich das Null-Zeichen (ASCII-Null). Nullen tauchen nur selten in Text auf, sind also ideale, eindeutige Trennzeichen für Eingabestrings.

Wie können Sie nun Ihre Eingabestrings mit Nullen statt mit Newline-Zeichen trennen? Zum Glück besitzt `find` eine Option, die genau dies tut:`-print0` statt `-print`.

7 Die genaue Anzahl hängt von den Längenbeschränkungen Ihres Linux-Systems ab; siehe `man xargs`.

Der ls-Befehl bietet leider keine Option, um seine Ausgabe mit Nullen zu trennen, sodass meine früher gezeigten Beispiele mit ls nicht sicher sind. Sie können Newlines mit tr in Nullen verwandeln:

```
$ ls | tr '\n' '\0' | xargs -0 ...
```

Oder Sie benutzen diesen praktischen Alias, der das aktuelle Verzeichnis auflistet, wobei die Einträge durch Nullen getrennt sind. Das eignet sich gut für eine Weiterleitung mittels einer Pipeline an xargs:

```
alias ls0="find . -maxdepth 1 -print0"
```

Die Option -I kontrolliert, wo die Eingabestrings in dem generierten Befehl auftauchen. Standardmäßig werden sie an das Befehls-Template angehängt, aber Sie können sie auch anderswo erscheinen lassen. Hinter -I setzen Sie einen String (Ihrer Wahl), und dieser String wird zu einem Platzhalter im Befehls-Template, der genau anzeigt, wo Eingabestrings eingefügt werden sollten:

```
$ ls | xargs -
I XYZ echo XYZ is my favorite food          Benutzen Sie XYZ als Platzhalter.
apple is my favorite food
banana is my favorite food
cantaloupe is my favorite food
carrot is my favorite food
```

Ich habe »XYZ« als Platzhalter für die Eingabestrings gewählt und unmittelbar hinter echo positioniert. Dadurch kommt der Eingabestring direkt an den Anfang jeder ausgegebenen Zeile. Beachten Sie, dass die Option -I den Befehl xargs auf einen Eingabestring pro generierten Befehl begrenzt. Ich empfehle Ihnen, die xargs-Manpage gründlich zu lesen, um herauszufinden, was Sie noch alles kontrollieren können.

Lange Argumentlisten

xargs ist ein echter Schatz, wenn Befehlszeilen sehr lang werden. Nehmen wir einmal an, Ihr aktuelles Verzeichnis enthielte eine Million Dateien namens *file1.txt* bis *file1000000.txt* und Sie versuchten, sie mittels Pattern Matching zu entfernen:

```
$ rm *.txt
bash: /bin/rm: Argument list too long
```

Das Muster *.txt wird zu einem String mit mehr als 14 Millionen Zeichen ausgewertet, was länger ist als das, was Linux unterstützt. Um diese Beschränkung zu umgehen, schicken Sie in einer Pipeline eine Liste mit Dateien zum Löschen an xargs. xargs teilt die Dateiliste auf mehrere rm-Befehle auf. Sie bilden die Liste aus Dateien, indem Sie in einer Pipeline ein vollständiges Verzeichnislisting an grep senden, wobei Sie nur Dateinamen erfassen, die auf *.txt* enden, und das dann an xargs leiten:

```
$ ls | grep '\.txt$' | xargs rm
```

Diese Lösung ist besser als das Datei-Pattern-Matching (ls *.txt), das den gleichen Argument list too long-Fehler erzeugt. Besser noch, führen Sie find -print0 aus, wie in »Sicherheit mit find und xargs« auf Seite 144 beschrieben:

```
$ find . -maxdepth 1 -name \*.txt -type f -print0 \
  | xargs -0 rm
```

Prozesskontrolltechniken

Bisher belegen alle Befehle, die ich besprochen habe, die Parent-Shell, bis sie fertig sind. Schauen wir uns einige Techniken an, die eine andere Beziehung mit der Parent-Shell aufbauen:

Hintergrundbefehle
: Der Prompt wird sofort zurückgegeben, und der Befehl wird irgendwo hinter den Kulissen ausgeführt.

Explizite Subshells
: Können mitten in einem kombinierten Befehl gestartet werden.

Prozessersetzung
: Tritt an die Stelle der Parent-Shell.

Technik #9: Einen Befehl in den Hintergrund schieben

Bisher bringen all unsere Techniken einen Befehl zum Abschluss, während Sie warten, und präsentieren dann den nächsten Shell-Prompt. Dabei müssen Sie jedoch nicht warten, vor allem nicht, wenn Befehle sehr lange brauchen. Sie können Befehle auf eine besondere Art und Weise starten, sodass sie quasi aus dem Blick verschwinden, aber dennoch weiterlaufen, sodass die Shell sofort wieder frei für die nächsten Befehle wird. Diese Technik wird als *Hintergrundausführung* eines Befehls bezeichnet. Im Gegensatz dazu werden Befehle, die die Shell belegen, *Vordergrundbefehle* genannt. Eine Shell-Instanz führt zu einem Zeitpunkt höchstens einen Vordergrundbefehl sowie eine beliebige Anzahl an Hintergrundbefehlen aus.

Einen Befehl im Hintergrund starten

Um einen Befehl im Hintergrund aufzurufen, hängen Sie einfach ein Ampersand-Zeichen (&) an (auch *Kaufmanns-Und* genannt). Die Shell reagiert mit einer kryptisch aussehenden Nachricht, die anzeigt, dass der Befehl im Hintergrund läuft, und zeigt dann den nächsten Prompt an:

```
$ wc -c mein_extrem_riesiges_file.txt &   Zählt die Zeichen in einer riesigen Datei.
[1] 74931                                 Kryptisch aussehende Antwort.
$
```

Sie können dann in dieser Shell weitere Vordergrundbefehle (oder weitere Hintergrundbefehle) ausführen. Die Ausgabe der Hintergrundbefehle könnte jederzeit auftauchen, selbst wenn Sie gerade tippen. Falls der in den Hintergrund geschobene Befehl erfolgreich beendet wurde, informiert die Shell Sie mit der Meldung *Done*:

```
59837483748 mein_extrem_riesiges_file.txt
[1]+  Done                    wc -c mein_extrem_riesiges_file.txt
```

Schlägt der Befehl fehl, erhalten Sie eine *Exit*-Meldung mit einem Exit-Code:

```
[1]+  Exit 1                  wc -c mein_extrem_riesiges_file.txt
```

Tipp

Das Ampersand-Zeichen ist auch ein Listenoperator, genau wie && und ||:

```
$ befehl1 & befehl2 & befehl3 &      alle 3 Befehle
[1] 57351                            im Hintergrund
[2] 57352
[3] 57353
$ befehl4 & befehl5 & echo hi        alle im Hintergrund
[1] 57431                            bis auf "echo"
[2] 57432
hi
```

Einen Befehl suspendieren und in den Hintergrund schicken

Eine verwandte Technik ist, einen Befehl als Vordergrundbefehl auszuführen, dann seine Meinung zu ändern und ihn in den Hintergrund zu schicken. Drücken Sie Strg-Z, um den Befehl zeitweise zu stoppen (dies wird als *Suspendieren* des Befehls bezeichnet) und zum Shell-Prompt zurückzukehren; tippen Sie dann `bg` ein, um die Ausführung des Befehls wieder aufzunehmen – nun aber im Hintergrund.

Jobs und Jobkontrolle

Hintergrundbefehle sind Teil einer Shell-Eigenschaft namens *Jobkontrolle*. Diese manipuliert Befehle auf verschiedene Arten, etwa durch Hintergrundausführung, Suspendierung und Wiederaufnahme der Ausführung. Ein *Job* ist die Arbeitseinheit einer Shell: eine einzelne Instanz eines Befehls, die in einer Shell abläuft. Jobs sind zum Beispiel einfache Befehle, Pipelines und bedingte Listen – im Prinzip alles, was Sie auf der Kommandozeile ausführen können.

Ein Job ist mehr als ein Linux-Prozess. Ein Job kann aus einem Prozess, zwei Prozessen oder mehr bestehen. Eine Pipeline aus sechs Programmen ist zum Beispiel ein einzelner Job, der (wenigstens) sechs Prozesse umfasst. Jobs sind ein Konstrukt der Shell. Das Linux-Betriebssystem behält nicht die Jobs im Auge, sondern die zugrunde liegenden Prozesse.

Eine Shell kann jederzeit mehrere Jobs ausführen. Jeder Job in einer bestimmten Shell hat eine positive Integer-ID, die sogenannte Job-ID oder Jobnummer. Wenn Sie einen Befehl im Hintergrund aufrufen, gibt die Shell die Jobnummer und die ID des ersten Prozesses aus, den sie in dem Job ausführt. Im folgenden Befehl ist 1 die Jobnummer, und die Prozess-ID ist 74931:

```
$ wc -c mein_extrem_riesiges_file.txt &
[1] 74931
```

Gebräuchliche Operationen zur Jobkontrolle

In die Shell sind Befehle zur Jobkontrolle eingebaut; Sie sehen diese Befehle in Tabelle 7-1. Ich demonstriere die gebräuchlichsten Operationen zur Jobkontrolle, indem ich einige Jobs ausführe und sie manipuliere. Um die Jobs einfach und vorhersehbar zu halten, rufe ich den Befehl `sleep` auf, der für ein paar Sekunden einfach nur da ist und nichts macht (»schläft«) und sich dann beendet. Zum Beispiel wird bei `sleep 10` für 10 Sekunden geschlafen.

Tabelle 7-1: Befehle zur Jobkontrolle

Befehl	Bedeutung
bg	Verschiebt den momentan suspendierten Job in den Hintergrund.
bg %*n*	Verschiebt den suspendierten Job mit der Nummer *n* in den Hintergrund (Beispiel: `bg %1`).
fg	Verschiebt den aktuellen Hintergrundjob in den Vordergrund.
fg %*n*	Verschiebt den Hintergrundjob mit der Nummer *n* in den Vordergrund (Beispiel: `fg %2`).
kill %*n*	Terminiert den Hintergrundjob mit der Nummer *n* (Beispiel: `kill %3`).
jobs	Zeigt die Jobs einer Shell.

Führen Sie einen Job im Hintergrund bis zur Fertigstellung aus:

```
$ sleep 20 &                          Ausführen im Hintergrund
[1] 126288
$ jobs                                Auflisten der Jobs dieser Shell
[1]+  Running           sleep 20 &
$
...schließlich...
[1]+  Done              sleep 20
```

Hinweis
Wenn Jobs fertig sind, kann es sein, dass die Meldung *Done* erst dann auftaucht, wenn Sie das nächste Mal Enter drücken.

Führen Sie einen Hintergrundjob aus und bringen Sie ihn in den Vordergrund:

```
$ sleep 20 &                          Ausführen im Hintergrund
[1] 126362
$ fg                                  in den Vordergrund bringen
sleep 20
...schließlich...
$
```

Führen Sie einen Vordergrundjob aus, suspendieren Sie ihn und bringen Sie ihn wieder in den Vordergrund:

```
$ sleep 20                                  Ausführen im Vordergrund
^Z                                          Suspendieren des Jobs
[1]+  Stopped             sleep 20
$ jobs                                      Auflisten der Jobs dieser Shell
[1]+  Stopped             sleep 20
$ fg                                        in den Vordergrund bringen
sleep 20
...schließlich...
[1]+  Done                sleep 20
```

Führen Sie einen Vordergrundjob aus und schicken Sie ihn in den Hintergrund:

```
$ sleep 20                                  Ausführen im Vordergrund
^Z                                          Suspendieren des Jobs
[1]+  Stopped             sleep 20
$ bg                                        Verschieben in den Hintergrund
[1]+ sleep 20 &
$ jobs                                      Auflisten der Jobs dieser Shell
[1]+  Running             sleep 20 &
$
...schließlich...
[1]+  Done                sleep 20
```

Arbeiten Sie mit mehreren Hintergrundjobs. Verweisen Sie auf einen Job mit der Jobnummer, der ein Prozentzeichen vorangestellt ist (%1, %2 und so weiter):

```
$ sleep 100 &                               Ausführen von 3 Befehlen im Hintergrund
[1] 126452
$ sleep 200 &
[2] 126456
$ sleep 300 &
[3] 126460
$ jobs                                      Auflisten der Jobs dieser Shell
[1]   Running             sleep 100 &
[2]-  Running             sleep 200 &
[3]+  Running             sleep 300 &
$ fg %2                                     Job 2 in den Vordergrund bringen
sleep 200
^Z                                          Suspendieren von Job 2
[2]+  Stopped             sleep 200
$ jobs                                      Feststellen, ob Job 2 suspendiert ("stopped")
[1]   Running             sleep 100 &
[2]+  Stopped             sleep 200
[3]-  Running             sleep 300 &
$ kill %3                                   Terminieren von Job 3
[3]+  Terminated          sleep 300
$ jobs                                      Feststellen, ob Job 3 verschwunden ist
[1]-  Running             sleep 100 &
[2]+  Stopped             sleep 200
$ bg %2                                     Suspendierten Job 2 im Hintergrund aufnehmen
[2]+ sleep 200 &
$ jobs                                      Feststellen, ob Job 2 wieder läuft
```

```
[1]-  Running                 sleep 100 &
[2]+  Running                 sleep 200 &
$
```

Ausgabe und Eingabe im Hintergrund

Ein in den Hintergrund geschobener Befehl könnte auf die Standardausgabe schreiben, und das manchmal auch zu Zeiten, an denen uns das eigentlich nicht passt. Beachten Sie, was passiert, wenn Sie im Hintergrund die Linux-Dictionary-Datei sortieren (diese ist 100.000 Zeilen lang) und die ersten beiden Zeilen ausgeben lassen. Wie erwartet, gibt die Shell sofort die Jobnummer (1), eine Prozess-ID (81089) und den nächsten Prompt aus:

```
$ sort /usr/share/dict/words | head -n2 &
[1] 81089
$
```

Falls Sie warten, bis der Job beendet ist, gibt sie zwei Zeilen auf der Standardausgabe aus –, genau an der Stelle, an der sich der Cursor zu diesem Zeitpunkt befindet. In diesem Fall sitzt der Cursor am zweiten Prompt, Sie erhalten also diese etwas schlampig aussehende Ausgabe:

```
$ sort /usr/share/dict/words | head -n2 &
[1] 81089
$ A
A's
```

Drücken Sie Enter, und die Shell gibt eine »Job erledigt«-Meldung (Done) aus:

```
[1]+  Done                    sort /usr/share/dict/words | head -n2
$
```

Die Bildschirmausgabe eines Hintergrundjobs kann jederzeit auftauchen, während der Job läuft. Um diese Art von Chaos zu vermeiden, leiten Sie die Standardausgabe in eine Datei um. Schauen Sie sich diese dann an, wenn es Ihnen passt und Sie Zeit dafür haben:

```
$ sort /usr/share/dict/words | head -n2 > /tmp/results &
[1] 81089
$
[1]+  Done                    sort /usr/share/dict/words | head -n2 > /tmp/results
$ cat /tmp/results
A
A's
$
```

Andere seltsame Dinge geschehen, wenn ein Hintergrundjob versucht, von der Standardeingabe zu lesen. Die Shell suspendiert den Job, gibt eine Stopped-Meldung aus und wartet im Hintergrund auf eine Eingabe. Probieren Sie das einmal aus, indem Sie cat ohne Argumente in den Hintergrund schieben, sodass es die Standardeingabe liest:

```
$ cat &
[1] 82455
[1]+  Stopped                 cat
```

Jobs können im Hintergrund keine Eingaben lesen. Bringen Sie den Job deshalb mit fg in den Vordergrund und versorgen Sie ihn dann mit der Eingabe:

```
$ fg
cat
Hier ist eine Eingabe
Hier ist eine Eingabe
...
```

Nachdem Sie alle Eingaben geliefert haben, machen Sie eines der folgenden Dinge:

- Lassen Sie den Befehl im Vordergrund weiterlaufen, bis er fertig ist.
- Suspendieren Sie den Befehl und schieben Sie ihn wieder in den Hintergrund, indem Sie Strg-Z drücken und dann bg eingeben.
- Beenden Sie die Eingabe mit Strg-D oder brechen Sie den Befehl mit Strg-C ab.

Tipps für die Hintergrundausführung

Die Hintergrundausführung ist ideal für Befehle, die lange laufen, wie etwa Texteditoren während langer Bearbeitungssessions oder alle Programme, die ihre eigenen Fenster öffnen. So können zum Beispiel Programmierer eine Menge Zeit sparen, indem sie ihren Texteditor suspendieren, anstatt ihn zu beenden. Ich habe gesehen, wie erfahrene Ingenieure Code in ihrem Texteditor bearbeiten, dann speichern und den Editor beenden, den Code testen, anschließend den Editor neu starten und nach der Stelle im Code suchen, an der sie zuletzt gearbeitet haben. Sie verlieren jedes Mal, wenn sie den Editor beenden, 10 bis 15 Sekunden für den Jobwechsel. Würden sie stattdessen den Editor suspendieren (Strg-Z), ihren Code testen und den Editor dann wieder reaktivieren (fg), verplempern sie viel weniger Zeit.

Die Hintergrundausführung ist darüber hinaus großartig, wenn man eine Abfolge von Befehlen mithilfe einer bedingten Liste im Hintergrund ausführen möchte. Falls einer der Befehle in der Liste scheitert, wird der Rest nicht ausgeführt, und der Job wird beendet. (Achten Sie nur auf Befehle, die eine Eingabe lesen, da diese dafür sorgen, dass der Job pausiert und auf just diese Eingabe wartet.)

```
$ befehl1 && befehl2 && befehl3 &
```

Technik #10: Explizite Subshells

Immer wenn Sie einen einfachen Befehl starten, läuft dieser in einem Kindprozess, wie Sie in »Eltern- und Kindprozesse« auf Seite 119 gesehen haben. Befehlssubstitution und Prozesssubstitution erzeugen Subshells. Es gibt jedoch Zeiten, an denen es hilfreich ist, explizit eine zusätzliche Subshell zu starten. Schließen Sie dazu einfach einen Befehl in runde Klammern ein. Der Befehl wird dann in einer Subshell ausgeführt:

```
$ (cd /usr/local && ls)
bin   etc   games   lib   man   sbin   share
$ pwd
/home/smith                    "cd /usr/local" lief in einer Subshell.
```

Auf einen ganzen Befehl angewandt, ist diese Technik nicht besonders sinnvoll, außer dass Sie vielleicht nicht noch einen zweiten cd-Befehl ausführen müssen, um zu Ihrem vorherigen Verzeichnis zurückzukehren. Falls Sie jedoch die runden Klammern um einen Teil eines kombinierten Befehls setzen, können Sie einige ganz nützliche Tricks ausführen. Ein typisches Beispiel ist eine Pipeline, die mitten in der Ausführung das Verzeichnis wechselt. Nehmen wir einmal an, Sie hätten eine komprimierte tar-Datei heruntergeladen, *package.tar.gz*, und möchten die Dateien auspacken. Ein tar-Befehl zum Extrahieren der Dateien lautet:

```
$ tar xvf package.tar.gz
Makefile
src/
src/defs.h
src/main.c
...
```

Die Extraktion erfolgt relativ zum aktuellen Verzeichnis.[8] Was ist, wenn Sie die Dateien in ein anderes Verzeichnis extrahieren wollen? Sie könnten zuerst mit cd in das andere Verzeichnis wechseln und dann tar ausführen (und anschließend wieder mit cd zurückwechseln), aber Sie können diese Aufgabe auch mit einem einzigen Befehl erledigen. Der Trick besteht darin, die gepackten Daten mit einer Pipeline an eine Subshell zu leiten, die die Verzeichnisoperationen ausführt und tar laufen lässt, während sie von der Standardeingabe liest:[9]

```
$ cat package.tar.gz | (mkdir -p /tmp/other && cd /tmp/other && tar xzvf -)
```

Diese Technik funktioniert auch für das Kopieren von Dateien von einem Verzeichnis *dir1* in ein anderes existierendes Verzeichnis *dir2* mithilfe zweier tar-Prozesse, von denen einer auf die Standardausgabe schreibt und einer von der Standardeingabe liest:

```
$ tar czf - dir1 | (cd /tmp/dir2 && tar xvf -)
```

Die gleiche Technik kann Dateien über SSH in ein vorhandenes Verzeichnis auf einem anderen Host kopieren:

```
$ tar czf - dir1 | ssh myhost '(cd /tmp/dir2 && tar xvf -)'
```

---

8 Das setzt voraus, dass das tar-Archiv mit relativen Pfaden erstellt wurde – was typisch ist für heruntergeladene Software –, und nicht mit absoluten Pfaden.

9 Dieses spezielle Problem lässt sich noch viel einfacher mit der tar-Option -C oder --directory lösen, die ein Zielverzeichnis festlegt. Ich demonstriere hier nur die allgemeine Technik der Verwendung einer Subshell.

Welche Techniken erzeugen Subshells?

Viele der Techniken in diesem Kapitel starten eine Subshell, die die Umgebung der Eltern-Shell (Variablen und deren Werte) sowie weiteren Shell-Kontext wie etwa Aliase erbt. Andere Techniken starten nur einen Kindprozess. Die einfachste Methode, sie zu unterscheiden, besteht darin, die Variable `BASH_SUBSHELL` auszuwerten, die für eine Subshell ungleich null, ansonsten aber null ist. Weitere Details finden Sie in »Kind-Shells versus Subshells« auf Seite 124.

```
$ echo $BASH_SUBSHELL                normale Ausführung
0                                    keine Subshell
$ (echo $BASH_SUBSHELL)              explizite Subshell
1                                    Subshell
$ echo $(echo $BASH_SUBSHELL)        Befehlssubstitution
1                                    Subshell
$ cat <(echo $BASH_SUBSHELL)         Prozesssubstitution
1                                    Subshell
$ bash -c 'echo $BASH_SUBSHELL'      bash -c
0                                    keine Subshell
```

Warnung

Es ist verlockend, bash-Klammern so zu sehen, als würden sie einfach Befehle zusammenfassen, also wie die Klammern in der Mathematik. Das machen sie jedoch nicht. Jedes Paar aus runden Klammern sorgt dafür, dass eine Subshell gestartet wird.

Technik #11: Prozessersetzung

Wenn Sie normalerweise einen Befehl starten, führt die Shell ihn in einem separaten Prozess aus, der zerstört wird, wenn der Befehl fertig ist. Ich habe das in »Eltern- und Kindprozesse« auf Seite 119 beschrieben. Sie können dieses Verhalten mit dem Befehl exec ändern, einem Shell-Builtin. Der Befehl *ersetzt* die laufende Shell (einen Prozess) durch einen anderen Befehl Ihrer Wahl (einen anderen Prozess). Wenn der neue Befehl beendet wird, folgt kein Shell-Prompt, weil die Original-Shell weg ist.

Um das zu demonstrieren, führen Sie manuell eine neue Shell aus und ändern deren Prompt:

```
$ bash                    Ausführen einer Kind-Shell
$ PS1="Doomed> "          Ändern des Prompts der neuen Shell
Doomed> echo hello        Ausführen irgendeines Befehls
hello
```

Führen Sie nun mit exec einen Befehl aus und beobachten Sie, wie die neue Shell stirbt:

```
Doomed> exec ls           ls ersetzt die Kind-Shell, läuft und beendet sich.
animals.txt
$                         Ein Prompt von der Original-(Eltern-)Shell.
```

Das Ausführen von exec kann tödlich sein

Falls Sie exec in einer Shell ausführen, beendet sich die Shell anschließend. Lief die Shell in einem Terminalfenster, schließt sich das Fenster. War die Shell eine Login-Shell, werden Sie ausgeloggt.

Warum sollte man exec ausführen? Ein Grund ist, Ressourcen zu sparen, indem man keinen zweiten Prozess startet. Shell-Skripte machen manchmal von dieser Optimierung Gebrauch, indem sie exec auf dem letzten Befehl im Skript ausführen. Wenn das Skript sehr oft ausgeführt wird (wir reden hier von Millionen oder Milliarden von Ausführungen), lohnen sich die Einsparungen vermutlich durchaus.

exec besitzt noch eine zweite Fähigkeit – es kann die Standardeingabe, die Standardausgabe und/oder die Standardfehlerausgabe für die aktuelle Shell neu zuweisen. Das ist am praktischsten in einem Shell-Skript, wie unser kleines Beispiel zeigt, das Informationen in eine Datei, */tmp/outfile*, ausgibt:

```
#!/bin/bash
echo "Mein Name ist $USER"                                    > /tmp/outfile
echo "Mein aktuelles Verzeichnis ist $PWD"                    >> /tmp/outfile
echo "Rate, wie viele Zeilen in der Datei /etc/hosts sind?"   >> /tmp/outfile
wc -l /etc/hosts                                              >> /tmp/outfile
echo "Tschüss erstmal"                                        >> /tmp/outfile
```

Anstatt die Ausgabe der jeweiligen Befehle einzeln nach */tmp/outfile* umzuleiten, führen Sie exec aus, um die Standardausgabe für das gesamte Skript nach */tmp/outfile* umzuleiten. Nachfolgende Befehle können einfach auf die Standardausgabe ausgeben:

```
#!/bin/bash
# Umleiten der Standardausgabe für dieses Skript.
exec > /tmp/outfile2
# Alle nachfolgenden Befehle geben nach /tmp/outfile2 aus.
echo "Mein Name ist $USER"
echo "Mein aktuelles Verzeichnis ist $PWD"
echo "Rate, wie viele Zeilen in der Datei /etc/hosts sind?"
wc -l /etc/hosts
echo "Tschüss erstmal"
```

Führen Sie dieses Skript aus und schauen Sie sich in der Datei */tmp/outfile2* die Ergebnisse an:

```
$ cat /tmp/outfile2
Mein Name ist smith
Mein aktuelles Verzeichnis ist /home/smith
Rate, wie viele Zeilen in der Datei /etc/hosts sind?
122 /etc/hosts
Tschüss erstmal
```

Sie werden exec wahrscheinlich nicht oft verwenden, aber es ist da, wenn Sie es brauchen.

Zusammenfassung

Sie verfügen nun über 13 Techniken zum Ausführen eines Befehls – über die 11 aus diesem Kapitel sowie über einfache Befehle und Pipelines. Tabelle 7-2 fasst noch einmal einige übliche Anwendungsfälle für verschiedene Techniken zusammen.

Tabelle 7-2: Gebräuchliche Möglichkeiten zum Ausführen von Befehlen

Problem	Lösung
Standardausgabe eines Programms zur Standardeingabe eines anderen senden	Pipelines
Einsetzen der Ausgabe (Standardausgabe) in einen Befehl	Befehlssubstitution
Bereitstellen der Ausgabe (Standardausgabe) für einen Befehl, der nicht von der Standardeingabe liest, aber Festplattendateien lesen kann	Prozesssubstitution
Ausführen eines Strings als Befehl	`bash -c` oder Pipeline an `bash`
Ausgeben mehrerer Befehle auf der Standardausgabe und Ausführen dieser Befehle	Pipeline an `bash`
Ausführen mehrerer ähnlicher Befehle hintereinander	`xargs` oder Konstruieren dieser Befehle als Strings und Pipeline an `bash`
Verwalten von Befehlen, die vom Erfolg eines anderen Befehls abhängen	bedingte Listen
Ausführen mehrerer Befehle gleichzeitig	Hintergrundausführung
Ausführen mehrerer Befehle gleichzeitig, die vom Erfolg eines anderen Befehls abhängen	Hintergrundausführung einer bedingten Liste
Ausführen eines Befehls auf einem entfernten Host	Ausführen von `ssh` *`host befehl`*
Ändern des Verzeichnisses in der Mitte einer Pipeline	explizite Subshells
Späteres Ausführen eines Befehls	bedingungslose Liste mit `sleep`, gefolgt von dem Befehl
Umleiten an/von geschützten Dateien	Ausführen von `sudo bash -c "`*`befehl > datei`*`"`

In den nächsten beiden Kapiteln lernen Sie, wie Sie Techniken kombinieren können, um effizient Ihre Ziele zu erreichen.

KAPITEL 8

Einen frechen Einzeiler schreiben

Erinnern Sie sich noch an diesen langen, aufwendig gewundenen Befehl aus der Einführung?

```
$ paste <(echo {1..10}.jpg | sed 's/ /\n/g') \
        <(echo {0..9}.jpg | sed 's/ /\n/g') \
  | sed 's/^/mv /' \
  | bash
```

Solche magischen Aufrufe sind *freche Einzeiler* (»brash One-liners«).[1] Nehmen wir ihn einmal auseinander, um zu verstehen, was er macht und wie er funktioniert. Die innersten echo-Befehle nutzen eine Klammererweiterung, um Listen aus JPEG-Dateinamen zu generieren:

```
$ echo {1..10}.jpg
1.jpg 2.jpg 3.jpg...10.jpg
$ echo {0..9}.jpg
0.jpg 1.jpg 2.jpg...9.jpg
```

Durch das Weiterleiten der Dateinamen in der Pipeline an sed werden die Leerzeichen durch Newlines ersetzt:

```
$ echo {1..10}.jpg | sed 's/ /\n/g'
1.jpg
2.jpg
...
10.jpg
$ echo {0..9}.jpg | sed 's/ /\n/g'
0.jpg
1.jpg
...
9.jpg
```

Der paste-Befehl gibt die beiden Listen nebeneinander aus. Eine Prozesssubstitution erlaubt es paste, die beiden Listen zu lesen, als wären es Dateien:

1 Die früheste Verwendung dieses Begriffs (von der ich weiß) findet sich in der Manpage f+r lorder(1) (*https://oreil.ly/ro621*) in BSD Unix 4.x. Danke an Bob Byrnes, der sie gefunden hat.

```
$ paste <(echo {1..10}.jpg | sed 's/ /\n/g') \
        <(echo {0..9}.jpg | sed 's/ /\n/g')
1.jpg   0.jpg
2.jpg   1.jpg
...
10.jpg  9.jpg
```

Durch das Voranstellen von `mv` auf jeder Zeile wird eine Abfolge von Strings ausgegeben, bei denen es sich um `mv`-Befehle handelt:

```
$ paste <(echo {1..10}.jpg | sed 's/ /\n/g') \
        <(echo {0..9}.jpg | sed 's/ /\n/g') \
  | sed 's/^/mv /'
mv 1.jpg   0.jpg
mv 2.jpg   1.jpg
...
mv 10.jpg  9.jpg
```

Der Zweck des Befehls ist nun klar: Er generiert zehn Befehle zum Umbenennen der Bilddateien *1.jpg* bis *10.jpg*. Die neuen Namen lauten *0.jpg* bis *9.jpg*. Mit der Pipeline der Ausgabe an `bash` werden die `mv`-Befehle ausgeführt:

```
$ paste <(echo {1..10}.jpg | sed 's/ /\n/g') \
        <(echo {0..9}.jpg | sed 's/ /\n/g') \
  | sed 's/^/mv /' \
  | bash
```

Freche Einzeiler sind wie Geduldsspiele oder Rätsel. Sie stehen einem Problem gegenüber, etwa dem Umbenennen einer Gruppe von Dateien, und nutzen Ihren Werkzeugkasten, um einen Linux-Befehl zu konstruieren, der das Problem löst. Freche Einzeiler fordern Ihre Kreativität heraus und stärken Ihre Kenntnisse und Fähigkeiten.

In diesem Kapitel werden Sie mithilfe der folgenden Zauberformel Schritt für Schritt solche Einzeiler zusammenbauen:

1. Erfinden eines Befehl, der einen Teil des Rätsels löst.
2. Ausführen des Befehls und Prüfen der Ausgabe.
3. Zurückrufen des Befehls aus der History und Bearbeiten des Befehls.
4. Wiederholen der Schritte 2 und 3, bis der Befehl das gewünschte Ergebnis liefert.

Dieses Kapitel wird recht anspruchsvoll. Lassen Sie sich nicht entmutigen, falls die Beispiele Sie manchmal überfordern. Gehen Sie einfach langsam und schrittweise vor und probieren Sie die Befehle auf einem Computer aus.

Hinweis

Manche der Einzeiler in diesem Kapitel sind zu lang für eine einzige Zeile. Ich habe sie deshalb mithilfe von Backslashs auf mehrere Zeilen verteilt. Das ist jedoch kein Grund, sie freche Zweizeiler (oder gar freche Siebenzeiler) zu nennen.

Machen Sie sich bereit, frech zu sein

Bevor Sie sich auf die frechen Einzeiler stürzen, sollten Sie sich einen Augenblick Zeit nehmen, um in die richtige Stimmung zu kommen:

- Seien Sie flexibel.
- Denken Sie darüber nach, wo Sie anfangen wollen.
- Lernen Sie Ihre Testwerkzeuge kennen.

Ich werde jeden dieser Gedanken gleich genauer diskutieren.

Seien Sie flexibel

Ein Schlüssel zum Schreiben frecher Einzeiler ist *Flexibilität*. Sie haben inzwischen schon ein paar erstaunliche Werkzeuge kennengelernt – eine Reihe wichtiger Linux-Programme (und die unterschiedlichsten Methoden, um sie auszuführen) sowie die Befehls-History, Kommandozeilen-Editing und mehr. Sie können diese Werkzeuge vielfältig kombinieren, und für ein bestimmtes Problem gibt es meist mehrere Lösungen.

Selbst die einfachsten Linux-Aufgaben lassen sich auf vielerlei Art bewältigen. Denken Sie nur einmal darüber nach, wie Sie in Ihrem aktuellen Verzeichnis *.jpg*-Dateien auflisten würden. Ich wette, 99,9 % der Linux-Benutzer würden einen solchen Befehl ausführen:

```
$ ls *.jpg
```

Dabei ist dies nur eine Lösung von vielen. Sie könnten zum Beispiel *alle* Dateien in dem Verzeichnis auflisten lassen und dann mit grep nur die erfassen, deren Namen auf *.jpg* enden:

```
$ ls | grep '\.jpg$'
```

Wieso sollten Sie diese Lösung wählen? Nun, Sie sahen ein Beispiel in »Lange Argumentlisten« auf Seite 145, als ein Verzeichnis so viele Dateien enthielt, dass diese nicht durch Pattern Matching aufgelistet werden konnten. Die Technik des *»Greppens« nach einer Dateinamenserweiterung* ist ein robuster, allgemeiner Ansatz zum Lösen aller möglichen Probleme. Wichtig ist es hier, flexibel zu sein und die Werkzeuge zu verstehen, damit Sie immer das am besten geeignete für jeden Fall anwenden können. Das ist eine echte Fähigkeit, die man braucht, um mit frechen Einzeilern zu zaubern.

Die folgenden Befehle listen *.jpg*-Dateien im aktuellen Verzeichnis auf. Versuchen Sie, herauszufinden, wie die einzelnen Befehle funktionieren:

```
$ echo $(ls *.jpg)
$ bash -c 'ls *.jpg'
$ cat <(ls *.jpg)
$ find . -maxdepth 1 -type f -name \*.jpg -print
$ ls > tmp && grep '\.jpg$' tmp && rm -f tmp
```

```
$ paste <(echo ls) <(echo \*.jpg) | bash
$ bash -c 'exec $(paste <(echo ls) <(echo \*.jpg))'
$ echo 'monkey *.jpg' | sed 's/monkey/ls/' | bash
$ python -c 'import os; os.system("ls *.jpg")'
```

Sind die Ergebnisse identisch, oder verhalten sich manche Befehle ein bisschen anders? Können Sie sich weitere passende Befehle denken?

Denken Sie darüber nach, wo Sie anfangen sollten

Jeder freche Einzeiler beginnt mit der Ausgabe eines einfachen Befehls. Diese Ausgabe könnte der Inhalt einer Datei, ein Teil einer Datei, ein Verzeichnislisting, eine Sequenz aus Zahlen oder Buchstaben, eine Liste von Benutzern, es könnten ein Datum und eine Uhrzeit oder auch andere Daten sein. Ihre erste Herausforderung besteht deshalb darin, die Anfangsdaten für Ihren Befehl zu erzeugen.

Falls Sie zum Beispiel den 17. Buchstaben des englischen Alphabets wissen wollen, könnten Ihre Anfangsdaten die 26 Buchstaben sein, die durch eine Klammererweiterung erzeugt werden:

```
$ echo {A..Z}
A B C D E F G H I J K L M N O P Q R S T U V W X Y Z
```

Sobald Sie diese Ausgabe erzeugen können, müssen Sie im nächsten Schritt entscheiden, wie Sie sie so umformen, dass sie zu Ihrem Ziel passt. Müssen Sie die Ausgabe nach Zeilen oder Spalten zerlegen? Müssen Sie sie mit anderen Informationen zusammenbringen? Ist es notwendig, die Ausgabe auf kompliziertere Weise umzuformen? Betrachten Sie die Programme in den Kapiteln 1 und 5, die so etwas können, wie `grep` und `sed` und `cut`, und wenden Sie sie mithilfe der Techniken aus Kapitel 7 an.

Sie könnten zum Beispiel das 17. Feld mit `awk` ausgeben oder mit `sed` die Leerzeichen entfernen und das 17. Zeichen mit `cut` lokalisieren:

```
$ echo {A..Z} | awk '{print $(17)}'
Q
$ echo {A..Z} | sed 's/ //g' | cut -c17
Q
```

Falls Sie in einem anderen Beispiel die Monate des Jahres ausgeben wollen, könnten Ihre Anfangsdaten die Zahlen von 1 bis 12 sein, die wieder durch Klammererweiterung erzeugt werden:

```
$ echo {1..12}
1 2 3 4 5 6 7 8 9 10 11 12
```

Nun bauen Sie die Klammererweiterung so aus, dass sie Daten für den ersten Tag jedes Monats bildet (von `2021-01-01` bis `2021-12-01`). Dann führen Sie `date -d` auf jeder Zeile aus, um Monatsnamen zu erzeugen:

```
$ echo 2021-{01..12}-01 | xargs -n1 date +%B -d
January
February
March
...
December
```

Oder nehmen wir an, Sie wollten die Länge des längsten Dateinamens im aktuellen Verzeichnis wissen. Ihre Anfangsdaten könnten ein Verzeichnislisting sein:

```
$ ls
animals.txt  cartoon-mascots.txt...zebra-stripes.txt
```

Jetzt generieren Sie mit awk Befehle zum Zählen der Zeichen in den einzelnen Dateinamen mit wc -c:

```
$ ls | awk '{print "echo -n", $0, "| wc -c"}'
echo -n "animals.txt" | wc -c
echo -n "cartoon-mascots.txt | wc -c"
...
echo -n "zebra-stripes.txt | wc -c"
```

(Die Option -n verhindert, dass echo Newline-Zeichen ausgibt, die jeden Zähler verfälschen würden.) Schließlich schicken Sie die Befehle mit einer Pipeline an bash zur Ausführung, sortieren die numerischen Ergebnisse vom größten zum kleinsten und greifen sich den Maximalwert (die erste Zeile) mit head -n1 heraus:

```
$ ls | awk '{print "echo -n", $0, "| wc -c"}' | bash | sort -nr | head -n1
23
```

Dieses letzte Beispiel war nicht ganz einfach: Es wurden Pipelines als Strings erzeugt und dann an eine weitere Pipeline geleitet. Dennoch ist das allgemeine Prinzip das gleiche: Sie ermitteln Ihre Anfangsdaten und manipulieren sie so, dass sie Ihren Anforderungen entsprechen.

Lernen Sie Ihre Testwerkzeuge kennen

Das Erzeugen von frechen Einzeilern läuft vermutlich über das stete Ausprobieren und Ändern von Befehlen, um auftretende Fehler auszubügeln. Die folgenden Werkzeuge und Techniken helfen Ihnen, schnell unterschiedliche Lösungen zu testen:

Verwenden Sie die Befehls-History und Kommandozeilen-Editing.
: Tippen Sie Befehle nicht neu ein, wenn Sie experimentieren. Nutzen Sie Techniken aus Kapitel 3, um frühere Befehle zurückzuholen, sie zu verändern und sie dann erneut auszuführen.

Fügen Sie echo *hinzu, um Ihre Ausdrücke zu testen.*
: Sind Sie sich nicht sicher, wie ein Ausdruck ausgewertet wird, geben Sie ihn zuvor mit echo aus, um die ausgewerteten Ergebnisse auf der Standardausgabe anschauen zu können.

Benutzen Sie `ls` *oder fügen Sie* `echo` *hinzu, um destruktive Befehle zu testen.*
Falls Ihr Befehl `rm`, `mv`, `cp` oder andere Befehle aufruft, die Dateien überschreiben oder entfernen könnten, setzen Sie `echo` davor, um zu bestätigen, welche Dateien betroffen sein werden. (Statt `rm` führen Sie also `echo rm` aus.) Eine andere Sicherheitstaktik besteht darin, `rm` durch `ls` zu ersetzen, um die Dateien aufzulisten, die entfernt werden würden.

Fügen Sie ein `tee` *ein, um Zwischenergebnisse zu betrachten.*
Falls Sie mitten in einer langen Pipeline die Ausgabe (Standardausgabe) anschauen wollen, fügen Sie den Befehl `tee` ein. Damit wird die Ausgabe zur Untersuchung in einer Datei gespeichert. Der folgende Befehl sichert die Ausgabe von `befehl3` in der Datei *outfile*, während er dieselbe Ausgabe in einer Pipeline an `befehl4` weiterleitet:

```
$ befehl1 | befehl2 | befehl3 | tee outfile | befehl4 | befehl5
$ less outfile
```

Okay, bauen wir uns einige freche Einzeiler!

Einen Dateinamen in eine Sequenz einfügen

Dieser freche Einzeiler ist vergleichbar mit demjenigen am Anfang dieses Kapitels (zum Umbenennen von *.jpg*-Dateien), aber detaillierter. Außerdem spiegelt er eine wirkliche Situation wider, der ich mich beim Schreiben dieses Buchs gegenübersah. Wie der vorherige Einzeiler kombiniert er zwei Techniken aus Kapitel 7: Prozesssubstitution und das Leiten einer Pipeline an die `bash`. Das Ergebnis ist ein reproduzierbares Muster zum Lösen vergleichbarer Probleme.

Ich habe dieses Buch auf einem Linux-Computer mithilfe einer Auszeichnungssprache namens AsciiDoc (*https://asciidoc.org*) geschrieben. Die Einzelheiten der Sprache sind hier nicht wichtig; entscheidend ist, dass sich jedes Kapitel in einer eigenen Datei befand und es ursprünglich zehn davon gab:

```
$ ls
ch01.asciidoc  ch03.asciidoc  ch05.asciidoc  ch07.asciidoc  ch09.asciidoc
ch02.asciidoc  ch04.asciidoc  ch06.asciidoc  ch08.asciidoc  ch10.asciidoc
```

Irgendwann entschied ich mich, zwischen den Kapiteln 2 und 3 ein elftes Kapitel einzufügen. Das bedeutete, dass einige Dateien umbenannt werden mussten. Aus den Kapiteln 3 bis 10 mussten die Kapitel 4 bis 11 werden, damit eine Lücke für das neue Kapitel 3 entstehen konnte (*ch03.asciidoc*). Ich hätte die Dateien manuell umbenennen können, beginnend mit *ch11.asciidoc* und rückwärts vorgehend:[2]

2 Mit *ch03.asciidoc* zu beginnen und sich nach vorn vorzuarbeiten, wäre gefährlich – erkennen Sie, warum? Falls nicht, erzeugen Sie diese Dateien mit dem Befehl `touch ch{01..10}.asciidoc`, und probieren Sie es selbst.

```
$ mv ch10.asciidoc ch11.asciidoc
$ mv ch09.asciidoc ch10.asciidoc
$ mv ch08.asciidoc ch09.asciidoc
...
$ mv ch03.asciidoc ch04.asciidoc
```

Diese Methode ist aber lästig (stellen Sie sich vor, es wären 1.000 Dateien anstelle von 11!), stattdessen generierte ich die erforderlichen `mv`-Befehle und schickte sie in einer Pipeline an `bash`. Werfen Sie einen genauen Blick auf die vorhergehenden `mv`-Befehle und denken Sie einen Augenblick lang nach, wie Sie sie erzeugt hätten.

Konzentrieren Sie sich zuerst auf die ursprünglichen Dateinamen *ch03.asciidoc* bis *ch10.asciidoc*. Sie könnten sie mit einer Klammererweiterung wie `ch{10..03}.asciidoc` ausgeben, genau wie im ersten Beispiel in diesem Kapitel. Um aber unsere Flexibilität ein wenig zu üben, nutzen Sie den Befehl `seq -w` zum Ausgeben der Zahlen:

```
$ seq -w 10 -1 3
10
09
08
...
03
```

Verwandeln Sie diese numerische Sequenz dann in Dateinamen, indem Sie sie in einer Pipeline an `sed` senden:

```
$ seq -w 10 -1 3 | sed 's/\(.*\)/ch\1.asciidoc/'
ch10.asciidoc
ch09.asciidoc
...
ch03.asciidoc
```

Sie haben jetzt eine Liste der Originaldateinamen. Wiederholen Sie dies nun für die Kapitel 4 bis 11, um die Zieldateinamen zu erzeugen:

```
$ seq -w 11 -1 4 | sed 's/\(.*\)/ch\1.asciidoc/'
ch11.asciidoc
ch10.asciidoc
...
ch04.asciidoc
```

Um die `mv`-Befehle zu bilden, müssen Sie die originalen und die neuen Dateinamen nebeneinander ausgeben. Das erste Beispiel in diesem Kapitel löste dieses »Nebeneinander«-Problem mit `paste` und verwendete eine Prozesssubstitution, um die beiden ausgegebenen Listen als Dateien zu behandeln. Machen Sie das hier ebenfalls:

```
$ paste <(seq -w 10 -1 3 | sed 's/\(.*\)/ch\1.asciidoc/') \
        <(seq -w 11 -1 4 | sed 's/\(.*\)/ch\1.asciidoc/')
ch10.asciidoc   ch11.asciidoc
ch09.asciidoc   ch10.asciidoc
...
ch03.asciidoc   ch04.asciidoc
```

Tipp

Der gezeigte Befehl sieht aus, als müssten Sie da wahnsinnig viel tippen, doch mit der Befehls-History und einem Kommandozeilen-Editing im Emacs-Stil ist das gar nicht so schlimm. Um von der einen »seq und sed«-Zeile zum paste-Befehl zu kommen:

1. Rufen Sie den vorherigen Befehl mit der Pfeil-nach-oben-Taste aus der History zurück.
2. Drücken Sie Strg-A und dann Strg-K, um die ganze Zeile auszuschneiden.
3. Tippen Sie das Wort paste ein, gefolgt von einem Leerzeichen.
4. Drücken Sie zweimal Strg-Y, um zwei Kopien der Befehle seq und sed zu erzeugen.
5. Benutzen Sie Tastenkürzel zum Bewegen und Bearbeiten, um die zweite Kopie zu modifizieren.
6. Und so weiter.

Stellen Sie jeder Zeile mv voran, indem Sie die Ausgabe mit einer Pipeline an sed weiterleiten, wobei genau die mv-Befehle ausgegeben werden, die Sie brauchen:

```
$ paste <(seq -w 10 -1 3 | sed 's/\(.*\)/ch\1.asciidoc/') \
        <(seq -w 11 -1 4 | sed 's/\(.*\)/ch\1.asciidoc/') \
  | sed 's/^/mv /'
mv ch10.asciidoc    ch11.asciidoc
mv ch09.asciidoc    ch10.asciidoc
...
mv ch03.asciidoc    ch04.asciidoc
```

Im letzten Schritt leiten Sie die Befehle in einer Pipeline zur Ausführung an die bash:

```
$ paste <(seq -w 10 -1 3 | sed 's/\(.*\)/ch\1.asciidoc/') \
        <(seq -w 11 -1 4 | sed 's/\(.*\)/ch\1.asciidoc/') \
  | sed 's/^/mv /' \
  | bash
```

Ich habe genau diese Lösung für mein Buch benutzt. Nachdem die mv-Befehle ausgeführt worden waren, hatte ich als Ergebnis die Kapitel 1 und 2 sowie 4 bis 11 erhalten, sodass eine Lücke für ein neues Kapitel 3 blieb:

```
$ ls ch*.asciidoc
ch01.asciidoc  ch04.asciidoc  ch06.asciidoc  ch08.asciidoc  ch10.asciidoc
ch02.asciidoc  ch05.asciidoc  ch07.asciidoc  ch09.asciidoc  ch11.asciidoc
```

Das Muster, das ich gerade vorgestellt habe, lässt sich in allen möglichen Situationen reproduzieren, um eine Abfolge verwandter Befehle auszuführen:

1. Generieren Sie die Befehlsargumente als Listen auf der Standardausgabe.
2. Geben Sie die Listen mit paste und einer Prozesssubstitution nebeneinander aus.
3. Setzen Sie mit sed einen Befehlsnamen voran, indem Sie das Zeilenanfangszeichen (^) durch einen Programmnamen und ein Leerzeichen ersetzen.
4. Schicken Sie die Ergebnisse mit einer Pipeline an die bash.

Zusammengehörende Dateipaare prüfen

Dieser freche Einzeiler ist durch den tatsächlichen Einsatz bei Mediawiki inspiriert, der Software hinter Wikipedia und Tausenden anderer Wikis. Mediawiki erlaubt es Benutzern, Bilder zur Anzeige hochzuladen. Die meisten Anwender folgen einem manuellen Vorgehen über Webformulare: Man klickt auf *Choose File*, um einen Dateidialog zu öffnen, navigiert zu einer Bilddatei und wählt diese aus, fügt in dem Formular einen beschreibenden Kommentar hinzu und klickt auf *Upload*. Wiki-Administratoren verwenden eher eine automatisierte Methode: ein Skript, das ein ganzes Verzeichnis liest und dessen Bilder hochlädt. Jede Bilddatei (sagen wir, *bald_eagle.jpg*) wird mit einer Textdatei (*bald_eagle.txt*) kombiniert, die einen beschreibenden Kommentar über das Bild enthält.

Stellen Sie sich vor, Sie hätten ein Verzeichnis, das mit Hunderten von Bild- und Textdateien gefüllt wäre. Sie möchten bestätigen, dass jede Bilddatei eine passende Textdatei hat und umgekehrt. Hier ist eine kleinere Version dieses Verzeichnisses:

```
$ ls
bald_eagle.jpg  blue_jay.jpg  cardinal.txt  robin.jpg  wren.jpg
bald_eagle.txt  cardinal.jpg  oriole.txt    robin.txt  wren.txt
```

Entwickeln wir doch einfach zwei unterschiedliche Lösungen zum Identifizieren nicht zugeordneter Dateien. Für die erste Lösung erzeugen Sie zwei Listen, eine für die JPEG- und eine für die Textdateien, und benutzen dann `cut`, um deren Dateierweiterungen *.txt* bzw. *.jpg* zu entfernen:

```
$ ls *.jpg | cut -d. -f1
bald_eagle
blue_jay
cardinal
robin
wren
$ ls *.txt | cut -d. -f1
bald_eagle
cardinal
oriole
robin
wren
```

Dann vergleichen Sie die Listen mit `diff` mithilfe der Prozesssubstitution:

```
$ diff <(ls *.jpg | cut -d. -f1) <(ls *.txt | cut -d. -f1)
2d1
< blue_jay
3a3
> oriole
```

Sie könnten hier anhalten, weil die Ausgabe anzeigt, dass die erste Liste einen zusätzlichen *blue_jay* aufweist (also eine Datei *blue_jay.jpg*) und die zweite Liste einen zusätzlichen *oriole* (das heißt: *oriole.txt*). Nichtsdestotrotz möchten wir genauere Ergebnisse haben. Eliminieren Sie unerwünschte Zeilen, indem Sie mit `grep` nach den Zeichen < und > am Anfang der einzelnen Zeilen greifen:

```
$ diff <(ls *.jpg | cut -d. -f1) <(ls *.txt | cut -d. -f1) \
  | grep '^[<>]'
< blue_jay
> oriole
```

Benutzen Sie dann awk, um an jeden Dateinamen die korrekte Dateierweiterung anzuhängen ($2), die davon abhängt, ob vor dem Dateinamen jeweils ein < oder ein > steht:

```
$ diff <(ls *.jpg | cut -d. -f1) <(ls *.txt | cut -d. -f1) \
  | grep '^[<>]' \
  | awk '/^</{print $2 ".jpg"} /^>/{print $2 ".txt"}'
blue_jay.jpg
oriole.txt
```

Sie haben nun eine Liste nicht zusammengehörender Dateien. Allerdings enthält diese Lösung einen kleinen Bug. Angenommen, im aktuellen Verzeichnis steht der Dateiname *yellow.canary.jpg*, der zwei Punkte enthält. Der vorangegangene Befehl würde eine falsche Ausgabe erzeugen:

```
blue_jay.jpg
oriole.txt
yellow.jpg                          Das ist falsch.
```

Dieses Problem tritt auf, weil die zwei cut-Befehle Zeichen vom ersten Punkt an entfernen statt vom zweiten, sodass *yellow.canary.jpg* auf *yellow* abgeschnitten wird statt auf *yellow.canary*. Um dieses Problem zu beheben, ersetzen Sie cut durch sed, um Zeichen vom letzten Punkt bis zum Ende des Strings zu entfernen:

```
$ diff <(ls *.jpg | sed 's/\.[^.]*$//') \
       <(ls *.txt | sed 's/\.[^.]*$//') \
  | grep '^[<>]' \
  | awk '/</{print $2 ".jpg"} />/{print $2 ".txt"}'
blue_jay.txt
oriole.jpg
yellow.canary.txt
```

Die erste Lösung ist nun fertig. Die zweite Lösung verfolgt einen anderen Ansatz. Anstatt diff auf zwei Listen anzuwenden, generieren Sie eine einzige Liste und entfernen zusammengehörende Dateinamenpaare. Beginnen Sie damit, dass Sie die Dateierweiterungen mit sed entfernen (wobei Sie dasselbe sed-Skript benutzen wie eben) und die Vorkommen der einzelnen Strings mit uniq -c zählen:

```
$ ls *.{jpg,txt} \
  | sed 's/\.[^.]*$//' \
  | uniq -c
      2 bald_eagle
      1 blue_jay
      2 cardinal
      1 oriole
      2 robin
      2 wren
      1 yellow.canary
```

Jede Zeile der Ausgabe enthält entweder die Zahl 2, die ein zusammengehörendes Paar aus Dateinamen repräsentiert, oder die Zahl 1, die für einen unzusammenhängenden Dateinamen steht. Isolieren Sie mit awk Zeilen, die mit Whitespace und einer 1 beginnen, und geben Sie nur das zweite Feld aus:

```
$ ls *.{jpg,txt} \
  | sed 's/\.[^.]*$//' \
  | uniq -c \
  | awk '/^ *1 /{print $2}'
blue_jay
oriole
yellow.canary
```

Wie können Sie für den letzten Schritt die fehlenden Dateierweiterungen hinzufügen? Geben Sie sich nicht mit komplizierten String-Manipulationen ab. Benutzen Sie einfach ls, um die tatsächlichen Dateien im aktuellen Verzeichnis aufzulisten. Kleben Sie mit awk einen Asterisk (ein Wildcard-Zeichen) an das Ende der einzelnen Ausgabezeilen:

```
$ ls *.{jpg,txt} \
  | sed 's/\.[^.]*$//' \
  | uniq -c \
  | awk '/^ *1 /{print $2 "*"}'
blue_jay*
oriole*
yellow.canary*
```

und übergeben Sie die Zeilen dann über eine Befehlssubstitution an ls. Die Shell führt ein Pattern Matching durch, und ls listet die nicht zugeordneten Dateinamen auf. Fertig!

```
$ ls -1 $(ls *.{jpg,txt} \
  | sed 's/\.[^.]*$//' \
  | uniq -c \
  | awk '/^ *1 /{print $2 "*"}')
blue_jay.jpg
oriole.txt
yellow.canary.jpg
```

Ein CDPATH aus Ihrem Home-Verzeichnis generieren

Im Abschnitt »Organisieren Sie Ihr Home-Verzeichnis für eine schnelle Navigation« auf Seite 75 haben Sie von Hand eine komplizierte CDPATH-Zeile geschrieben. Sie begann mit $HOME, gefolgt von all den Unterverzeichnissen von $HOME, und sie endete mit dem relativen Pfad .. (dem übergeordneten Verzeichnis):

```
CDPATH=$HOME:$HOME/Work:$HOME/Family:$HOME/Finances:$HOME/Linux:$HOME/Music:..
```

Bauen wir einen frechen Einzeiler, der diese CDPATH-Zeile automatisch erzeugt, sodass sie sich für das Einfügen in eine bash-Konfigurationsdatei eignet. Beginnen Sie mit der Liste der Unterverzeichnisse in $HOME. Verwenden Sie dabei eine Subshell, um zu verhindern, dass der Befehl cd das aktuelle Verzeichnis Ihrer Shell ändert:

```
$ (cd && ls -d */)
Family/  Finances/  Linux/  Music/  Work/
```

Fügen Sie mit sed vor jedem Verzeichnis $HOME/ hinzu:

```
$ (cd && ls -d */) | sed 's/^/$HOME\//g'
$HOME/Family/
$HOME/Finances/
$HOME/Linux/
$HOME/Music/
$HOME/Work/
```

Das gezeigte sed-Skript ist ein bisschen kompliziert, weil der Ersetzungsstring, $HOME/, einen Schrägstrich enthält und sed-Substitutionen ebenfalls Schrägstriche als Trennzeichen verwenden. Deshalb habe ich meinen Schrägstrich geschützt: $HOME\/. Um die Dinge ein wenig zu vereinfachen, sollten Sie sich aus »Substitution und Schrägstriche« (siehe Seite 112) ins Gedächtnis zurückrufen, dass sed jedes genehme Zeichen als Trennzeichen akzeptiert. Benutzen wir also at-Zeichen (@) anstelle der Schrägstriche, denn auf diese Weise ist kein zusätzlicher Schutz erforderlich:

```
$ (cd && ls -d */) | sed 's@^@$HOME/@g'
$HOME/Family/
$HOME/Finances/
$HOME/Linux/
$HOME/Music/
$HOME/Work/
```

Als Nächstes schneiden wir den letzten Schrägstrich mit einem weiteren sed-Ausdruck ab:

```
$ (cd && ls -d */) | sed -e 's@^@$HOME/@' -e 's@/$@@'
$HOME/Family
$HOME/Finances
$HOME/Linux
$HOME/Music
$HOME/Work
```

Geben Sie die Ausgabe mittels echo und einer Befehlssubstitution auf einer einzigen Zeile aus. Beachten Sie, dass Sie nun keine runden Klammern mehr um cd und ls herum benötigen, um explizit eine Subshell zu erzeugen, weil die Befehlssubstitution eine eigene Subshell anlegt:

```
$ echo $(cd && ls -d */ | sed -e 's@^@$HOME/@' -e 's@/$@@')
$HOME/Family $HOME/Finances $HOME/Linux $HOME/Music $HOME/Work
```

Fügen Sie das erste Verzeichnis $HOME und das letzte relative Verzeichnis .. hinzu:

```
$ echo '$HOME' \
       $(cd && ls -d */ | sed -e 's@^@$HOME/@' -e 's@/$@@') \
       ..
$HOME $HOME/Family $HOME/Finances $HOME/Linux $HOME/Music $HOME/Work ..
```

Ändern Sie die Leerzeichen in Doppelpunkte, indem Sie die gesamte bisher verfügbare Ausgabe mit einer Pipeline an `tr` leiten:

```
$ echo '$HOME' \
       $(cd && ls -d */ | sed -e 's@^@$HOME/@' -e 's@/$@@') \
       .. \
  | tr ' ' ':'
$HOME:$HOME/Family:$HOME/Finances:$HOME/Linux:$HOME/Music:$HOME/Work:..
```

Fügen Sie zum Schluss die Umgebungsvariable `CDPATH` hinzu, und Sie haben eine Variablendefinition generiert, die Sie in eine `bash`-Konfigurationsdatei einfügen können. Speichern Sie diesen Befehl in einem Skript, damit Sie die Zeile jederzeit generieren können – etwa wenn Sie ein neues Unterverzeichnis zu `$HOME` hinzufügen:

```
$ echo 'CDPATH=$HOME' \
       $(cd && ls -d */ | sed -e 's@^@$HOME/@' -e 's@/$@@') \
       .. \
  | tr ' ' ':'
CDPATH=$HOME:$HOME/Family:$HOME/Finances:$HOME/Linux:$HOME/Music:$HOME/Work:..
```

Testdateien generieren

Eine übliche Aufgabe in der Softwarebranche ist das Testen – das heißt das Einspeisen einer großen Vielfalt an Daten in ein Programm, um zu bestätigen, dass das Programm sich so verhält, wie es vorgesehen ist. Der nächste freche Einzeiler generiert 1.000 Dateien, die beliebigen Text enthalten, die beim Testen von Software benutzt werden können. Die Zahl 1.000 ist rein zufällig; Sie können so viele Dateien generieren, wie Sie wollen.

Die Lösung wählt zufällig Wörter aus einer großen Textdatei aus und erzeugt 1.000 kleinere Dateien mit zufälligen Inhalten und Längen. Eine perfekte Datei ist das Systemwörterbuch */usr/share/dict/words*, das 102.305 Wörter enthält, die jeweils auf einer eigenen Zeile stehen.

```
$ wc -l /usr/share/dict/words
102305 /usr/share/dict/words
```

Um diesen frechen Einzeiler zu erzeugen, müssen Sie vier Rätsel lösen:

1. Die Wörterbuchdatei zufällig mischen.
2. Eine willkürliche Anzahl an Zeilen aus der Wörterbuchdatei auswählen.
3. Eine Ausgabedatei für die Ergebnisse erzeugen.
4. Ihre Lösung tausendmal ausführen.

Um das Wörterbuch in eine zufällige Reihenfolge zu bringen, benutzen Sie den Befehl `shuf`. Jeder Durchlauf des Befehls `shuf /usr/share/dict/words` erzeugt mehr als 1.000 Ausgabezeilen. Werfen Sie mit `head` einen Blick auf die ersten Zeilen der zufälligen Ausgabe:

```
$ shuf /usr/share/dict/words | head -n3
evermore
shirttail
tertiary
$ shuf /usr/share/dict/words | head -n3
interactively
opt
perjurer
```

Ihr erstes Rätsel ist gelöst. Wie können Sie nun eine willkürlich große Menge an Zeilen aus dem gemischten Wörterbuch auswählen? `shuf` besitzt eine Option `-n` zum Ausgeben einer bestimmten Anzahl an Zeilen, allerdings wollen Sie, dass sich der Wert für jede der Ausgabedateien, die Sie erzeugen, ändert. Glücklicherweise kennt `bash` die Variable `RANDOM`, die einen zufälligen positiven Integer-Wert zwischen 0 und 32.767 enthält. Ihr Wert ändert sich jedes Mal, wenn Sie auf die Variable zugreifen:

```
$ echo $RANDOM $RANDOM $RANDOM
7855 11134 262
```

Führen Sie deshalb `shuf` mit der Option `-n $RANDOM` aus, um eine zufällige Anzahl an Zeilen auszugeben. Auch hier könnte die vollständige Ausgabe sehr lang sein, leiten Sie deshalb die Ergebnisse in einer Pipeline an `wc -l`, um zu bestätigen, dass die Zeilenzahl bei jeder Ausführung anders ist:

```
$ shuf -n $RANDOM /usr/share/dict/words | wc -l
9922
$ shuf -n $RANDOM /usr/share/dict/words | wc -l
32465
```

Sie haben das zweite Rätsel gelöst. Nun brauchen Sie 1.000 Ausgabedateien oder, genauer gesagt, 1.000 unterschiedliche Dateinamen. Zum Generieren von Dateinamen führen Sie das Programm `pwgen` aus, das zufällige Strings aus Buchstaben und Ziffern erzeugt:

```
$ pwgen
eng9nooG ier6YeVu AhZ7naeG Ap3quail poo2Ooj9 OYiuri9m iQuashOE voo3Eph1
IeQu7mi6 eipaC2ti exah8iNg oeGhahm8 airooJ8N eiZ7neez Dah8Vooj dixiV1fu
Xiejoti6 ieshei2K iX4isohk Ohm5gaol Ri9ah4eX Aiv1ahg3 Shaew3ko zohB4geu
...
```

Fügen Sie die Option `-N1` hinzu, um nur einen einzigen String zu generieren, und geben Sie die String-Länge (10) als Argument an:

```
$ pwgen -N1 10
ieb2ESheiw
```

Lassen Sie den String optional eher wie den Namen einer Textdatei aussehen. Dabei hilft Ihnen eine Befehlssubstitution:

```
$ echo $(pwgen -N1 10).txt
ohTie8aifo.txt
```

Das dritte Rätsel ist ebenfalls gelöst! Sie haben nun alle Werkzeuge, um eine einzelne zufällige Textdatei zu generieren. Verwenden Sie die Option -o mit shuf, um dessen Ausgabe in einer Datei zu speichern:

```
$ mkdir -p /tmp/randomfiles && cd /tmp/randomfiles
$ shuf -n $RANDOM -o $(pwgen -N1 10).txt /usr/share/dict/words
```

und überprüfen Sie die Ergebnisse:

```
$ ls                           Listet die neue Datei auf.
Ahxiedie2f.txt
$ wc -l Ahxiedie2f.txt         Wie viele Zeilen enthält sie?
13544 Ahxiedie2f.txt
$ head -n3 Ahxiedie2f.txt      Ein Blick auf die ersten Zeilen.
saviors
guerillas
forecaster
```

Sieht gut aus! Das letzte Rätsel besteht darin, herauszufinden, wie sich der gezeigte shuf-Befehl tausendmal ausführen lässt. Sie könnten sicher eine Schleife verwenden:

```
for i in {1..1000}; do
  shuf -n $RANDOM -o $(pwgen -N1 10).txt /usr/share/dict/words
done
```

Aber das macht nicht so viel Spaß wie das Herstellen eines frechen Einzeilers. Stattdessen bereiten wir die Befehle als Strings vor und leiten sie mit einer Pipeline an die bash. Als Test geben Sie den gewünschten Befehl einmal mit echo aus. Fügen Sie einfache Anführungszeichen hinzu, um sicherzustellen, dass $RANDOM nicht ausgewertet wird und pwgen nicht läuft:

```
$ echo 'shuf -n $RANDOM -o $(pwgen -N1 10).txt /usr/share/dict/words'
shuf -n $RANDOM -o $(pwgen -N1 10).txt /usr/share/dict/words
```

Dieser Befehl kann leicht mit einer Pipeline zur Ausführung an die bash weitergeleitet werden:

```
$ echo 'shuf -n $RANDOM -o $(pwgen -N1 10).txt /usr/share/dict/words' | bash
$ ls
eiFohpies1.txt
```

Geben Sie nun den Befehl tausendmal aus. Dazu verwenden Sie den Befehl yes, der in einer Pipeline an head geleitet wird, und leiten die Ergebnisse dann in einer Pipeline an bash weiter. Sie haben das vierte Rätsel gelöst:

```
$ yes 'shuf -n $RANDOM -o $(pwgen -N1 10).txt /usr/share/dict/words' \
  | head -n 1000 \
  | bash
$ ls
Aen1lee0ir.txt  IeKaveixa6.txt  ahDee9lah2.txt paeR1Poh3d.txt
Ahxiedie2f.txt  Kas8ooJahK.txt  aoc0Yoohoh.txt sohl7Nohho.txt
CudieNgee4.txt  Oe5ophae8e.txt  haiV9mahNg.txt uchiek3Eew.txt
...
```

Hätten Sie anstelle der Textdateien lieber 1.000 zufällige Bilddateien, nutzen Sie dieselbe Technik (yes, head und bash) und ersetzen shuf durch einen Befehl, der ein zufälliges Bild generiert. Hier ist ein Einzeiler, den ich aus einer Lösung von Mark Setchell aus Stack Overflow (*https://oreil.ly/ruDwG*) adaptiert habe. Diese führt den Befehl convert aus dem Grafikpaket ImageMagick aus, um zufällige Bilder der Größe 100 x 100 Pixel zu erzeugen, die aus farbigen Quadraten bestehen:

```
$ yes 'convert -size 8x8 xc: +noise Random -scale 100x100 $(pwgen -N1 10).png' \
  | head -n 1000 \
  | bash
$ ls
Bahdo4Yaop.png  Um8ju8gie5.png  aing1QuaiX.png  ohi4ziNuwo.png
Eem5leijae.png  Va7ohchiep.png  eiMoog1kou.png  ohnohwu4Ei.png
Eozaing1ie.png  Zaev4Quien.png  hiecima2Ye.png  quaepaiY9t.png
...
$ display Bahdo4Yaop.png            Das erste Bild anschauen.
```

Leere Dateien generieren

Manchmal brauchen Sie zum Testen nur einfach eine große Menge an Dateien mit unterschiedlichen Namen, selbst wenn sie leer sind. Das Generieren von 1.000 leeren Dateien, die *file0001.txt* bis *file1000.txt* benannt sind, ist ganz einfach:

```
$ mkdir /tmp/empties            Anlegen eines Verzeichnisses für die Dateien
$ cd /tmp/empties
$ touch file{01..1000}.txt      Generieren der Dateien
```

Falls Sie interessantere Dateinamen bevorzugen, entnehmen Sie diese willkürlich dem Systemwörterbuch. Verwenden Sie grep, um die Namen aus Gründen der Einfachheit auf Kleinbuchstaben zu beschränken (wodurch Sie Leerzeichen, Apostrophe und andere Zeichen vermeiden, die für die Shell eine spezielle Bedeutung haben würden):

```
$ grep '^[a-z]*$' /usr/share/dict/words
a
aardvark
aardvarks
...
```

Mischen Sie die Namen mit shuf und geben Sie die ersten 1.000 mit head aus:

```
$ grep '^[a-z]*$' /usr/share/dict/words | shuf | head -n1000
triplicating
quadruplicates
podiatrists
...
```

Leiten Sie die Ergebnisse schließlich mit einer Pipeline an xargs, um mit touch die Dateien zu erzeugen:

```
$ grep '^[a-z]*$' /usr/share/dict/words | shuf | head -n1000 | xargs touch
$ ls
abases          distinctly     magnolia       sadden
abets           distrusts      maintaining    sales
aboard          divided        malformation   salmon
...
```

Zusammenfassung

Ich hoffe, dass Ihnen die Beispiele in diesem Kapitel geholfen haben, Ihre Fähigkeiten beim Schreiben von frechen Einzeilern zu stärken. Einige davon bieten reproduzierbare Muster, die Ihnen auch in anderen Situationen nützlich sein könnten.

Einen Hinweis habe ich aber noch: Freche Einzeiler sind nicht die einzige Lösung, die es gibt. Sie sind nur ein Ansatz zum effizienten Arbeiten auf der Kommandozeile. Manchmal ist es sinnvoller, ein Shell-Skript zu schreiben. Und dann wieder kann es sein, dass Sie bessere Lösungen finden, wenn Sie auf eine Programmiersprache wie Perl oder Python setzen. Dennoch ist das Schreiben von Einzeilern eine entscheidende Fertigkeit, um wichtige Aufgaben schnell und stilvoll zu erledigen.

KAPITEL 9

Textdateien wirksam einsetzen

Einfacher (»Plain«) Text ist auf vielen Linux-Systemen das gebräuchlichste Datenformat. Der Inhalt, der in den meisten Pipelines von Befehl zu Befehl geschickt wird, ist Text. Die Quellcodedateien von Programmierern, die Systemkonfigurationsdateien in */etc* sowie HTML- und Markdown-Dateien sind Textdateien. E-Mail-Nachrichten sind Text; selbst Anhänge werden intern zum Transport als Text gespeichert. Sie könnten sogar alltägliche Dateien wie Einkaufslisten und persönliche Notizen als Text speichern.

Betrachten Sie demgegenüber einmal das heutige Internet, einen Mischmasch aus Streaming-Audio und -Video, Social-Media-Posts, im Browser vorliegenden Dokumenten in Google Docs und Office 365, PDFs und anderen Rich-Media-Daten. (Ganz zu schweigen von den Daten, die von mobilen Apps verarbeitet werden, die das Konzept einer »Datei« vor einer ganzen Generation versteckt haben.) Vor diesem Hintergrund wirken einfache Textdateien geradezu altmodisch.

Dennoch kann jede Textdatei zu einer reichhaltigen Datenquelle werden, die Sie mit sorgfältig gestalteten Linux-Befehlen ausbeuten können, vor allem wenn der Text strukturiert ist. Jede Zeile in der Datei */etc/passwd* zum Beispiel repräsentiert einen Linux-Benutzer und besitzt sieben Felder, einschließlich des Benutzernamens, einer numerischen Benutzer-ID, des Home-Verzeichnisses und mehr. Die Felder sind durch Doppelpunkte getrennt, sodass die Datei leicht mithilfe von `cut -d:` oder `awk -F:` analysiert werden kann. Hier ist ein Befehl, der alle Benutzernamen (das erste Feld) alphabetisch ausgibt:

```
$ cut -d: -f1 /etc/passwd | sort
avahi
backup
daemon
...
```

Und hier ist einer, der menschliche Benutzer anhand ihrer numerischen Benutzer-IDs von Systemkonten trennt und den Benutzern eine Willkommens-E-Mail schickt. Bauen wir uns diesen Einzeiler Schritt für Schritt zusammen. Zuerst verwenden Sie awk, um die Benutzernamen (Feld 1) auszugeben, wenn die numerische Benutzer-ID (Feld 3) 1000 oder größer ist:

```
$ awk -F: '$3>=1000 {print $1}' /etc/passwd
jones
smith
```

Dann werden die Grüße erzeugt, und zwar mittels einer Pipeline an xargs:

```
$ awk -F: '$3>=1000 {print $1}' /etc/passwd \
  | xargs -I@ echo "Hallo, @!"
Hallo, jones!
Hallo, smith!
```

Danach generieren Sie Befehle (Strings), um die einzelnen Begrüßungen in einer Pipeline an den Befehl mail zu leiten, der eine E-Mail mit einer bestimmten Betreffzeile (-s) an einen bestimmten Benutzer sendet:

```
$ awk -F: '$3>=1000 {print $1}' /etc/passwd \
  | xargs -I@ echo 'echo "Hi there, @!" | mail -s Gruesse @'
echo "Hallo, jones!" | mail -s Gruesse jones
echo "Hallo, smith!" | mail -s Gruesse smith
```

Schließlich leiten Sie die generierten Befehle mit einer Pipeline an die bash, um die E-Mails zu senden:

```
$ awk -F: '$3>=1000 {print $1}' /etc/passwd \
  | xargs -I@ echo 'echo "Hallo, @!" | mail -s Gruesse @' \
  | bash
echo "Hallo, jones!" | mail -s Gruesse jones
echo "Hallo, smith!" | mail -s Gruesse smith
```

Die gezeigten Lösungen beginnen, wie so viele andere in diesem Buch, mit einer vorhandenen Textdatei und manipulieren deren Inhalt mit Befehlen. Es wird Zeit, diesen Ansatz umzukehren und bewusst *neue Textdateien zu entwerfen*, die gut mit Linux-Befehlen zusammenspielen.[1] Es ist eine Gewinnerstrategie, um wirklich effizient auf einem Linux-System zu arbeiten. Alles, was nötig ist, sind vier Schritte:

1. Ein zu lösendes Geschäftsproblem erkennen, das mit Daten zu tun hat.
2. Speichern der Daten in einer Textdatei in einem passenden Format.
3. Erfinden von Linux-Befehlen, die diese Datei verarbeiten, um das Problem zu lösen.
4. (*optional*) Festhalten dieser Befehle in Skripten, Aliasen oder Funktionen, um sie einfacher ausführen zu können.

In diesem Kapitel konstruieren Sie eine Vielzahl an strukturierten Textdateien und erzeugen Befehle, um diese zu verarbeiten und damit verschiedene Probleme zu lösen.

1 Dieses Vorgehen ist vergleichbar mit dem Entwurf eines Datenbankschemas, das gut mit bekannten Abfragen zusammenarbeitet.

Ein erstes Beispiel: Dateien finden

Nehmen wir einmal an, Ihr Home-Verzeichnis enthielte Zehntausende von Dateien und Unterverzeichnissen und Sie könnten sich mal wieder nicht daran erinnern, wohin Sie etwas gespeichert haben. Der Befehl `find` findet eine Datei anhand des Namens, also etwa *animals.txt*:

```
$ find $HOME -name animals.txt -print
/home/smith/Work/Writing/Books/Lists/animals.txt
```

Allerdings ist `find` langsam, weil es Ihr gesamtes Home-Verzeichnis durchsucht und Sie regelmäßig Dateien finden müssen. Dies ist Schritt 1, Erkennen eines Geschäftsproblems, das mit Daten zu tun hat: schnelles Auffinden von Dateien anhand ihres Namens in Ihrem Home-Verzeichnis.

Schritt 2 besteht darin, die Daten in einem passenden Format in einer Textdatei zu speichern. Führen Sie einmal `find` aus, um eine Liste all Ihrer Dateien und Verzeichnisse mit einem Dateipfad pro Zeile zu erstellen. Speichern Sie diese Liste in einer verborgenen Datei:

```
$ find $HOME -print > $HOME/.ALLFILES
$ head -n3 $HOME/.ALLFILES
/home/smith
/home/smith/Work
/home/smith/Work/resume.pdf
...
```

Nun haben Sie die Daten: einen zeilenweisen Index Ihrer Dateien. In Schritt 3 geht es darum, Linux-Befehle zu erfinden, mit denen sich die Suche nach Dateien beschleunigen lässt. Dazu verwenden wir grep. Es ist viel schneller, mit grep durch eine große Datei zu gehen, als `find` in einem großen Verzeichnisbaum auszuführen:

```
$ grep animals.txt $HOME/.ALLFILES
/home/smith/Work/Writing/Books/Lists/animals.txt
```

Schritt 4 besteht darin, die Ausführung des Befehls zu erleichtern. Schreiben Sie ein einzeiliges Skript namens `ff` für *find files*, das grep mit vom Benutzer vorgegebenen Optionen und einem Suchstring ausführt, wie in Beispiel 9-1 gezeigt.

Beispiel 9-1: Das ff-Skript

```
#!/bin/bash
# $@ bedeutet alle Argumente, die dem Skript übergeben werden.
grep "$@" $HOME/.ALLFILES
```

Machen Sie das Skript ausführbar und legen Sie es in einem Verzeichnis in Ihrem Suchpfad ab, also etwa in Ihrem persönlichen *bin*-Unterverzeichnis:

```
$ chmod +x ff
$ echo $PATH                                  Überprüfen Sie Ihren Suchpfad.
/home/smith/bin:/usr/local/bin:/usr/bin:/bin
$ mv ff ~/bin
```

Führen Sie immer dann ff aus, wenn Sie schnell Dateien finden wollen, sich aber nicht erinnern können, wo Sie sie abgelegt haben.

```
$ ff animal
/home/smith/Work/Writing/Books/Lists/animals.txt
$ ff -i animal | less   Groß-/Kleinschreibung spielt bei diesem grep keine Rolle.
/home/smith/Work/Writing/Books/Lists/animals.txt
/home/smith/Vacations/Zoos/Animals/pandas.txt
/home/smith/Vacations/Zoos/Animals/tigers.txt
...
$ ff -i animal | wc -l                          Wie viele Treffer?
16
```

Führen Sie immer wieder mal den Befehl find aus, um den Index zu aktualisieren. (Oder besser noch: Erzeugen Sie mit cron einen Job, der regelmäßig ausgeführt wird; siehe »Lernen Sie cron, crontab und at« auf Seite 215.) Voilà – Sie haben sich aus zwei kleinen Befehlen ein schnelles, flexibles Dateisuchwerkzeug gebaut. Linux-Systeme bieten auch andere Anwendungen, die schnell Dateien indizieren und suchen, wie etwa den Befehl locate und die Suchhilfsprogramme in GNOME, KDE Plasma und anderen Desktopumgebungen, aber das ist hier egal. Schauen Sie einfach, wie leicht es war, *selbst* etwas zu bauen. Und der Schlüssel zum Erfolg bestand in einer Textdatei in einem einfachen Format.

Das Ablaufdatum von Domains prüfen

Für das nächste Beispiel wollen wir einmal annehmen, dass Sie einige Internet-Domainnamen besitzen und im Auge behalten wollen, wann diese ablaufen, damit Sie sie rechtzeitig erneuern können. Das ist Schritt 1, Identifizieren des Geschäftsproblems. Schritt 2 ist es, eine Datei mit diesen Domainnamen zu erzeugen, also etwa *domains.txt*, mit einem Domainnamen pro Zeile:

```
example.com
oreilly.com
efficientlinux.com
...
```

In Schritt 3 sollen Befehle erfunden werden, die diese Textdatei nutzen, um die Ablaufdaten zu ermitteln. Beginnen Sie mit dem Befehl whois, der eine Registrierungsstelle nach Informationen über eine Domain abfragt:

```
$ whois example.com | less
Domain Name: EXAMPLE.COM
Registry Domain ID: 2336799_DOMAIN_COM-VRSN
Registrar WHOIS Server: whois.iana.org
Updated Date: 2021-08-14T07:01:44Z
Creation Date: 1995-08-14T04:00:00Z
Registry Expiry Date: 2022-08-13T04:00:00Z
...
```

Dem Ablaufdatum ist der String `Registry Expiry Date` vorangestellt, den Sie mit `grep` und `awk` isolieren können:

```
$ whois example.com | grep 'Registry Expiry Date:'
Registry Expiry Date: 2022-08-13T04:00:00Z
$ whois example.com | grep 'Registry Expiry Date:' | awk '{print $4}'
2022-08-13T04:00:00Z
```

Verbessern Sie die Lesbarkeit des Datums mit dem Befehl `date --date`, der einen Datumsstring aus einem Format in ein anderes konvertieren kann:

```
$ date --date 2022-08-13T04:00:00Z
Sat Aug 13 00:00:00 EDT 2022
$ date --date 2022-08-13T04:00:00Z +'%Y-%m-%d'        Jahr-Monat-Tag-Format
2022-08-13
```

Benutzen Sie eine Befehlssubstitution, um den Datumsstring aus `whois` an den `date`-Befehl zu übergeben:

```
$ echo $(whois example.com | grep 'Registry Expiry Date:' | awk '{print $4}')
2022-08-13T04:00:00Z
$ date \
  --date $(whois example.com \
          | grep 'Registry Expiry Date:' \
          | awk '{print $4}') \
  +'%Y-%m-%d'
2022-08-13
```

Sie haben nun einen Befehl, der eine Registrierungsstelle abfragt und ein Ablaufdatum ausgibt. Stellen Sie ein Skript `check-expiry` her, gezeigt in Beispiel 9-2, das den vorhergehenden Befehl ausführt und das Ablaufdatum, ein Tab und den Domainnamen ausgibt:

```
$ ./check-expiry example.com
2022-08-13       example.com
```

Beispiel 9-2: Das Skript check-expiry

```
#!/bin/bash
expdate=$(date \
            --date $(whois "$1" \
                 | grep 'Registry Expiry Date:' \
                 | awk '{print $4}') \
            +'%Y-%m-%d')
echo "$expdate    $1"                        # Zwei Werte, getrennt durch ein Tab.
```

Prüfen Sie mithilfe einer Schleife alle Domains in der Datei *domains.txt*. Erzeugen Sie ein neues Skript, `check-expiry-all`, wie in Beispiel 9-3 zu sehen.

Beispiel 9-3: Das Skript check-expiry-all

```
#!/bin/bash
cat domains.txt | while read domain; do
    ./check-expiry "$domain"
    sleep 5              # Seien Sie freundlich zum Server der Registrierungsstelle.
done
```

Führen Sie das Skript im Hintergrund aus, da es eine Weile dauern kann, sofern Sie viele Domains haben, und leiten Sie alle Ausgaben (Standardausgabe und Standardfehlerausgabe) in eine Datei um:

```
$ ./check-expiry-all &> expiry.txt &
```

Wenn das Skript fertig ist, enthält die Datei *expiry.txt* die gewünschten Informationen:

```
$ cat expiry.txt
2022-08-13	example.com
2022-05-26	oreilly.com
2022-09-17	efficientlinux.com
...
```

Hurra! Aber hören Sie hier nicht auf. Die Datei *expiry.txt* ist selbst ganz gut strukturiert und eignet sich mit ihren zwei Spalten, die durch Tabs getrennt sind, für eine Weiterverarbeitung. Sortieren Sie zum Beispiel die Datumsangaben und suchen Sie die Domain, die als Nächstes erneuert werden muss:

```
$ sort -n expiry.txt | head -n1
2022-05-26	oreilly.com
```

Oder nutzen Sie `awk`, um Domains zu finden, die abgelaufen sind oder am heutigen Tag ablaufen – das heißt, ihr Ablaufdatum (Feld 1) ist kleiner oder gleich dem heutigen Datum (ausgegeben mit `date +%Y-%m-%d`):

```
$ awk "\$1<=\"$(date +%Y-%m-%d)\"" expiry.txt
```

Einige Hinweise zu dem gerade gezeigten `awk`-Befehl:

- Ich habe das Dollarzeichen (vor `$1`) und die doppelten Anführungszeichen um den Datumsstring geschützt, damit die Shell sie nicht auswertet, bevor `awk` das kann.
- Ich habe ein bisschen geschummelt, indem ich den String-Operator `<=` benutzt haben, um Datumsangaben zu vergleichen. Es ist kein mathematischer Vergleich, sondern nur ein String-Vergleich, aber er funktioniert, weil das Datumsformat *`YYYY-MM-DD`* alphabetisch und chronologisch in der gleichen Reihenfolge sortiert wird.

Mit etwas mehr Aufwand könnten Sie Datumsberechnungen in `awk` durchführen, um Ablaufdaten zum Beispiel zwei Wochen im Voraus zu melden und dann einen regelmäßig ausgeführten Job einzurichten, der das Skript jede Nacht ausführt und Ihnen per E-Mail einen Bericht zuschickt. Experimentieren Sie ruhig ein wenig. Entscheidend ist hier wieder, dass Sie mit nur einer Handvoll von Befehlen ein nützliches Hilfsmittel zusammengebaut haben, das auf einer Textdatei beruht.

Eine Vorwahldatenbank bauen

Das nächste Beispiel nutzt eine Datei mit drei Feldern, die Sie auf vielerlei Art verarbeiten können. Die Datei mit dem Namen *areacodes.txt* enthält Telefonvorwahlen für die Vereinigten Staaten von Amerika. Sie können sie aus dem Zusatzmaterial (*https://efficientlinux.com/examples*) zu diesem Buch im Verzeichnis *chapter09/build_area_code_database* beziehen oder Ihre eigene Datei anlegen, etwa aus der Wikipedia (*https://oreil.ly/yz2M1*):[2]

```
201     NJ      Hackensack, Jersey City
202     DC      Washington
203     CT      New Haven, Stamford
...
989     MI      Saginaw
```

Tipp

Ordnen Sie die Felder mit den vorhersehbaren Längen zuerst an, sodass die Spalten ordentlich aussehen. Schauen Sie einmal, wie unordentlich die Datei wirkt, wenn Sie die Städtenamen in die erste Spalte setzen:

```
Hackensack, Jersey City     201     NJ
Washington                  202     DC
...
```

Wenn diese Datei erst einmal an Ort und Stelle ist, können Sie eine Menge damit anfangen. Suchen Sie Vorwahlen mit `grep` anhand des Staats heraus. Fügen Sie dabei die Option `-w` hinzu, um nur vollständige Wörter zu erfassen (falls anderer Text zufällig »NJ« enthält):

```
$ grep -w NJ areacodes.txt
201     NJ      Hackensack, Jersey City
551     NJ      Hackensack, Jersey City
609     NJ      Atlantic City, Trenton, southeast and central west
...
```

oder schlagen Sie Städte anhand der Vorwahlen:

```
$ grep -w 202 areacodes.txt
202     DC      Washington
```

oder nach irgendeinem String in der Datei nach:

```
$ grep Washing areacodes.txt
202     DC      Washington
227     MD      Silver Spring, Washington suburbs, Frederick
240     MD      Silver Spring, Washington suburbs, Frederick
...
```

Zählen Sie die Vorwahlen mit `wc`:

```
$ wc -l areacodes.txt
375 areacodes.txt
```

2 Die offizielle Liste der Vorwahlen im CSV-Format (*https://oreil.ly/SptWL*), die vom North American Numbering Plan Administrator gepflegt wird, enthält keine Städtenamen.

Suchen Sie den Staat mit den meisten Vorwahlen (Gewinner ist Kalifornien mit 38):

```
$ cut -f2 areacodes.txt | sort | uniq -c | sort -nr | head -n1
     38 CA
```

Konvertieren Sie die Datei in das CSV-Format, um sie in eine Tabellenkalkulation zu importieren. Geben Sie das dritte Feld in doppelte Anführungszeichen eingeschlossen aus, um zu verhindern, dass seine Kommata als CSV-Trennzeichen interpretiert werden:

```
$ awk -F'\t' '{printf "%s,%s,\"%s\"\n", $1, $2, $3}' areacodes.txt \
  > areacodes.csv
$ head -n3 areacodes.csv
201,NJ,"Hackensack, Jersey City"
202,DC,"Washington"
203,CT,"New Haven, Stamford"
```

Fassen Sie alle Vorwahlen für einen bestimmten Staat auf einer einzigen Zeile zusammen:

```
$ awk '$2~/^NJ$/{ac=ac FS $1} END {print "NJ:" ac}' areacodes.txt
NJ: 201 551 609 732 848 856 862 908 973
```

oder fassen Sie sie für jeden Staat zusammen, wobei Sie Arrays und `for`-Schleifen nutzen wie in »Den Duplikate-Detektor verbessern« auf Seite 109:

```
$ awk '{arr[$2]=arr[$2] " " $1} \
         END {for (i in arr) print i ":" arr[i]}' areacodes.txt \
  | sort
AB: 403 780
AK: 907
AL: 205 251 256 334 659
...
WY: 307
```

Verwandeln Sie die gerade gezeigten Befehle je nach Vorliebe in Aliase, Funktionen oder Skripte. Ein einfaches Beispiel ist das Skript `areacode` in Beispiel 9-4.

Beispiel 9-4: Das Skript areacode

```
#!/bin/bash
if [ -n "$1" ]; then
  grep -iw "$1" areacodes.txt
fi
```

Das Skript `areacode` sucht nach ganzen Wörtern in der Datei *areacodes.txt*, wie etwa der Vorwahl, der Abkürzung des Staats oder dem Namen der Stadt:

```
$ areacode 617
617     MA     Boston
```

Einen Passwortmanager bauen

Lassen Sie uns in einem letzten, ausführlichen Beispiel Benutzernamen, Passwörter und Notizen in einer verschlüsselten Textdatei abspeichern, und zwar in einem strukturierten Format für eine einfache Abfrage auf der Kommandozeile. Der resultierende Befehl ist ein einfacher Passwortmanager – eine Anwendung, die einem die Last abnimmt, sich viele komplizierte Passwörter merken zu müssen.

Warnung

Die Passwortverwaltung ist ein komplexes Thema in der Computersicherheit. Dieses Beispiel erzeugt einen extrem einfachen Passwortmanager zu Übungs- und Lehrzwecken. Verwenden Sie ihn nicht für wichtige Anwendungen mit echtem Sicherheitsbedarf.

Die Passwortdatei mit dem Namen *vault* besitzt drei Felder, die jeweils durch ein Tab-Zeichen getrennt sind:

- Benutzername
- Passwort
- Anmerkungen (beliebiger Text)

Erzeugen Sie die Datei *vault* und fügen Sie die Daten hinzu. Die Datei ist noch nicht verschlüsselt, sodass Sie momentan nur unechte Passwörter einfügen sollten:

```
$ touch vault                                      Erzeugt eine leere Datei.
$ chmod 600 vault                                  Setzt die Dateiberechtigungen.
$ emacs vault                                      Bearbeitet die Datei.
$ cat vault
sally     fake1     google.com account
ssmith    fake2     dropbox.com account for work
s999      fake3     Bank of America account, bankofamerica.com
smith2    fake4     My blog at wordpress.org
birdy     fake5     dropbox.com account for home
```

Speichern Sie *vault* an einem bekannten Ort:

```
$ mkdir ~/etc
$ mv vault ~/etc
```

Die Idee ist, ein Pattern-Matching-Programm wie grep oder awk zu benutzen, um Zeilen auszugeben, die einem bestimmten String entsprechen. Diese einfache, aber leistungsstarke Technik kann jeden Teil einer Zeile erfassen, nicht nur Benutzernamen oder Websites, zum Beispiel:

```
$ cd ~/etc
$ grep sally vault                            Erfasst einen Benutzernamen.
sally     fake1     google.com account
$ grep work vault                             Erfasst die Anmerkungen.
ssmith    fake2     dropbox.com account for work
$ grep drop vault                             Erfasst mehrere Zeilen.
ssmith    fake2     dropbox.com account for work
birdy     fake5     dropbox.com account for home
```

Halten Sie diese einfache Funktionalität in einem Skript fest. Anschließend wollen wir sie Schritt für Schritt verbessern und die Datei *vault* am Ende verschlüsseln. Nennen Sie das Skript pman für *Passwort Manager* und erzeugen Sie die einfache Version aus Beispiel 9-5.

Beispiel 9-5: pman, Version 1: So einfach es geht

```
#!/bin/bash
# Einfach nur passende Zeilen ausgeben.
grep "$1" $HOME/etc/vault
```

Speichern Sie das Skript in Ihrem Suchpfad:

```
$ chmod 700 pman
$ mv pman ~/bin
```

Probieren Sie das Skript aus:

```
$ pman goog
sally     fake1    google.com account
$ pman account
sally     fake1    google.com account
ssmith    fake2    dropbox.com account for work
s999      fake3    Bank of America account, bankofamerica.com
birdy     fake5    dropbox.com account for home
$ pman facebook                                  (erzeugt keine Ausgabe)
```

Die nächste Version in Beispiel 9-6 enthält dann schon eine kleine Fehlerüberprüfung und einige sinnvolle Variablennamen.

Beispiel 9-6: pman, Version 2: Fügt eine Fehlerüberprüfung hinzu

```
#!/bin/bash
# Festhalten des Skriptnamens.
# $0 ist der Pfad auf das Skript, und basename gibt den endgültigen Dateinamen aus.
PROGRAM=$(basename $0)
# Ort der Passwortdatei vault.
DATABASE=$HOME/etc/vault

# Sicherstellen, dass wenigstens ein Argument an das Skript übergeben wurde.
# Der Ausdruck >&2 leitet echo auf die Standardfehlerausgabe um
# statt auf die Standardausgabe.
if [ $# -ne 1 ]; then
    >&2 echo "$PROGRAM: Passwörter nach String suchen"
    >&2 echo "Verwendung: $PROGRAM String"
    exit 1
fi
# Speichert das erste Argument in einer freundlichen, benannten Variablen.
searchstring="$1"

# Durchsucht vault und gibt eine Fehlermeldung aus, falls nichts passt.
grep "$searchstring" "$DATABASE"
if [ $? -ne 0 ]; then
    >&2 echo "$PROGRAM: keine Treffer für '$searchstring'"
    exit 1
fi
```

Führen Sie das Skript aus:

```
$ pman
pman: Passwörter nach String suchen
Verwendung: pman String
$ pman smith
ssmith    fake2    dropbox.com account for work
smith2    fake4    My blog at wordpress.org
$ pman xyzzy
pman: keine Treffer für 'xyzzy'
```

Ein Nachteil dieser Technik besteht darin, dass sie nicht skaliert. Wenn *vault* Hunderte von Zeilen enthält und grep 63 von ihnen erfasst und ausgibt, müssen Sie diese »durch scharfes Hinschauen« durchsuchen, um das Passwort zu finden, das Sie brauchen. Verbessern Sie das Skript, indem Sie einen einmaligen Schlüssel (einen String) zu jeder Zeile in der dritten Spalte hinzufügen und pman so anpassen, dass es zuerst nach diesem einmaligen Schlüssel sucht. Die Datei *vault* sieht nun so aus (die dritte Spalte wurde fett gedruckt):

```
sally     fake1    google      google.com account
ssmith    fake2    dropbox     dropbox.com account for work
s999      fake3    bank        Bank of America account, bankofamerica.com
smith2    fake4    blog        My blog at wordpress.org
birdy     fake5    dropbox2    dropbox.com account for home
```

Beispiel 9-7 zeigt das aktualisierte Skript, das awk anstelle von grep einsetzt. Außerdem verwendet es eine Befehlssubstitution, um die Ausgabe zu erfassen und zu überprüfen, ob sie leer ist (der Test -z bedeutet »String der Länge null«). Falls Sie übrigens nach einem Schlüssel suchen, der in *vault* nicht existiert, fällt pman in sein ursprüngliches Verhalten zurück und gibt alle Zeilen aus, die dem Suchstring entsprechen.

Beispiel 9-7: pman, Version 3: Zuerst wird nach dem Schlüssel in der dritten Spalte gesucht

```
#!/bin/bash
PROGRAM=$(basename $0)
DATABASE=$HOME/etc/vault

if [ $# -ne 1 ]; then
    >&2 echo "$PROGRAM: Passwörter suchen"
    >&2 echo "Verwendung: $PROGRAM String"
    exit 1
fi
searchstring="$1"

# Suchen nach exakten Treffern in der dritten Spalte.
match=$(awk '$3~/^'$searchstring'$/' "$DATABASE")

# Falls der Suchstring keinem Schlüssel entspricht, werden alle Treffer gesucht.
if [ -z "$match" ]; then
    match=$(awk "/$searchstring/" "$DATABASE")
fi

# Falls es immer noch keinen Treffer gibt, wird eine Fehlermeldung ausgegeben,
# und das Skript wird beendet.
```

```
if [ -z "$match" ]; then
    >&2 echo "$PROGRAM: keine Treffer für '$searchstring'"
    exit 1
fi

# Ausgeben des Treffers.
echo "$match"
```

Führen Sie das Skript aus:

```
$ pman dropbox
ssmith    fake2    dropbox     dropbox.com account for work
$ pman drop
ssmith    fake2    dropbox     dropbox.com account for work
birdy     fake5    dropbox2    dropbox.com account for home
```

Die einfache Textdatei *vault* ist ein Sicherheitsrisiko. Verschlüsseln Sie sie deshalb mit dem Linux-Standardverschlüsselungsprogramm GnuPG, das als gpg aufgerufen wird. Falls Sie GnuPG bereits für den Einsatz eingerichtet haben, ist das großartig. Falls nicht, richten Sie es mit dem folgenden Befehl ein, bei dem Sie Ihre E-Mail-Adresse angeben:[3]

```
$ gpg --quick-generate-key Ihre_E-Mail-Adresse default default never
```

Sie werden nach einer Passphrase für den Schlüssel gefragt (zweimal). Geben Sie eine starke Passphrase an. Wenn gpg fertig ist, können Sie die Passwortdatei mit einer Public-Key-Verschlüsselung (Verschlüsselung mit öffentlichem Schlüssel) verschlüsseln. Dabei entsteht die Datei *vault.gpg*:

```
$ cd ~/etc
$ gpg -e -r Ihre_E-Mail-Adresse vault
$ ls vault*
vault   vault.gpg
```

Entschlüsseln Sie als Test die Datei *vault.gpg* auf die Standardausgabe:[4]

```
$ gpg -d -q vault.gpg
Passphrase: xxxxxxxx
sally     fake1    google     google.com account
ssmith    fake2    dropbox    dropbox.com account for work
...
```

Aktualisieren Sie dann Ihr Skript, sodass es die verschlüsselte Datei *vault.gpg* statt der einfachen Textdatei *vault* verwendet. Das bedeutet ein Entschlüsseln von *vault.gpg* auf die Standardausgabe und ein Weiterleiten seines Inhalts in einer Pipeline an awk für einen Vergleich, wie in Beispiel 9-8 gezeigt.

3 Dieser Befehl generiert ein öffentliches/privates Schlüsselpaar mit allen Standardoptionen und dem Ablaufdatum never. Für mehr Informationen siehe man gpg, um über die gpg-Optionen nachzulesen. Oder Sie suchen sich online ein GnuPG-Tutorial.

4 Falls gpg weitermacht, ohne nach Ihrer Passphrase zu fragen, hat es Ihre Passphrase temporär im Cache abgelegt (gesichert).

Beispiel 9-8: pman, Version 4: Verwenden einer verschlüsselten vault-Datei

```
#!/bin/bash
PROGRAM=$(basename $0)
# Use the encrypted file.
DATABASE=$HOME/etc/vault.gpg

if [ $# -ne 1 ]; then
    >&2 echo "$PROGRAM: Passwörter suchen"
    >&2 echo "Verwendung: $PROGRAM String"
    exit 1
fi
searchstring="$1"

# Speichern des entschlüsselten Texts in einer Variablen.
decrypted=$(gpg -d -q "$DATABASE")
# Suchen nach exakten Treffern in der dritten Spalte.
match=$(echo "$decrypted" | awk '$3~/^'$searchstring'$/')

# Falls der Suchstring nicht zu einem Schlüssel passt, werden alle Treffer gesucht.
if [ -z "$match" ]; then
    match=$(echo "$decrypted" | awk "/$searchstring/")
fi

# Falls es immer noch keinen Treffer gibt, wird eine Fehlermeldung ausgegeben,
# und das Skript wird beendet.
if [ -z "$match" ]; then
    >&2 echo "$PROGRAM: keine Treffer für '$searchstring'"
    exit 1
fi

# Ausgeben des Treffers
echo "$match"
```

Das Skript zeigt nun die Passwörter aus der verschlüsselten Datei an:

```
$ pman dropbox
Passphrase: xxxxxxxx
ssmith    fake2    dropbox     dropbox.com account for work
$ pman drop
Passphrase: xxxxxxxx
ssmith    fake2    dropbox     dropbox.com account for work
birdy     fake5    dropbox2    dropbox.com account for home
```

Es sind nun alle Teile für Ihren Passwortmanager vorhanden. Ein paar letzte Schritte fehlen aber noch:

- Sofern Sie überzeugt davon sind, dass Sie die Datei *vault.gpg* zuverlässig entschlüsseln können, löschen Sie die ursprüngliche *vault*-Datei.
- Wenn Sie wollen, ersetzen Sie die unechten Passwörter durch echte (siehe »Verschlüsselte Dateien direkt bearbeiten« auf Seite 188 für Hinweise zum Bearbeiten einer verschlüsselten Textdatei).
- Unterstützen Sie Kommentare in der Passwortdatei – Zeilen, die mit einem Hash-Zeichen (#) beginnen. Auf diese Weise können Sie Anmerkungen zu den

Einträgen machen. Dazu passen Sie das Skript so an, dass die entschlüsselten Einträge über eine Pipeline an grep -v geleitet werden, um alle Zeilen herauszufiltern, die mit einem Hash-Zeichen beginnen:

```
decrypted=$(gpg -d -q "$DATABASE" | grep -v '^#')
```

Das Ausgeben von Passwörtern auf der Standardausgabe ist aus Sicht der Sicherheit keine so großartige Idee. »Den Passwortmanager verbessern« auf Seite 208 passt das Skript so an, dass Passwörter kopiert und eingefügt statt ausgegeben werden.

Verschlüsselte Dateien direkt bearbeiten

Um eine verschlüsselte Datei zu verändern, wäre die direkteste, lästigste und unsicherste Methode das Entschlüsseln, Bearbeiten und erneute Verschlüsseln der Datei.

```
$ cd ~/etc
$ gpg vault.gpg                             Entschlüsseln.
Passphrase: xxxxxxxx
$ emacs vault                     Benutzen Sie Ihren Lieblingstexteditor.
$ gpg -e -r Ihre_E-Mail-Adresse vault       Selbst wieder verschlüsseln.
$ rm vault
```

Zum einfacheren Bearbeiten der Datei *vault.gpg* besitzen sowohl emacs als auch vim Modi zum Bearbeiten GnuPG-verschlüsselter Dateien. Fügen Sie zuerst diese Zeile einer bash-Konfigurationsdatei hinzu und laden Sie sie in allen damit verbundenen Shells neu:

```
export GPG_TTY=$(tty)
```

Für emacs richten Sie das EasyPG-Paket ein, das eingebaut ist. Fügen Sie die folgenden Zeilen der Konfigurationsdatei *$HOME/.emacs* hinzu und starten Sie emacs neu. Ersetzen Sie den String *GnuPG ID here* durch die E-Mail-Adresse, die mit Ihrem Schlüssel verknüpft ist, also etwa smith@example.com:

```
(load-library "pinentry")
(setq epa-pinentry-mode 'loopback)
(setq epa-file-encrypt-to "GnuPG ID here")
(pinentry-start)
```

Bearbeiten Sie dann die verschlüsselte Datei. emacs fragt Sie nach Ihrer Passphrase und entschlüsselt die Datei zur Bearbeitung in einen Puffer. Beim Speichern verschlüsselt emacs den Inhalt des Puffers.

Für vim nutzen Sie das Plug-in vim-gnupg (*https://oreil.ly/mnwYc*) und fügen diese Zeilen in die Konfigurationsdatei *$HOME/.vimrc* ein:

```
let g:GPGPreferArmor=1
let g:GPGDefaultRecipients=["GnuPG ID here"]
```

Sie sollten sich überlegen, einen Alias anzulegen, um die Passwortdatei bequem bearbeiten zu können. Verwenden Sie dazu die Technik aus dem Abschnitt »Häufig bearbeitete Dateien mit einem Alias bearbeiten« auf Seite 72:

```
alias pwedit="$EDITOR $HOME/etc/vault.gpg"
```

Zusammenfassung

Dateipfade, Domainnamen, Vorwahlen und Login-Daten sind nur einige Beispiele für Daten, die gut in einer strukturierten Textdatei funktionieren. Wie wäre es mit:

- Ihren Musikdateien? (Benutzen Sie einen Linux-Befehl wie `id3tool`, um die ID3-Informationen aus Ihren MP3-Dateien zu extrahieren und in einer Datei abzulegen.)
- den Kontakten auf Ihrem Mobilgerät? (Verwenden Sie eine App, um die Kontakte im CSV-Format zu exportieren, laden Sie sie auf einen Cloud-Speicher und laden Sie sie dann zur Verarbeitung auf Ihre Linux-Maschine herunter.)
- Ihren Schulnoten? (Benutzen Sie `awk`, um Ihren Notendurchschnitt im Auge zu behalten.)
- einer Liste von Filmen, die Sie gesehen, oder von Büchern, die Sie gelesen haben, mit zusätzlichen Daten (Bewertungen, Autoren, Schauspieler usw.)?

Auf diese Weise können Sie sich ein Ökosystem aus zeitsparenden Befehlen zusammenstellen, die für Sie persönlich bedeutsam oder für Ihre Arbeit wichtig sind. Ihrer Fantasie sind hier keine Grenzen gesetzt.

TEIL III
Zusätzliche Goodies

Die letzten Kapitel befassen sich mit spezielleren Themen: Einige werden ausführlich behandelt, andere dagegen nur kurz angerissen, um Ihren Appetit anzuregen und Sie zu ermutigen, mehr zu lernen.

KAPITEL 10

Effizient an der Tastatur

An einem typischen Tag auf einer typischen Linux-Workstation haben Sie vermutlich viele Anwendungsfenster geöffnet: Webbrowser, Texteditoren, Softwareentwicklungsumgebungen, Musikplayer, Videoeditoren, virtuelle Maschinen und so weiter. Manche Anwendungen sind grafisch orientiert, etwa ein Malprogramm, und auf ein Zeigegerät wie eine Maus oder einen Trackball zugeschnitten. Andere sind eher tastaturorientiert, wie eine Shell in einem Terminalprogramm. Ein typischer Linux-Anwender wechselt wahrscheinlich Dutzende (oder sogar Hunderte) Male pro Stunde zwischen Tastatur und Maus hin und her. Jeder Wechsel kostet Zeit. Er bremst Sie aus. Können Sie die Anzahl der Wechsel reduzieren, können Sie auch effizienter arbeiten.

In diesem Kapitel geht es darum, mehr Zeit an der Tastatur und weniger mit einem Zeigegerät zu verbringen. Zehn Finger, die hundert Tasten drücken, sind oft geschickter als einige weniger Finger auf einer Maus. Ich rede hier nicht nur über die Verwendung von Tastenkürzeln – ich bin zuversichtlich, dass Sie diese auch ohne dieses Buch herausbekommen (obwohl ich einige vorstellen werde). Ich rede über ein anderes Arbeiten, um die Geschwindigkeit alltäglicher Arbeiten hochzudrehen, die inhärent »mausig« wirken: das Arbeiten mit Fenstern, das Abfragen von Informationen aus dem Web und das Kopieren und Einfügen mit der Zwischenablage.

Mit Fenstern arbeiten

In diesem Abschnitt präsentiere ich Ihnen einige Tipps zum effizienten Starten von Fenstern, vor allem von Shell-Fenstern (Terminals) und Browserfenstern.

Instant-Shells und Browser

Die meisten Linux-Desktopumgebungen, wie GNOME, KDE Plasma, Unity und Cinnamon, bieten irgendeine Möglichkeit, um Hotkeys oder eigene Tastenkürzel zu definieren – besondere Tastenverbindungen, die Befehle starten oder andere

Operationen ausführen. Ich empfehle Ihnen unbedingt, sich Tastenkombinationen für diese häufig durchgeführten Operationen zu definieren:

- Öffnen eines neuen Shell-Fensters (eines Terminalprogramms)
- Öffnen eines neuen Webbrowserfensters

Wenn Sie diese Tastenkürzel definiert haben, können Sie jederzeit im Handumdrehen ein Terminal oder einen Browser öffnen, ganz egal, in welcher Anwendung Sie gerade stecken.[1] Um das einzurichten, müssen Sie Folgendes wissen:

Den Befehl, der Ihr bevorzugtes Terminalprogramm startet
: Beliebt sind unter anderem `gnome-terminal`, `konsole` und `xterm`.

Den Befehl, der Ihren bevorzugten Browser startet
: Beliebt sind unter anderem `firefox`, `google-chrome` und `opera`.

Wie Sie ein eigenes Tastenkürzel definieren
: Die Anweisungen hängen von der jeweiligen Desktopumgebung ab und können sich von Version zu Version unterscheiden. Suchen Sie am besten im Web nach Ihrer passenden Variante. Geben Sie bei der Suche den Namen Ihrer Desktopumgebung, gefolgt von »define keyboard shortcut«, »Tastenkürzel definieren« oder etwas Vergleichbarem an.

Auf meinem Desktop weise ich das Tastenkürzel Strg-Windows-T zu, um `konsole`, und Strg-Windows-C, um `google-chrome` auszuführen.

Arbeitsverzeichnisse

Wenn Sie in Ihrer Desktopumgebung eine Shell über ein Tastenkürzel starten, dann ist diese ein Kind Ihrer Login-Shell. Ihr aktuelles Verzeichnis ist Ihr Home-Verzeichnis (es sei denn, Sie haben die Shell irgendwie auf etwas anderes konfiguriert).

Vergleichen Sie das mit dem Öffnen einer neuen Shell aus Ihrem Terminalprogramm heraus – indem Sie explizit (zum Beispiel) `gnome-terminal` oder `xterm` auf der Kommandozeile ausführen oder das Menü Ihres Terminalprogramms verwenden, um ein neues Fenster zu öffnen. In diesem Fall ist die neue Shell ein Kind *der Shell dieses Terminals*. Ihr aktuelles Verzeichnis ist identisch mit dem ihres Elternprozesses, und das muss nicht unbedingt Ihr Home-Verzeichnis sein.

Einmalfenster

Angenommen, Sie sind gerade dabei, mehrere Anwendungen zu benutzen, als Sie plötzlich den Bedarf nach einer Shell verspüren, um einen Befehl auszuführen. Viele Benutzer würden sich die Maus schnappen und unter ihren offenen Fenstern nach einem laufenden Terminal suchen. Machen Sie das nicht – Sie verschwenden damit nur Zeit. Öffnen Sie stattdessen mit Ihrem Hotkey ein neues Terminalfens-

1 Das funktioniert, solange Sie nicht in einer Anwendung arbeiten, die alle Tastenbetätigungen abfängt, also etwa in einer virtuellen Maschine in einem Fenster.

ter, führen Sie Ihren Befehl aus und beenden Sie das Terminal im Anschluss gleich wieder.

Sobald Sie Hotkeys für den Start von Terminalprogrammen und Browserfenstern zugewiesen haben, können Sie diese Fenster völlig ungehemmt und in großer Zahl öffnen und schließen. Ich rate Ihnen sogar dazu! Erzeugen und zerstören Sie Terminals und Browserfenster regelmäßig, anstatt sie über einen langen Zeitraum geöffnet zu lassen. Ich bezeichne diese kurzlebigen Fenster als *Einmalfenster*. Sie öffnen sie schnell, benutzen sie für einige Augenblicke und schließen sie dann wieder.

Sie könnten einige Shells lange geöffnet lassen, falls Sie Software entwickeln oder andere langwierige Arbeiten erledigen, aber Einmalterminalfenster sind perfekt für alle anderen gelegentlichen Arbeiten, die Sie im Laufe eines Tages verrichten. *Oft geht es schneller, ein neues Terminal zu öffnen, als auf Ihrem Bildschirm nach einem bestehenden Terminal zu suchen.* Fragen Sie sich nicht: »Wo ist das Terminalfenster, das ich brauche?« Durchsuchen Sie nicht mühselig den Bildschirm danach. Starten Sie einfach ein neues und beenden Sie es, wenn es seinen Zweck erfüllt hat.

Das gilt auch für Webbrowserfenster. Haben Sie schon einmal nach einem langen Tag des Linux-Hackens entdeckt, dass Ihr Browser nur ein Fenster, aber dafür 83 geöffnete Tabs hat? Das ist ein Zeichen dafür, dass Sie zu wenige Einmalfenster benutzen. Öffnen Sie eines, schauen Sie sich die Webseite an, die Sie besuchen wollten, und schließen Sie es wieder. Sie müssen später noch einmal auf diese Seite? Suchen Sie sie in der Browser-History.

Browser-Tastenkürzel

Da wir schon einmal beim Thema der Browserfenster sind, sollten Sie sich vergewissern, dass Sie die wichtigsten Tastenkürzel aus Tabelle 10-1 kennen. Wenn Ihre Hände bereits auf der Tastatur liegen und Sie zu einer neuen Website gehen wollen, ist es oft schneller, Strg-L zu drücken, um in die Adressleiste zu springen, oder Strg-T, um einen Tab zu öffnen, als zu zeigen und zu klicken.

Tabelle 10-1: Die wichtigsten Tastenkürzel für Firefox, Google Chrome und Opera

Aktion	Tastenkürzel
Neues Fenster öffnen	Strg-N
Neues privates oder Inkognito-Fenster öffnen	Strg-Umschalt-P (Firefox), Strg-Umschalt-N (Chrome und Opera)
Neuen Tab öffnen	Strg-T
Tab schließen	Strg-W
Durch die Browsertabs blättern	Strg-Tab (blättert vorwärts) und Strg-Umschalt-Tab (blättert rückwärts)
In die Adressleiste springen	Strg-L (oder Alt-D oder F6)
Auf der aktuellen Seite nach Text suchen	Strg-F
Browser-History anzeigen	Strg-H

Fenster und Desktops wechseln

Wie finden Sie schnell ein gewünschtes Fenster, wenn Ihr Desktop schier verstopft ist mit Fenstern? Sie könnten sich durch das Chaos hindurchklicken, aber oft geht es schneller, das Tastenkürzel Alt-Tab zu benutzen. Drücken Sie immer wieder Alt-Tab, und Sie blättern nacheinander durch alle Fenster auf dem Desktop. Wenn Sie das gewünschte Fenster erreicht haben, lassen Sie die Tasten los. Das Fenster ist nun im Fokus und kann benutzt werden. Um in umgekehrter Richtung zu blättern, drücken Sie Alt-Umschalt-Tab.

Um durch alle Fenster auf dem Desktop zu blättern, die zur selben Anwendung gehören, also etwa durch alle Firefox-Fenster, drücken Sie Alt-` (Alt-Backquote oder Alt plus die Taste über der Tab-Taste). Zum Rückwärtsblättern drücken Sie zusätzlich die Umschalt-Taste (Alt-Umschalt-Backquote).

Nachdem Sie nun Fenster wechseln können, wollen wir über das Wechseln von Desktops sprechen. Falls Sie ernsthaft auf Linux arbeiten und nur einen Desktop verwenden, verpassen Sie eine großartige Gelegenheit, Ihre Arbeit zu organisieren. Mehrere Desktops, auch Workspaces oder virtuelle Desktops genannt, sind genau das, wonach sie klingen. Statt eines einzigen Desktops könnten Sie vier oder sechs oder mehr haben – jeweils mit eigenen Fenstern –, und Sie können zwischen ihnen umschalten.

Auf meiner Workstation, auf der Ubuntu Linux mit KDE Plasma läuft, führe ich sechs virtuelle Desktops aus, denen ich unterschiedliche Aufgaben zugewiesen habe. Desktop #1 ist mein Hauptarbeitsbereich mit E-Mail und Browser, #2 dient familienbezogenen Aufgaben, in #3 betreibe ich virtuelle Maschinen mit VMware, in #4 schreibe ich Bücher wie dieses hier, und #5 bis #6 sind für alle spontan anfallenden Aufgaben. Diese konsistenten Zuweisungen erlauben es mir, schnell und einfach meine offenen Fenster aus den unterschiedlichen Anwendungen zu finden.

Jede Linux-Desktopumgebung, wie GNOME, KDE Plasma, Cinnamon und Unity, besitzt ihre eigene Methode, um virtuelle Desktops umzusetzen. Und alle bieten einen grafischen »Umschalter« oder »Pager« zum Wechseln zwischen den Desktops. Ich empfehle Ihnen, Tastenkürzel in Ihrer Desktopumgebung zu definieren, um schnell zum gewünschten Desktop zu springen. Auf meinem Computer habe ich Windows-F1 bis Windows-F6 definiert, um schnell zu den Desktops #1 bis #6 zu springen.

Es gibt noch viele andere Stile zum Arbeiten mit Desktops und Fenstern. Manche Menschen benutzen einen Desktop pro Anwendung: einen Desktop für Shells, einen zum Surfen im Web, einen für die Textverarbeitung und so weiter. Andere User mit kleinen Laptop-Bildschirmen öffnen nur ein allerdings bildschirmfüllendes Fenster auf jedem Desktop statt mehrerer Fenster pro Desktop. Finden Sie für sich einen Stil, der funktioniert. Hauptsache, er ist schnell und effizient.

Webzugriff von der Kommandozeile

Browser zum Zeigen und Klicken sind fast schon synonym mit dem Web, dabei können Sie auf Websites auch von der Linux-Kommandozeile wirksam zugreifen.

Browserfenster von der Kommandozeile aus starten

Sie sind es vermutlich gewohnt, einen Webbrowser zu starten, indem Sie ein Icon anklicken oder antippen, dabei können Sie das auch von der Linux-Kommandozeile aus erledigen. Falls der Browser noch nicht läuft, setzen Sie ein Ampersand-Zeichen hinter den Befehl, um ihn im Hintergrund auszuführen und Ihren Shell-Prompt zurückzuerhalten:

```
$ firefox &
$ google-chrome &
$ opera &
```

Läuft ein bestimmter Browser bereits, lassen Sie das Ampersand-Zeichen weg. Der Befehl weist eine existierende Browserinstanz an, ein neues Fenster oder einen neuen Tab zu öffnen. Der Befehl beendet sich dann sofort und gibt Ihnen den Shell-Prompt zurück.

> **Tipp**
>
> Ein in den Hintergrund geschobener Befehl gibt möglicherweise Diagnosemeldungen aus und verstopft damit Ihr Shell-Fenster. Um das zu vermeiden, leiten Sie alle Ausgaben nach*/dev/null* um, wenn Sie den Browser das erste Mal starten, zum Beispiel:
>
> ```
> $ firefox &> /dev/null &
> ```

Um von der Kommandozeile aus einen Browser zu öffnen und eine URL zu besuchen, geben Sie die URL als Argument an:

```
$ firefox https://oreilly.com
$ google-chrome https://oreilly.com
$ opera https://oreilly.com
```

Die gerade gezeigten Befehle öffnen standardmäßig einen neuen Tab und bringen diesen in den Fokus. Um sie zu zwingen, stattdessen ein neues Fenster zu öffnen, fügen Sie eine Option hinzu:

```
$ firefox --new-window https://oreilly.com
$ google-chrome --new-window https://oreilly.com
$ opera --new-window https://oreilly.com
```

Um ein privates oder ein Inkognito-Browserfenster zu öffnen, fügen Sie die entsprechende Kommandozeilenoption hinzu:

```
$ firefox --private-window https://oreilly.com
$ google-chrome --incognito https://oreilly.com
$ opera --private https://oreilly.com
```

Diese Befehle scheinen eine Menge Aufwand und Tipparbeit zu bedeuten, doch Sie können sie effizient einsetzen, indem Sie Aliase für Sites einrichten, die Sie häufig besuchen:

```
# Setzen Sie dies in eine Shell-Konfigurationsdatei und laden Sie diese:
alias oreilly="firefox --new-window https://oreilly.com"
```

Falls Sie eine Datei haben, die eine URL enthält, für die Sie sich interessieren, extrahieren Sie diese URL mit grep, cut oder anderen Linux-Befehlen und übergeben sie mittels einer Befehlssubstitution auf der Kommandozeile an den Browser. Hier ist ein Beispiel mit einer durch Tabulatoren separierten Datei mit zwei Spalten:

```
$ cat urls.txt
duckduckgo.com      Meine Suchmaschine
nytimes.com         Meine Zeitung
spotify.com         Meine Musik
$ grep Musik urls.txt | cut -f1
spotify.com
$ google-chrome https://$(grep Musik urls.txt | cut -f1)        Spotify besuchen
```

Oder nehmen wir an, dass Sie Pakete, die Sie erwarten, mit einer Datei aus Tracking- oder Sendungsverfolgungsnummern im Auge behalten:

```
$ cat packages.txt
1Z0EW7360669374701        UPS      Schuhe
568733462924              FedEx    Küchenmixer
9305510823011761842873    USPS     Carepaket von Mama
```

Das Shell-Skript in Beispiel 10-1 öffnet die Tracking-Seiten der entsprechenden Paketdienste (UPS, FedEx oder US Postal Service), indem es die Tracking-Nummern an die jeweiligen URLs anhängt.

Beispiel 10-1: track-it-Skript, das die Tracking-Seite der Paketdienste aufruft

```
#!/bin/bash
PROGRAM=$(basename $0)
DATAFILE=packages.txt
# Wählen Sie einen Browserbefehl: firefox, opera, google-chrome
BROWSER="opera"
errors=0

cat "$DATAFILE" | while read line; do
  track=$(echo "$line" | awk '{print $1}')
  service=$(echo "$line" | awk '{print $2}')
  case "$service" in
    UPS)
      $BROWSER "https://www.ups.com/track?tracknum=$track" &
      ;;
    FedEx)
      $BROWSER "https://www.fedex.com/fedextrack/?trknbr=$track" &
      ;;
    USPS)
      $BROWSER "https://tools.usps.com/go/TrackConfirmAction?tLabels=$track" &
      ;;
    *)
```

```
      >&2 echo "$PROGRAM: Unbekannter Dienst '$service'"
      errors=1
      ;;
  esac
done
exit $errors
```

HTML mit curl und wget beziehen

Webbrowser sind nicht die einzigen Linux-Programme, die Websites besuchen. Die Programme `curl` und `wget` können Webseiten und andere Webinhalte mit einem einzigen Befehl herunterladen, ohne dass Sie einen Browser anrühren. Standardmäßig gibt `curl` seine Ausgabe auf der Standardausgabe aus, während `wget` seine Ausgabe in einer Datei speichert (nachdem es eine Menge diagnostischer Meldungen ausgegeben hat):

```
$ curl https://efficientlinux.com/welcome.html
Welcome to Efficient Linux.com!
$ wget https://efficientlinux.com/welcome.html
--2021-10-27 20:05:47--  https://efficientlinux.com/
Resolving efficientlinux.com (efficientlinux.com)...
Connecting to efficientlinux.com (efficientlinux.com)...
...
2021-10-27 20:05:47 (12.8 MB/s) - 'welcome.html' saved [32/32]
$ cat welcome.html
Welcome to Efficient Linux.com!
```

Tipp

Manche Sites unterstützen die Abfrage durch `wget` und `curl` nicht. Beide Befehle können sich in solchen Fällen als Browser ausgeben. Weisen Sie das jeweilige Programm einfach an, seinen User Agent zu ändern – den String, der einen Webclient an einem Webserver identifiziert. Ein geeigneter User Agent ist *Mozilla*:

```
$ wget -U Mozilla url
$ curl -A Mozilla url
```

Sowohl `wget` als auch `curl` haben eine Unmenge an Optionen und Eigenschaften, die Sie auf ihren Manpages entdecken können. Im Moment wollen wir uns nur anschauen, wie Sie diese Befehle in freche Einzeiler einbauen. Stellen Sie sich vor, die Website *efficientlinux.com* besitzt ein Verzeichnis *images*, das die Dateien*1.jpg* bis *20.jpg* enthält. Sie würden diese gern herunterladen. Ihre URLs sind:

```
https://efficientlinux.com/images/1.jpg
https://efficientlinux.com/images/2.jpg
https://efficientlinux.com/images/3.jpg
...
```

Eine ineffiziente Methode wäre es, jede einzelne URL im Webbrowser zu besuchen und die Bilder nacheinander herunterzuladen. (Melden Sie sich, falls Sie das schon einmal gemacht haben!) Besser ist es, `wget` einzusetzen. Generieren Sie die URLs mit `seq` und `awk`:

```
$ seq 1 20 | awk '{print "https://efficientlinux.com/images/" $1 ".jpg"}'
https://efficientlinux.com/images/1.jpg
https://efficientlinux.com/images/2.jpg
https://efficientlinux.com/images/3.jpg
...
```

Fügen Sie dann den String wget in das awk-Programm ein und schicken Sie die resultierenden Befehle in einer Pipeline zur Ausführung an die bash:

```
$ seq 1 20 \
  | awk '{print "wget https://efficientlinux.com/images/" $1 ".jpg"}' \
  | bash
```

Benutzen Sie alternativ xargs zum Erzeugen und Ausführen der wget-Befehle:

```
$ seq 1 20 | xargs -I@ wget https://efficientlinux.com/images/@.jpg
```

Die xargs-Lösung ist überlegen, falls Ihre wget-Befehle Sonderzeichen enthalten. Die »Pipe an bash«-Lösung würde die Shell veranlassen, diese Zeichen auszuwerten (was Sie nicht wollen), während xargs das nicht tut.

Mein Beispiel war ein bisschen gestellt, weil die Bilddateinamen so einförmig sind. In einem realistischeren Beispiel könnten Sie alle Bilder von einer Webseite herunterladen, indem Sie die Seite mit curl abrufen, sie in einer Pipeline durch eine schlaue Abfolge von Befehlen leiten, um die Bild-URLs – jeweils eine pro Zeile – zu isolieren, und dann eine der gerade gezeigten Techniken darauf anwenden:

```
curl URL | ... schlaue Pipeline hier... | xargs -n1 wget
```

HTML mit HTML-XML-utils verarbeiten

Falls Sie sich ein bisschen mit HTML und CSS auskennen, können Sie die HTML-Quelle von Webseiten von der Kommandozeile aus parsen. Das ist manchmal effizienter, als Teile einer Webseite von Hand aus einem Browserfenster auszuschneiden und irgendwo einzusetzen. Eine praktische Sammlung von Werkzeugen für diesen Zweck ist HTML-XML-utils, das in vielen Linux-Distributionen sowie beim World Wide Web Consortium (*https://oreil.ly/81yM2*) zur Verfügung steht. Ein allgemeines Rezept lautet:

1. Nutzen Sie curl (oder wget), um die HTML-Quelle zu erfassen.
2. Nutzen Sie hxnormalize, um sicherzustellen, dass das HTML wohlgeformt ist.
3. Identifizieren Sie CSS-Selektoren für die Werte, die Sie erfassen wollen.
4. Setzen Sie hxselect ein, um die Werte zu isolieren, und schicken Sie die Ausgabe in einer Pipeline an weitere Befehle zur Verarbeitung.

Erweitern wir unser Beispiel aus »Eine Vorwahldatenbank bauen« auf Seite 180, um Vorwahldaten aus dem Web zu holen und die Datei *areacodes.txt* zu erstellen, die in diesem Beispiel benutzt wurde. Für Ihre Bequemlichkeit habe ich eine HTML-Tabelle mit Vorwahlen erzeugt, die Sie herunterladen und verarbeiten können. Sie sehen sie in Abbildung 10-1.

Area code	State	Location
201	NJ	Hackensack, Jersey City
202	DC	Washington
203	CT	New Haven, Stamford
204	MB	entire province
205	AL	Birmingham, Tuscaloosa
206	WA	Seattle
207	ME	entire state
208	ID	entire state
209	CA	Modesto, Stockton
210	TX	San Antonio
212	NY	New York City, Manhattan

Abbildung 10-1: Eine Tabelle mit Vorwahlen unter https://efficientlinux.com/areacodes.html

Erfassen Sie zuerst die HTML-Quelle mit `curl`, wobei Sie zugleich die Option `-s` einsetzen, um Bildschirmmeldungen zu unterdrücken. Leiten Sie die Ausgabe in einer Pipeline an `hxnormalize -x`, um sie ein bisschen zu bereinigen. Leiten Sie sie dann in einer Pipeline an `less`, sodass Sie sie bildschirmweise anschauen können:

```
$ curl -s https://efficientlinux.com/areacodes.html  \
  | hxnormalize -x  \
  | less
<!DOCTYPE HTML PUBLIC "-//W3C//DTD HTML 4.01//EN"
"http://www.w3.org/TR/html4/strict.dtd">
<html>
...
  <body>
    <h1>Area code test</h1>
    ...
```

Die HTML-Tabelle auf dieser Seite, die in Beispiel 10-2 gezeigt wird, hat die CSS-ID `#ac`, und ihre drei Spalten (Vorwahl, Staat und Ort) nutzen die CSS-Klassen `ac`, `state` bzw. `cities`.

Beispiel 10-2: Teile aus dem HTML-Quellcode der Tabelle in Abbildung 10-1

```
<table id="ac">
  <thead>
    <tr>
      <th>Vorwahl</th>
      <th>Staat</th>
      <th>Ort</th>
    </tr>
  </thead>
  <tbody>
    <tr>
      <td class="ac">201</td>
```

```
    <td class="state">NJ</td>
    <td class="cities">Hackensack, Jersey City</td>
  </tr>
  ...
</tbody>
</table>
```

Führen Sie hxselect aus, um die Vorwahldaten aus den einzelnen Tabellenzellen zu extrahieren. Die Option -c sorgt dafür, dass die td-Tags in der Ausgabe weggelassen werden. Geben Sie die Ergebnisse in einer langen Zeile aus, wobei Sie die Felder mit einem Zeichen Ihrer Wahl trennen (mithilfe der Option -s.[2]) Ich habe mich für das Zeichen @ entschieden, weil es auf der Seite gut sichtbar ist:

```
$ curl -s https://efficientlinux.com/areacodes.html \
  | hxnormalize -x \
  | hxselect -c -s@ '#ac .ac, #ac .state, #ac .cities'
201@NJ@Hackensack, Jersey City@202@DC@Washington@203@CT@New Haven, Stamford@...
```

Leiten Sie die Ausgabe schließlich mit einer Pipeline an sed, um diese lange Zeile in drei durch Tabulatoren getrennte Spalten zu verwandeln. Schreiben Sie einen regulären Ausdruck, der die folgenden Strings erfasst:

1. eine Vorwahl, die aus Ziffern besteht, [0-9]*
2. ein @-Symbol
3. eine Abkürzung für einen Bundesstaat, die aus zwei Großbuchstaben, [A-Z][A-Z], besteht
4. ein @-Symbol
5. die Städte, also beliebigen Text, der kein @-Symbol enthält, [^@]*
6. ein @-Symbol

Kombinieren Sie die Teile zu diesem regulären Ausdruck:

```
[0-9]*@[A-Z][A-Z]@[^@]*@
```

Erfassen Sie die Vorwahl, den Bundesstaat und die Städte als Subausdrücke, indem Sie sie mit \(und \) umgeben. Sie haben nun einen vollständigen regulären Ausdruck für sed:

```
\([0-9]*\)@\([A-Z][A-Z]\)@\([^@]*\)@
```

Für den sed-Ersetzungsstring geben Sie die drei Subausdrücke an, getrennt durch Tabs und beendet durch Newlines, wodurch das Format der Datei *areacodes.txt* entsteht:

```
\1\t\2\t\3\n
```

---

2 Dieses Beispiel verwendet drei CSS-Selektoren; einige alte Versionen von hxselect können allerdings nur zwei verarbeiten. Falls Ihre Version von hxselect von dieser Einschränkung betroffen ist, laden Sie die neueste Version vom World Wide Web Consortium (*https://oreil.ly/81yM2*) herunter und kompilieren sie mit dem Befehl configure && make.

Kombinieren Sie den gezeigten regulären Ausdruck sowie den Ersetzungsstring und erstellen Sie damit dieses sed-Skript:

```
s/\([0-9]*\)@\([A-Z][A-Z]\)@\([^@]*\)@/\1\t\2\t\3\n/g
```

Der fertige Befehl erzeugt die erforderlichen Daten für die Datei *areacodes.txt*:

```
$ curl -s https://efficientlinux.com/areacodes.html \
  | hxnormalize -x \
  | hxselect -c -s'@' '#ac .ac, #ac .state, #ac .cities' \
  | sed 's/\([0-9]*\)@\([A-Z][A-Z]\)@\([^@]*\)@/\1\t\2\t\3\n/g'
201     NJ     Hackensack, Jersey City
202     DC     Washington
203     CT     New Haven, Stamford
...
```

Der Umgang mit langen regulären Ausdrücken

Falls Ihre sed-Skripte so lang werden, dass sie nur noch wie ein Haufen wirrer Zeichen aussehen:

```
s/\([0-9]*\)@\([A-Z][A-Z]\)@\([^@]*\)@/\1\t\2\t\3\n/g
```

versuchen Sie, diese aufzuteilen. Speichern Sie Teile des regulären Ausdrucks in mehreren Shell-Variablen und kombinieren Sie die Variablen später, wie in diesem folgenden Shell-Skript:

```
# Die drei Teile des regulären Ausdrucks.
# Benutzen Sie einfache Anführungszeichen, um eine Auswertung
# durch die Shell zu verhindern.
areacode='\([0-9]*\)'
state='\([A-Z][A-Z]\)'
cities='\([^@]*\)'

# Kombinieren Sie die drei Teile, getrennt durch @-Symbole.
# Verwenden Sie doppelte Anführungszeichen, um eine
# Variablenauswertung durch die Shell zu erlauben.
regexp="$areacode@$state@$cities@"

# Der Ersetzungsstring.
# Verwenden Sie einfache Anführungszeichen, um eine Auswertung
# durch die Shell zu verhindern.
replacement='\1\t\2\t\3\n'

# Das sed-Skript ist nun viel einfacher zu lesen:
#   s/$regexp/$replacement/g
# Führen Sie den kompletten Befehl aus:
curl -s https://efficientlinux.com/areacodes.html \
  | hxnormalize -x \
  | hxselect -c -s'@' '#ac .ac, #ac .state, #ac .cities' \
  | sed "s/$regexp/$replacement/g"
```

Gerenderten Webinhalt mit einem textbasierten Browser abrufen

Wenn Sie von der Kommandozeile aus Daten aus dem Web abrufen, wollen Sie manchmal nicht die HTML-Quelle einer Webseite, sondern die gerenderte Version der Seite als Text. Es könnte ja sein, dass der gerenderte Text einfacher zu analysieren ist. Um diese Aufgabe zu erledigen, benutzen Sie einen textbasierten Browser wie `lynx` oder `links`. Textbasierte Browser zeigen Webseiten in einem vereinfachten Format ohne Bilder oder andere aufwendige Elemente an. Abbildung 10-2 stellt die Vorwahlseite aus dem vorherigen Abschnitt in `lynx` dar.

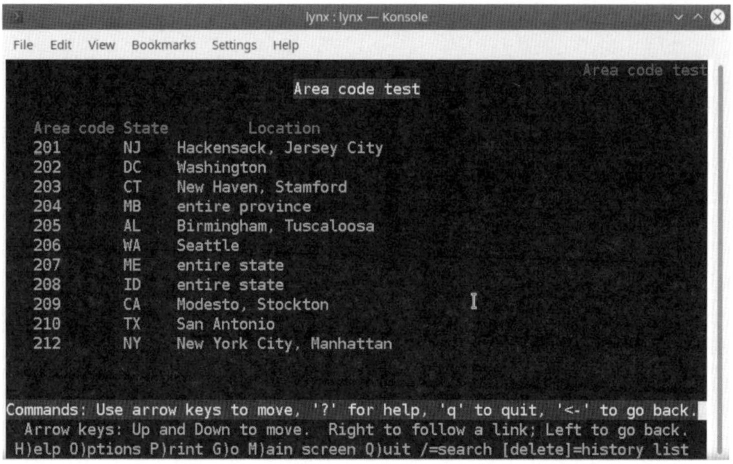

Abbildung 10-2: lynx-Darstellung der Seite https://efficientlinux.com/areacodes.html

Sowohl `lynx` als auch `links` laden eine gerenderte Seite mit der Option `-dump` herunter. Benutzen Sie das Programm, das Sie bevorzugen.

```
$ lynx -dump https://efficientlinux.com/areacodes.html > tempfile
$ cat tempfile
                              Area code test

Area code State   Location
201        NJ     Hackensack, Jersey City
202        DC     Washington
203        CT     New Haven, Stamford
...
```

Tipp

`lynx` und `links` eignen sich auch gut, um einen verdächtig aussehenden Link zu überprüfen, wenn Sie nicht sicher sind, ob er rechtmäßig oder bösartig ist. Diese textbasierten Browser unterstützen kein JavaScript und rendern auch keine Bilder, sie sind also weniger anfällig für Angriffe. (Sie können natürlich keine komplette Sicherheit versprechen, schalten Sie daher Ihren gesunden Menschenverstand nicht ab.)

Die Zwischenablage von der Kommandozeile aus steuern

Jede moderne Softwareanwendung mit einem *Bearbeiten*-Menü enthält die Operationen *Ausschneiden*, *Kopieren* und *Einfügen*, um Inhalte in die Systemzwischenablage hinein- und wieder aus ihr herauszubefördern. Vermutlich kennen Sie auch die Tastenkürzel für diese Operationen. Aber wussten Sie, dass Sie die Zwischenablage direkt von der Kommandozeile aus bedienen können?

Zuerst ein bisschen Hintergrund: Kopier- und Einfügeoperationen unter Linux sind Teil eines allgemeineren Mechanismus, der als *X-Auswahlen* bezeichnet wird. Eine Auswahl ist ein Ziel für kopierten Inhalt, wie etwa die Systemzwischenablage. »X« ist ganz einfach der Name der Linux-Fenstersoftware. Die meisten Linux-Desktopumgebungen, die auf X aufbauen, wie etwa GNOME, Unity, Cinnamon und KDE Plasma, unterstützen zwei Auswahlen.[3] Die erste ist die *Zwischenablage*, oder das *Clipboard*, die genauso funktioniert wie die Zwischenablagen in anderen Betriebssystemen. Wenn Sie Ausschneide- oder Kopieroperationen in einer Anwendung durchführen, landet der Inhalt in der Zwischenablage. Sie holen ihn mit einer Einfügeoperation wieder zurück. Eine weniger bekannte X-Auswahl ist die *primäre Auswahl*. Wenn Sie in bestimmten Anwendungen Text auswählen, wird er in die primäre Auswahl geschrieben, selbst wenn Sie keine Kopieroperation durchführen. Ein Beispiel ist das Hervorheben von Text in einem Terminalfenster mit der Maus. Dieser Text wird automatisch in die primäre Auswahl geschrieben.

Hinweis

Falls Sie über SSH oder ähnliche Programme eine Verbindung zu einem entfernten Linux-Host aufnehmen, wird das Kopieren und Einfügen im Allgemeinen vom lokalen Computer erledigt, nicht von den X-Auswahlen auf dem entfernten Linux-Host.

Tabelle 10-2 listet Maus- und Tastaturoperationen zum Zugriff auf die X-Auswahlen in GNOMEs Terminal (`gnome-terminal`) und KDEs Konsole (`konsole`) auf. Falls Sie ein anderes Terminalprogramm verwenden, suchen Sie im *Bearbeiten*-Menü nach den Tastaturäquivalenten für *Kopieren* und *Einfügen*.

Tabelle 10-2: In verbreiteten Terminalprogrammen auf X-Auswahlen zugreifen

Operation	Zwischenablage	Primäre Auswahl
Kopieren (Maus)	Öffnen des rechten Maustastenmenüs und Auswahl von Kopieren	Klicken und ziehen oder doppelklicken, um das aktuelle Wort, bzw. dreifach klicken, um die aktuelle Zeile auszuwählen
Einfügen (Maus)	Öffnen des rechten Maustastenmenüs und Auswahl von Einfügen	Drücken der mittleren Maustaste (normalerweise das Scrollrad)
Kopieren (Tastatur)	Strg-Umschalt-C	*n/a*

3 Es gibt in Wirklichkeit drei X-Auswahlen, aber eine davon, die sogenannte *sekundäre Auswahl*, wird auf modernen Desktopumgebungen nur selten genutzt.

Tabelle 10-2: In verbreiteten Terminalprogrammen auf X-Auswahlen zugreifen (Fortsetzung)

Operation	Zwischenablage	Primäre Auswahl
Einfügen (Tastatur), `gnome-terminal`	Strg-Umschalt-V oder Strg-Umschalt-Einfg	Umschalt-Einfg
Einfügen (Tastatur), `konsole`	Strg-Umschalt-V oder Umschalt-Einfg	Strg-Umschalt-Einfg

Auswahlen mit Standardeingabe und Standardausgabe verbinden

Linux bietet den Befehl `xclip`, um X-Auswahlen mit der Standardeingabe und der Standardausgabe zu verbinden. Sie können deshalb Kopier- und Einfügeoperationen in Pipelines und andere kombinierte Befehle einsetzen. Sie haben zum Beispiel Text folgendermaßen in eine Anwendung kopiert:

1. Sie führen einen Linux-Befehl aus und leiten seine Ausgabe in eine Datei um.
2. Sie betrachten die Datei.
3. Sie benutzen die Maus, um den Inhalt der Datei in die Zwischenablage zu kopieren.
4. Sie fügen den Inhalt in eine andere Anwendung ein.

Mit `xclip` können Sie diesen Vorgang deutlich abkürzen:

1. Sie leiten die Ausgabe eines Linux-Befehls mit einer Pipeline an `xclip`.
2. Sie fügen den Inhalt in eine andere Anwendung ein.

Umgekehrt haben Sie vermutlich Text mit solchen Linux-Befehlen zur Weiterverarbeitung in eine Datei eingefügt:

1. Sie benutzen Ihre Maus, um einen Haufen Text in einem Anwendungsprogramm zu kopieren.
2. Sie fügen ihn in eine Textdatei ein.
3. Sie verarbeiten die Textdatei mit Linux-Befehlen.

Mit `xclip -o` können Sie die zwischengeschaltete Textdatei weglassen:

1. Sie benutzen Ihre Maus, um einen Haufen Text in einem Anwendungsprogramm zu kopieren.
2. Sie leiten die Ausgabe von `xclip -o` in einer Pipeline an andere Linux-Befehle, damit diese sie weiterverarbeiten.

Warnung

Falls Sie das Buch digital auf einem Linux-Gerät lesen und einige der `xclip`-Befehle aus diesem Abschnitt ausprobieren wollen, *dann versuchen Sie nicht, diese Befehle zu kopieren und in ein Shell-Fenster einzufügen*. Tippen Sie die Befehle von Hand ab. Wieso? Weil Ihre Kopieroperation die gleiche X-Auswahl überschreiben könnte, auf die die Befehle mit `xclip` zugreifen, wodurch die Befehle unerwartete Ergebnisse erzeugen könnten.

Standardmäßig liest xclip die Standardeingabe und schreibt die primäre Auswahl. Es kann aus einer Datei lesen:

```
$ xclip < myfile.txt
```

oder aus einer Pipeline:

```
$ echo "Efficient Linux at the Command Line" | xclip
```

Geben Sie nun den Text auf der Standardausgabe aus oder leiten Sie den Auswahlinhalt an andere Befehle weiter, wie etwa wc:

```
$ xclip -o                                   Einfügen auf Standardausgabe
Efficient Linux at the Command Line
$ xclip -o > anotherfile.txt                 Einfügen in eine andere Datei
$ xclip -o | wc -w                           Wörter zählen
6
```

Jeder kombinierte Befehl, der auf die Standardausgabe schreibt, kann seine Ergebnisse mit einer Pipeline an xclip leiten, wie dieser hier aus »Befehl #6: uniq« auf Seite 31:

```
$ cut -f1 grades | sort | uniq -c | sort -nr | head -n1 | cut -c9 | xclip
```

Löschen Sie die primäre Auswahl, indem Sie ihren Wert mit echo -n auf den leeren String setzen:

```
$ echo -n | xclip
```

Die Option -n ist wichtig, da echo ansonsten ein Newline-Zeichen auf der Standardausgabe ausgibt, das in der primären Auswahl landet.

Um Text in die Zwischenablage statt in die primäre Auswahl zu kopieren, führen Sie xclip mit der Option -selection clipboard aus:

```
$ echo https://oreilly.com | xclip -selection clipboard        Kopieren
$ xclip -selection clipboard -o                                Einfügen
https://oreilly.com
```

xclip-Optionen können abgekürzt werden, solange sie eindeutig sind:

```
$ xclip -sel c -o                  identisch mit xclip -selection clipboard -o
https://oreilly.com
```

Starten Sie ein Firefox-Browserfenster, um die gezeigte URL zu besuchen, und verwenden Sie dabei eine Befehlssubstitution:

```
$ firefox $(xclip -selection clipboard -o)
```

Linux bietet einen weiteren Befehl, nämlich xsel, der ebenfalls X-Auswahlen liest und schreibt. Dieser besitzt einige zusätzliche Eigenarten, wie das Löschen einer Auswahl (xsel -c) und das Anhängen an eine Auswahl (xsel -a). Lesen Sie einfach in der Manpage nach und experimentieren Sie mit xsel.

Den Passwortmanager verbessern

Nutzen wir unser neu gewonnenes Wissen über `xclip`, um X-Auswahlen in den Passwortmanager `pman` aus »Einen Passwortmanager bauen« auf Seite 183 zu integrieren. Wenn das modifizierte `pman`-Skript eine Zeile aus der Datei *vault.gpg* herausfiltert, schreibt es den Benutzernamen in die Zwischenablage und das Passwort in die primäre Auswahl. Anschließend können Sie zum Beispiel eine Login-Seite im Web ausfüllen, indem Sie den Benutzernamen mit Strg-V und das Passwort mit der mittleren Maustaste einfügen.

> **Warnung**
> Stellen Sie sicher, dass Sie *keinen* Clipboard-Manager oder andere Anwendungen betreiben, die Ihre X-Auswahlen und deren Inhalte überwachen. Benutzernamen und/oder Passwörter würden dann nämlich im Clipboard-Manager sichtbar werden, was ein Sicherheitsrisiko darstellt.

Die neue Version von `pman` befindet sich in Beispiel 10-3. Das Verhalten von `pman` hat sich auf folgende Weise geändert:

- Eine neue Funktion, `load_password`, lädt den Benutzernamen und das damit verbundene Passwort in die X-Auswahlen.
- Falls `pman` einen einzelnen Treffer für den Suchstring findet, entweder anhand des Schlüssels (Feld 3) oder anhand eines anderen Teils einer Zeile, führt es `load_password` aus.
- Findet `pman` mehrere Treffer, gibt es alle Schlüssel und Anmerkungen (Felder 3 und 4) aus den entsprechenden Zeilen aus, sodass der Benutzer erneut anhand des Schlüssels suchen kann.

Beispiel 10-3: Ein verbessertes pman-Skript, das den Benutzernamen und das Passwort als Auswahlen lädt

```
#!/bin/bash
PROGRAM=$(basename $0)
DATABASE=$HOME/etc/vault.gpg

load_password () {
    # Setzt den Benutzernamen (Feld 1) in die Zwischenablage.
    echo "$1" | cut -f1 | tr -d '\n' | xclip -selection clipboard
    # Setzt das Passwort (Feld 2) in die primäre Auswahl.
    echo "$1" | cut -f2 | tr -d '\n' | xclip -selection primary
    # Liefert dem Benutzer eine Rückmeldung.
    echo "$PROGRAM: Gefunden" $(echo "$1" | cut -f3- --output-delimiter ': ')
    echo "$PROGRAM: Benutzername und Passwort in X-Auswahlen geladen"
}

if [ $# -ne 1 ]; then
    >&2 echo "$PROGRAM: sucht nach Passwörtern"
    >&2 echo "Verwendung: $PROGRAM String"
```

```
    exit 1
fi
searchstring="$1"

# Speichert den entschlüsselten Text in einer Variablen.
decrypted=$(gpg -d -q "$DATABASE")
if [ $? -ne 0 ]; then
    >&2 echo "$PROGRAM: konnte $DATABASE nicht entschlüsseln"
    exit 1
fi

# Sucht nach exakten Treffern in der dritten Spalte.
match=$(echo "$decrypted" | awk '$3~/^'$searchstring'$/')
if [ -n "$match" ]; then
    load_password "$match"
    exit $?
fi

# Sucht nach irgendeinem Treffer.
match=$(echo "$decrypted" | awk "/$searchstring/")
if [ -z "$match" ]; then
    >&2 echo "$PROGRAM: keine Treffer"
    exit 1
fi

# Zählt die Treffer.
count=$(echo "$match" | wc -l)

case "$count" in
    0)
        >&2 echo "$PROGRAM: keine Treffer"
        exit 1
        ;;
    1)
        load_password "$match"
        exit $?
        ;;
    *)
        >&2 echo "$PROGRAM: mehrere Treffer für die folgenden Schlüssel:"
        echo "$match" | cut -f3
        >&2 echo "$PROGRAM: Skript noch einmal mit einem der Schlüssel ausführen"
        exit
        ;;
esac
```

Führen Sie das Skript aus:

```
$ pman dropbox
Passphrase: xxxxxxxx
pman: Gefunden dropbox: dropbox.com account for work
pman: Benutzername und Passwort in X-Auswahlen geladen
$ pman account
Passphrase: xxxxxxxx
pman: mehrere Treffer für die folgenden Schlüssel:
google
```

```
dropbox
bank
dropbox2
pman: Skript noch einmal mit einem der Schlüssel ausführen
```

Die Passwörter bleiben so lange in der primären Auswahl, bis diese überschrieben wird. Um die Passwörter automatisch nach, sagen wir, 30 Sekunden zu löschen, hängen Sie die folgende Zeile an die Funktion `load_password` an. Die Zeile startet im Hintergrund eine Subshell, die 30 Sekunden wartet und dann die primäre Auswahl löscht (indem sie sie auf den leeren String setzt). Sie können natürlich statt der Zahl 30 auch etwas anderes angeben.

```
(sleep 30 && echo -n | xclip -selection primary) &
```

Hatten Sie in »Instant-Shells und Browser« auf Seite 193 ein eigenes Tastenkürzel definiert, um Terminalfenster zu starten, haben Sie nun eine schnelle Möglichkeit, um auf Ihre Passwörter zuzugreifen. Starten Sie mit dem Hotkey ein Terminal, führen Sie `pman` aus und schließen Sie das Terminal wieder.

Zusammenfassung

Ich hoffe, dieses Kapitel hat Sie ermutigt, einige neue Techniken auszuprobieren, mit denen Sie Ihre Hände an der Tastatur behalten. Sie scheinen zu Anfang recht aufwendig zu sein, aber mit ein wenig Übung gehen sie Ihnen in Fleisch und Blut über, und Sie werden sie schnell und automatisch einsetzen. Schon bald werden Sie den Neid Ihrer Linux-Freunde spüren, wenn Sie flink und geschmeidig Desktopfenster, Webinhalte und X-Auswahlen auf eine Weise manipulieren, die die mausgebundenen Massen nicht beherrschen.

KAPITEL 11

Letzte Zeitsparer

Ich hatte viel Spaß beim Schreiben dieses Buchs und hoffe, Sie hatten beim Lesen ebenso viel Spaß. Im letzten Akt wollen wir einige kleinere Themen behandeln, die nicht so ganz in die früheren Kapitel passten. Diese Themen haben mich zu einem besseren Linux-Anwender gemacht, und vielleicht helfen sie Ihnen ja auch.

Schnelle Gewinne

Die folgenden Zeitsparer lassen sich leicht in wenigen Minuten erlernen.

Aus less in Ihren Editor springen

Wenn Sie eine Textdatei mit `less` anschauen und die Datei bearbeiten wollen, beenden Sie `less` nicht. Drücken Sie einfach `v`, um Ihren bevorzugten Texteditor aufzurufen. Dieser lädt die Datei und setzt den Cursor genau an die Stelle, an der Sie in `less` gerade waren. Wenn Sie den Editor beenden, landen Sie wieder in `less` an der ursprünglichen Stelle.

Damit dieser Trick am besten funktioniert, setzen Sie die Umgebungsvariable `EDITOR` und/oder `VISUAL` auf einen Bearbeitungsbefehl. Diese Umgebungsvariablen repräsentieren Ihren Standard-Linux-Texteditor, der durch verschiedene Programme gestartet wird, darunter `less`, `lynx`, `git`, `crontab`, und zahlreiche E-Mail-Programme. Um zum Beispiel `emacs` als Ihren Standardeditor festzulegen, platzieren Sie eine (oder beide) der folgenden Zeilen in eine Shell-Konfigurationsdatei und laden sie:

```
VISUAL=emacs
EDITOR=emacs
```

Wenn Sie diese Variablen nicht setzen, wird jeweils der Editor gestartet, den das Linux-System vorgibt. Üblicherweise ist das `vim`. Keine Panik, falls Sie irgendwie in `vim` landen und keine Ahnung haben, wie Sie ihn benutzen sollen. Sie beenden `vim`, indem Sie die Esc-Taste drücken und `:q!` (einen Doppelpunkt, den Buchstaben `q` und ein Ausrufezeichen) eintippen und dann Enter drücken. Um den `emacs` zu beenden, drücken Sie Strg-X, gefolgt von Strg-C.

Dateien bearbeiten, die einen bestimmten String enthalten

Sie wollen jede Datei im aktuellen Verzeichnis bearbeiten, die einen bestimmten String (oder regulären Ausdruck) enthält? Generieren Sie eine Liste von Dateinamen mit `grep -l` und übergeben Sie diese mittels Befehlssubstitution an Ihren Editor. Angenommen, Ihr Editor ist `vim`, dann lautet der Befehl folgendermaßen:

```
$ vim $(grep -l string *)
```

Bearbeiten Sie alle Dateien in einem kompletten Verzeichnisbaum (aktuelles Verzeichnis und alle Unterverzeichnisse), die *String* enthalten, indem Sie die Option `-r` (rekursiv) zu `grep` hinzufügen und im aktuellen Verzeichnis (dem Punkt) beginnen:

```
$ vim $(grep -lr String .)
```

Für ein schnelleres Durchsuchen großer Verzeichnisbäume benutzen Sie `find` mit `xargs` anstelle von `grep -r`:

```
$ vim $(find . -type f -print0 | xargs -0 grep -l String)
```

»Technik #3: Befehlssubstitution« auf Seite 132 behandelte diese Technik bereits, aber ich wollte sie noch einmal hervorheben, weil sie so nützlich ist. Denken Sie daran, auf Dateinamen zu achten, die Leerzeichen und Zeichen mit besonderer Bedeutung für die Shell enthalten, da diese Ihre Ergebnisse verfälschen können, wie ich in »Sonderzeichen und Befehlssubstitution« auf Seite 133 erläutert habe.

Der Umgang mit Tippfehlern

Falls Sie einen Befehl konsistent falsch schreiben, sollten Sie einen Alias für Ihre häufigsten Fehler definieren, damit dennoch die richtigen Befehle ausgeführt werden:

```
alias firfox=firefox
alias les=less
alias meacs=emacs
```

Achten Sie darauf, einen bestehenden Linux-Befehl nicht versehentlich außer Kraft zu setzen oder zu übergehen (Shadowing), indem Sie einen Alias mit demselben Namen definieren. Suchen Sie zuerst mit dem Befehl `which` oder `type` (siehe »Auszuführende Programme auffinden« auf Seite 47) nach dem vorgesehenen Alias und führen Sie den Befehl `man` aus, um sicherzugehen, dass es keinen anderen Befehl desselben Namens gibt:

```
$ type firfox
bash: type: firfox: not found
$ man firfox
No manual entry for firfox
```

Schnell leere Dateien erzeugen

Es gibt mehrere Möglichkeiten, in Linux leere Dateien anzulegen. Der Befehl touch, der den Zeitstempel einer Datei aktualisiert, erzeugt auch eine Datei, falls sie noch nicht existiert:

```
$ touch newfile1
```

touch eignet sich großartig, um viele leere Dateien für Tests zu erzeugen:

```
$ mkdir tmp                        Erzeugt ein Verzeichnis.
$ cd tmp
$ touch file{0000..9999}.txt       Erzeugt 10.000 Dateien.
$ cd ..
$ rm -rf tmp                       Entfernt das Verzeichnis und die Dateien.
```

Der echo-Befehl stellt eine leere Datei her, wenn Sie seine Ausgabe in eine Datei umleiten, allerdings müssen Sie ihn mit der Option -n ausführen:

```
$ echo -n > newfile2
```

Wenn Sie die Option -n vergessen, enthält die resultierende Datei ein Zeichen, nämlich ein Newline, und ist damit nicht leer.

Zeilenweise Verarbeitung einer Datei

Wenn Sie eine Datei Zeile für Zeile verarbeiten müssen, schicken Sie sie mit cat in eine while read-Schleife:

```
$ cat myfile | while read line; do
  ...hier wird etwas gemacht...
done
```

Um zum Beispiel die Länge der einzelnen Zeilen einer Datei zu berechnen, etwa von */etc/hosts*, schicken Sie die einzelnen Zeilen mit einer Pipeline an wc -c:

```
$ cat /etc/hosts | while read line; do
  echo "$line" | wc -c
done
65
31
1
...
```

Ein praktischeres Beispiel für diese Technik finden Sie in Beispiel 9-3.

Befehle identifizieren, die Rekursion unterstützen

In »Der find-Befehl« auf Seite 91 habe ich find -exec vorgestellt, das einen beliebigen Linux-Befehl rekursiv auf einen ganzen Verzeichnisbaum anwendet:

```
$ find . -exec Ihr Befehl steht hier \;
```

Bestimmte andere Befehle unterstützen von sich aus eine Rekursion. Wenn Ihnen das bewusst ist, können Sie sich Arbeit sparen, indem Sie deren eigene Rekursion benutzen, anstatt einen `find`-Befehl zu konstruieren:

`ls -R`
: Zum rekursiven Auflisten von Verzeichnissen und deren Inhalten.

`cp -r` *oder* `cp -a`
: Zum rekursiven Kopieren von Verzeichnissen und deren Inhalten.

`rm -r`
: Zum rekursiven Löschen von Verzeichnissen und deren Inhalten.

`grep -r`
: Zum Durchsuchen eines Verzeichnisbaums anhand eines regulären Ausdrucks.

`chmod -R`
: Zum rekursiven Ändern der Dateimodi (Schutzmaßnahmen).

`chown -R`
: Zum rekursiven Ändern der Dateieigentümerschaft.

`chgrp -R`
: Zum rekursiven Ändern der Gruppenzugehörigkeit einer Datei.

Eine Manpage lesen

Suchen Sie sich einen gebräuchlichen Befehl aus, wie etwa `cut` oder `grep`, und lesen Sie dessen Manpage gründlich durch. Sie werden vermutlich die eine oder andere Option entdecken, die Sie noch nie benutzt haben, die Ihnen aber dennoch nützlich sein kann. Wiederholen Sie dies immer wieder einmal und erweitern Sie auf diese Weise Ihren Linux-Werkzeugkasten.

Eine längere Lernphase

Die folgenden Techniken erfordern einen wirklichen Lernaufwand, der sich aber in gesparter Zeit auszahlt. Ich liefere hier nur einen Vorgeschmack auf die einzelnen Techniken, weil ich Ihnen nicht alle Einzelheiten vorstellen kann, sondern Sie anregen möchte, sich selbst auf die Entdeckungsreise zu begeben.

Die bash-Manpage lesen

Führen Sie `man bash` aus, lassen Sie sich die offizielle Dokumentation zu `bash` anzeigen und lesen Sie das ganze Ding – ja, alle 46.318 Wörter darin:

```
$ man bash | wc -w
46318
```

Nehmen Sie sich ein paar Tage Zeit. Arbeiten Sie sie langsam durch. Sie werden auf jeden Fall eine Menge dadurch lernen, was Ihren täglichen Linux-Einsatz erleichtern wird.

Lernen Sie cron, crontab und at

In »Ein erstes Beispiel: Dateien finden« auf Seite 177 gibt es eine kurze Anmerkung zum Planen von Befehlen, um sie künftig in regelmäßigen Abständen automatisch auszuführen. Ich empfehle Ihnen, das Programm `crontab` kennenzulernen, mit dem Sie selbst Befehle eintakten können. Sie könnten zum Beispiel einen Zeitplan aufstellen, um Dateien regelmäßig auf ein externes Laufwerk zu sichern oder sich selbst Erinnerungen an eine monatliche Veranstaltung per E-Mail zu senden.

Bevor Sie `crontab` ausführen, definieren Sie Ihren Standardeditor, wie in »Aus less in Ihren Editor springen« auf Seite 211 gezeigt. Führen Sie dann `crontab -e` aus, um Ihre persönliche Datei mit den zeitlich geplanten Befehlen zu bearbeiten. `crontab` startet Ihren Standardeditor und öffnet eine leere Datei, um die Befehle festzulegen. Diese Datei wird als Ihre *Crontab* bezeichnet.

Ein Befehl in einer Crontab-Datei, oft auch *Cronjob* genannt, besteht aus sechs Feldern, die alle auf einer (möglicherweise sehr langen) Zeile stehen. Die ersten fünf Felder geben den Zeitplan des Jobs in Minute, Stunde, Tag des Monats, Monat bzw. Wochentag an. Das sechste Feld ist der auszuführende Linux-Befehl. Sie können einen Befehl stündlich, täglich, wöchentlich, monatlich, jährlich, zu bestimmten Tagen oder Zeiten oder auch in komplexeren Arrangements starten. Einige Beispiele:

```
 * * * * * Befehl        Führt den Befehl einmal in der Minute aus.
30 7 * * * Befehl        Führt den Befehl jeden Tag um 07:30 Uhr aus.
30 7 5 * * Befehl        Führt den Befehl am 5. Tag jedes Monats um 07:30 Uhr aus.
30 7 5 1 * Befehl        Führt den Befehl immer am 5. Januar um 07:30 Uhr aus.
30 7 * * 1 Befehl        Führt den Befehl jeden Montag um 07:30 Uhr aus.
```

Nachdem Sie alle sechs Felder eingerichtet, die Datei beendet und Ihren Editor verlassen haben, wird der Befehl automatisch (von einem Programm namens cron) entsprechend dem von Ihnen definierten Zeitplan aufgerufen. Die Syntax für die Zeitpläne ist kurz und kryptisch, aber in der Manpage (`man 5 crontab`) sowie in zahlreichen Onlinetutorials gut dokumentiert (suchen Sie nach *cron tutorial*).

Ich empfehle Ihnen außerdem, den Befehl `at` zu erlernen, der Befehle für die einmalige Ausführung zu einem bestimmten Datum und einer bestimmten Uhrzeit einrichtet. Näheres erfahren Sie, wenn Sie `man at` aufrufen. Hier ist ein Befehl, der Ihnen morgen um 10:00 Uhr eine E-Mail sendet, um Sie daran zu erinnern, sich die Zähne zu putzen:

```
$ at 22:00 tomorrow
Warnung: commands will be executed using /bin/sh
at> echo Putz dir die Zähne | mail $USER
at> ^D                         Tippen Sie Strg-D, um die Eingabe zu beenden.
job 699 at Sun Nov 14 22:00:00 2021
```

Um Ihre anstehenden at-Jobs aufzulisten, führen Sie atq aus:

```
$ atq
699     Sun Nov 14 22:00:00 20211 a smith
```

Und um die Befehle in einem at-Job zu sehen, führen Sie at -c mit der Jobnummer aus und lassen sich die letzten paar Zeilen anzeigen:

```
$ at -c 699 | tail
...
echo Putz dir die Zähne | mail $USER
```

Wenn Sie einen anstehenden Job entfernen wollen, bevor er ausgeführt wird, rufen Sie atrm mit der Jobnummer auf:

```
$ atrm 699
```

rsync lernen

Um ein vollständiges Verzeichnis einschließlich seiner Unterverzeichnisse von einer Festplatte auf eine andere zu kopieren, verwenden viele Linux-Benutzer den Befehl cp -r oder cp -a:

```
$ cp -a dir1 dir2
```

cp macht das beim ersten Mal ganz gut, aber wenn Sie anschließend einige Dateien im Verzeichnis *dir1* ändern und das Kopieren erneut ausführen, ist cp eine Verschwendung. Es kopiert ganz pflichtbewusst alle Dateien und Verzeichnisse wieder von *dir1*, obwohl in *dir2* bereits identische Kopien existieren.

Der Befehl rsync ist ein clevereres Kopierprogramm. Er kopiert nur die *Unterschiede* zwischen dem ersten und dem zweiten Verzeichnis.

```
$ rsync -a dir1/ dir2
```

> **Hinweis**
> Der Schrägstrich in dem gezeigten Befehl bedeutet, dass die Dateien innerhalb von *dir1* kopiert werden sollen. Ohne den Schrägstrich würde rsync das Verzeichnis *dir1* selbst kopieren, wodurch *dir2/dir1* entsteht.

Falls Sie später eine Datei dem Verzeichnis *dir1* hinzufügen, kopiert rsync nur diese eine Datei. Ändern Sie eine *Zeile* in einer Datei in *dir1*, kopiert rsync diese eine Zeile! Das ist eine ungeheure Zeitersparnis, wenn große Verzeichnisbäume mehrmals kopiert werden. rsync kann sogar über eine SSH-Verbindung auf einen entfernten Server kopieren.

rsync besitzt Dutzende von Optionen. Diese hier sind ganz besonders nützlich:

-v *(»verbose«, also wortreich)*
: Zum Ausgeben der Namen der Dateien, während sie kopiert werden.

`-n`
: Um vorzugeben, dass kopiert wird; kombinieren Sie diese Option mit `-v`, um festzustellen, welche Dateien kopiert werden *würden*.

`-x`
: Um `rsync` mitzuteilen, dass es die Grenzen des Dateisystems nicht überschreiten soll.

Ich empfehle Ihnen dringend, sich mit `rsync` vertraut zu machen, um effizienter zu kopieren. Lesen Sie die Manpage und schauen Sie sich Beispiele in dem Artikel »Rsync Examples in Linux« (*https://oreil.ly/7gHCi*) von Korbin Brown an.

Eine andere Skriptsprache lernen

Shell-Skripte sind bequem und leistungsstark, haben aber einige ernsthafte Schwächen. Zum Beispiel sind sie schrecklich im Umgang mit Dateinamen, die Whitespace-Zeichen enthalten. Betrachten Sie dieses kurze `bash`-Skript, das versucht, eine Datei zu entfernen:

```
#!/bin/bash
BOOKTITLE="Slow Inefficient Linux"
rm $BOOKTITLE                    # Falsch! Machen Sie das nicht!
```

Es sieht aus, als würde die zweite Zeile eine Datei namens *Slow Inefficient Linux* entfernen, aber das tut sie nicht. Sie versucht stattdessen, drei Dateien namens *Slow*, *Inefficient* und *Linux* zu löschen. Die Shell erweitert die Variable `$BOOKTITLE`, bevor sie `rm` aufruft, und ihre Erweiterung ergibt drei Wörter, die durch Whitespace getrennt sind – so als hätten Sie Folgendes eingegeben:

```
rm Slow Efficient Linux
```

Die Shell löst dann `rm` mit drei Argumenten aus, und es kommt potenziell zu einer Katastrophe, wenn sie die falschen Dateien entfernt. Ein korrekter Löschbefehl würde `$BOOKTITLE` mit doppelten Anführungszeichen umgeben:

```
rm "$BOOKTITLE"
```

was von der Shell so erweitert wird:

```
rm "Slow Efficient Linux"
```

Diese Art von subtiler, potenziell destruktiver Eigenart ist nur ein Beispiel dafür, wie ungeeignet das Shell-Skripting für ernsthafte Projekte ist. Ich empfehle Ihnen daher, eine zweite Skriptsprache zu lernen, wie etwa Perl, PHP, Python oder Ruby. Alle verarbeiten Whitespace korrekt. Alle unterstützen echte Datenstrukturen. Alle besitzen leistungsstarke Funktionen zur String-Verarbeitung. Alle können leicht Berechnungen durchführen. Die Liste der Vorteile ist schier endlos.

Verwenden Sie die Shell, um komplexe Befehle zu starten und einfache Skripte anzulegen. Für aufwendigere Aufgaben sollten Sie sich einer anderen Sprache zuwenden. Suchen Sie sich online ein passendes Tutorial und legen Sie los!

make für »Nichtprogrammieraufgaben« nutzen

Das Programm `make` aktualisiert Dateien automatisch anhand von Regeln. Es ist dafür gedacht, die Softwareentwicklung zu beschleunigen, aber mit ein bisschen Aufwand kann `make` auch andere Aspekte Ihres Linux-Lebens vereinfachen.

Nehmen wir einmal an, Sie hätten drei Dateien namens *chapter1.txt*, *chapter2.txt* und *chapter3.txt*, an denen Sie getrennt arbeiten. Außerdem haben Sie eine vierte Datei, nämlich *book.txt*, die eine Kombination der drei Kapiteldateien darstellt. Immer wenn sich ein Kapitel ändert, müssen Sie *book.txt* neu kombinieren und aktualisieren, zum Beispiel mit einem solchen Befehl:

```
$ cat chapter1.txt chapter2.txt chapter3.txt > book.txt
```

Diese Situation ist perfekt für den Einsatz von `make`. Sie haben:

- einen Haufen Dateien,
- eine Regel, die diese Dateien verbindet, nämlich, dass *book.txt* aktualisiert werden muss, wenn sich eine der Kapiteldateien ändert, sowie
- einen Befehl, der diese Aktualisierung durchführt.

`make` liest eine Konfigurationsdatei, üblicherweise *Makefile* genannt, die voller Regeln und Befehle ist. So besagt zum Beispiel die folgende *Makefile*-Regel, dass *book.txt* von den drei Kapiteldateien abhängig ist:

```
book.txt:    chapter1.txt chapter2.txt chapter3.txt
```

Wenn das Ziel, oder auch *Target*, der Regel (in diesem Fall *book.txt*) älter ist als eine seiner Abhängigkeiten (die Kapiteldateien), betrachtet `make` das Ziel als veraltet. Falls Sie auf der Zeile nach der Regel einen Befehl angeben, führt `make` den Befehl aus, um das Ziel zu aktualisieren:

```
book.txt:    chapter1.txt chapter2.txt chapter3.txt
             cat chapter1.txt chapter2.txt chapter3.txt > book.txt
```

Um die Regel anzuwenden, führen Sie einfach den Befehl `make` aus:

```
$ ls
Makefile  chapter1.txt  chapter2.txt  chapter3.txt
$ make
cat chapter1.txt chapter2.txt chapter3.txt > book.txt       Ausgeführt von make
$ ls
Makefile  book.txt  chapter1.txt  chapter2.txt  chapter3.txt
$ make
make: 'book.txt' is up to date.
$ vim chapter2.txt                                    Aktualisieren eines Kapitels
$ make
cat chapter1.txt chapter2.txt chapter3.txt > book.txt
```

`make` wurde für Programmierer entwickelt, doch mit ein bisschen Aufwand können Sie es auch für Nichtprogrammieraufgaben verwenden. Immer wenn Sie Dateien aktualisieren müssen, die von anderen Dateien abhängen, können Sie Ihre Arbeit vermutlich vereinfachen, indem Sie sich ein *Makefile* schreiben.

Mir half make dabei, dieses Buch zu schreiben und zu debuggen. Ich habe das Buch in einer Auszeichnungssprache namens AsciiDoc geschrieben und die Kapitel regelmäßig nach HTML konvertiert, um sie mir in einem Browser anzuschauen. Hier ist eine make-Regel zum Konvertieren einer AsciiDoc-Datei in eine HTML-Datei:

```
%.html: %.asciidoc
        asciidoctor -o $@ $<
```

Es bedeutet: Um eine Datei mit der Erweiterung *.html* (%.html) zu erzeugen, wird nach einer entsprechenden Datei mit der Erweiterung *.asciidoc* (%.asciidoc) gesucht. Falls die HTML-Datei älter ist als die AsciiDoc-Datei, wird die HTML-Datei regeneriert, indem der Befehl asciidoctor auf der abhängigen Datei ($<) ausgeführt wird, wobei die Ausgabe an die Ziel-HTML-Datei geschickt wird (-o $@). Mit dieser etwas kryptischen, aber kurzen Regel an Ort und Stelle tippe ich einfach nur den Befehl make ein, um die HTML-Version des Kapitels herzustellen, das Sie gerade lesen. make startet asciidoctor, um die Aktualisierung durchzuführen:

```
$ ls ch11*
ch11.asciidoc
$ make ch11.html
asciidoctor -o ch11.html ch11.asciidoc
$ ls ch11*
ch11.asciidoc  ch11.html
$ firefox ch11.html                              Betrachten der HTML-Datei
```

Es dauert kaum eine Stunde, sich mit make so weit anzufreunden, dass es für kleine Aufgaben genutzt werden kann. Der Aufwand lohnt sich. Eine hilfreiche Anleitung befindet sich unter makefiletutorial.com (*https://makefiletutorial.com/*).

Versionskontrolle für alltägliche Dateien

Wollten Sie schon einmal eine Datei bearbeiten, hatten aber Angst, dass Ihre Änderungen alles kaputtmachen? Vielleicht haben Sie eine Sicherungskopie angelegt und dann das Original bearbeitet, sodass Sie wussten, dass Sie das Backup wiederherstellen können, falls Sie einen Fehler machen:

```
$ cp myfile myfile.bak
```

Diese Lösung ist allerdings nicht skalierbar. Was, wenn Sie Dutzende oder Hunderte von Dateien haben oder Hunderte von Menschen, die an ihnen arbeiten? Versionskontrollsysteme wie Git und Subversion wurden erfunden, um dieses Problem ganz allgemein zu lösen, indem mehrere Versionen einer Datei in geeigneter Weise im Auge behalten werden.

Git ist für die Wartung von Softwarequellcode sehr verbreitet. Ich empfehle jedoch, sich damit auch zu beschäftigen, wenn Sie wichtige Textdateien verwalten möchten, deren Änderungen wesentlich sind. Vielleicht sind es persönliche Dateien oder Betriebssystemdateien in */etc*. »Mit Ihrer Umgebung verreisen« auf Seite 128 schlägt vor, die Konfigurationsdateien Ihrer bash mithilfe einer Versionskontrolle zu verwalten.

Ich habe Git eingesetzt, als ich dieses Buch schrieb, um verschiedene Methoden auszuprobieren, das Material zu präsentieren. Ohne allzu viel Aufwand habe ich drei Versionen des Buchs hergestellt und gepflegt – eine für das komplette Manuskript, eine, die nur die Dateien enthielt, die ich meinem Verleger zur Begutachtung übermittelt habe, und eine für experimentelle Arbeiten, bei denen ich neue Ideen ausprobiert habe. Wenn mir nicht gefiel, was ich geschrieben habe, konnte ich mit nur einem Befehl eine frühere Version wiederherstellen.

Es kann nicht Ziel dieses Buchs sein, Git zu lehren. Aber hier stelle ich Ihnen einige Beispielbefehle vor, anhand deren Sie den grundsätzlichen Arbeitsablauf sehen können und die Ihnen Lust auf mehr machen sollen. Verwandeln Sie Ihr aktuelles Verzeichnis (und alle seine Unterverzeichnisse) in ein Git-Repository:

```
$ git init
```

Bearbeiten Sie einige Befehle. Anschließend fügen Sie die geänderten Dateien einer unsichtbaren »Staging Area« hinzu, eine Operation, die Ihre Absicht ausdrückt, eine neue Version zu erzeugen:

```
$ git add .
```

Erzeugen Sie die neue Version, wobei Sie in einem Kommentar die Änderungen an den Dateien beschreiben:

```
$ git commit -m"Geändert X nach Y"
```

Betrachten Sie Ihre Versions-History:

```
$ git log
```

Es gibt natürlich noch viel mehr, wie etwa das Zurückholen alter Versionen von Dateien und das Speichern (*Pushing*) von Versionen auf einem anderen Server. Suchen Sie sich ein git-Tutorial (*https://oreil.ly/0AlOu*) und fangen Sie an!

Leben Sie wohl

Ich danke Ihnen ganz herzlich, dass Sie mir durch dieses Buch gefolgt sind. Ich hoffe, es hat das Versprechen gehalten, das ich in der Einführung gemacht habe – das Niveau Ihrer Linux-Kommandozeilenkenntnisse zu verbessern. Berichten Sie mir von Ihren Erfahrungen; Sie können mir an *dbarrett@oreilly.com* schreiben. Ich wünsche Ihnen weiterhin viel Spaß mit Linux!

ANHANG A

Ihr Linux-Wissen aufgefrischt

Falls Ihre Linux-Kenntnisse ein wenig eingerostet sind, haben Sie hier Gelegenheit, sie aufzufrischen und sich ein paar der Dinge anzuschauen, die Sie für dieses Buch brauchen. (Für einen echten Anfänger könnte diese Rückschau allzu kurz sein. Sollten Sie sich zu dieser Gruppe zählen, empfehle ich einen Blick auf die weiterführende Literatur am Ende.)

Befehle, Argumente und Optionen

Um einen Linux-Befehl auf der Kommandozeile auszuführen, tippen Sie den Befehl ein und drücken Enter. Um einen Befehl zu beenden, der gerade läuft, drücken Sie Strg-C.

Ein einfacher Linux-Befehl besteht aus einem einzelnen Wort, das normalerweise der Name eines Programms ist, gefolgt von zusätzlichen Strings, den sogenannten *Argumenten*. So besteht zum Beispiel der folgende Befehl aus einem Programmnamen, `ls`, und zwei Argumenten:

```
$ ls -l /bin
```

Argumente, die mit einem Bindestrich beginnen, wie `-l`, werden *Optionen* genannt, weil sie das Verhalten des Befehls verändern. Andere Argumente könnten Dateinamen, Verzeichnisnamen, Benutzernamen, Hostnamen oder andere Strings sein, die das Programm benötigt. Optionen stehen normalerweise vor den restlichen Argumenten (allerdings nicht immer).

Befehlsoptionen gibt es in verschiedenen Formen, je nachdem, welches Programm Sie ausführen:

- Ein einzelner Buchstabe, wie `-l`, manchmal gefolgt von einem Wert, wie in `-n 10`. Normalerweise kann das Leerzeichen zwischen dem Buchstaben und dem Wert weggelassen werden: `-n10`.
- Ein Wort, dem zwei Bindestriche vorangestellt sind, wie etwa `--long`, manchmal gefolgt von einem Wert, wie in `--block-size 100`. Das Leerzeichen zwischen der Option und ihrem Wert kann oft auch durch ein Gleichheitszeichen ersetzt werden: `--block-size=100`.

- Ein Wort, dem ein Bindestrich vorangestellt ist, wie etwa `-type`, optional gefolgt von einem Wert, wie in `-type f`. Dieses Optionsformat ist selten; ein Befehl, der es benutzt, ist `find`.
- Ein einzelner Buchstabe ohne Bindestrich. Dieses Optionsformat ist selten; ein Befehl, der es benutzt, ist `tar`.

Mehrere Optionen können oft (je nach Befehl) hinter einem einzelnen Bindestrich kombiniert werden. So ist zum Beispiel der Befehl `ls -al` äquivalent zu `ls -a -l`.

Optionen unterscheiden sich nicht nur im Erscheinungsbild, sondern auch in der Bedeutung. Bei dem Befehl `ls -l` bedeutet das `-l` »lange Ausgabe«, während es bei dem Befehl `wc -l` für »Textzeilen« steht. Zwei Befehle können auch unterschiedliche Optionen benutzen, die dasselbe bedeuten, wie etwa `-q` für »run quietly« versus `-s` für »run silently«, was in beiden Fällen »stillschweigend ausführen« bedeutet. Solche Inkonsistenzen erschweren das Erlernen von Linux, aber Sie werden sich irgendwann an sie gewöhnen.

Das Dateisystem, Verzeichnisse und Pfade

Linux-Dateien sind in Verzeichnissen (Ordnern) enthalten, die in einer Baumstruktur organisiert sind, wie in derjenigen aus Abbildung A-1. Der Baum beginnt in einem Verzeichnis, das als *root* (Wurzel) bezeichnet und durch einen einfachen Schrägstrich (/) dargestellt wird. Dieses Verzeichnis kann Dateien und weitere Verzeichnisse, die sogenannten *Unterverzeichnisse* enthalten. So besitzt zum Beispiel das Verzeichnis *Music* zwei Unterverzeichnisse namens *mp3* und *SheetMusic*. Wir nennen *Music* das Eltern- oder Parent-Verzeichnis von *mp3* und *SheetMusic* (oder auch das übergeordnete Verzeichnis). Verzeichnisse mit demselben Parent-Verzeichnis werden *Siblings* genannt.

Ein Pfad durch den Baum wird als eine Abfolge von Verzeichnisnamen geschrieben, die durch Schrägstriche getrennt sind, wie etwa */home/smith/Music/mp3*. Ein Pfad kann auch mit einem Dateinamen enden, wie bei*/home/smith/Music/mp3/catalog.txt*. Diese Pfade nennt man *absolute Pfade*, weil sie beim root-Verzeichnis beginnen. Pfade, die anderswo und nicht mit einem Schrägstrich beginnen, werden als *relative Pfade* bezeichnet, weil sie relativ zum aktuellen Verzeichnis sind. Wenn Ihr aktuelles Verzeichnis */home/smith/Music* ist, dann sind einige relative Pfade *mp3* (ein Unterverzeichnis) und *mp3/catalog.txt* (eine Datei). Selbst ein Dateiname für sich allein, wie *catalog.txt*, ist ein relativer Pfad in Bezug auf */home/smith/Music/mp3*.

Zwei besondere relative Pfade sind ein einzelner Punkt (`.`), der auf das aktuelle Verzeichnis verweist, und zwei Punkte hintereinander (`..`), die auf das übergeordnete Verzeichnis (Parent-Verzeichnis) des aktuellen Verzeichnisses verweisen.[1] Beide können Teil von längeren Pfaden sein. Falls zum Beispiel Ihr aktuelles Verzeichnis

1 Der Punkt und der doppelte Punkt gehören nicht zu den Ausdrücken, die von der Shell ausgewertet werden. Sie sind harte Links (auch: Hardlinks), die es in jedem Verzeichnis gibt.

/home/smith/Music/mp3 ist, verweist der Pfad .. auf *Music*, der Pfad ../../../.. verweist auf das root-Verzeichnis, und der Pfad *../SheetMusic* verweist auf einen Sibling von *mp3*.

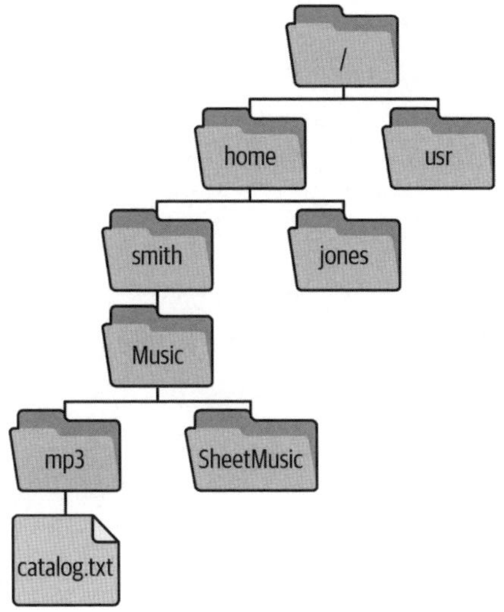

Abbildung A-1: Pfade in einem Linux-Verzeichnisbaum

Sie, und auch jeder andere Benutzer auf einem Linux-System, haben jeweils ein eigenes Verzeichnis, das als Ihr *Home-Verzeichnis* bezeichnet wird und in dem Sie nach Belieben Dateien und Verzeichnisse anlegen, bearbeiten und löschen können. Dessen Pfad ist üblicherweise */home/*, gefolgt von Ihrem Benutzernamen, also etwa */home/smith*.

In und zwischen Verzeichnissen bewegen

Ihre Kommandozeile (Shell) agiert zu jedem Zeitpunkt in einem bestimmten Verzeichnis, das in diesem Fall Ihr *aktuelles Verzeichnis*, *Arbeitsverzeichnis* oder *aktuelles Arbeitsverzeichnis* ist. Sie können sich den Pfad Ihres aktuellen Verzeichnisses mit dem Befehl pwd (*print working directory*) anschauen:

```
$ pwd
/home/smith                    das Home-Verzeichnis des Benutzers smith
```

Sie bewegen sich zwischen den Verzeichnissen mit dem Befehl cd (*change directory*), bei dem Sie den Pfad (absolut oder relativ) zu Ihrem gewünschten Ziel angeben:

```
$ cd /usr/local                absoluter Pfad
$ cd bin                       relativer Pfad, der zu /usr/local/bin führt
$ cd ../etc                    relativer Pfad, der zu /usr/local/etc führt
```

Dateien erzeugen und bearbeiten

Bearbeiten Sie Dateien mit einem normalen Linux-Texteditor, indem Sie einen der folgenden Befehle ausführen:

`emacs`
: Sobald der `emacs` läuft, tippen Sie Ctrl-h, gefolgt von t für ein Tutorial.

`nano`
: Besuchen Sie nano-editor.org (*https://nano-editor.org*) für eine Dokumentation.

`vim` *oder* `vi`
: Führen Sie den Befehl `vimtutor` aus, um ein Tutorial zu öffnen.

Um eine Datei anzulegen, geben Sie einfach deren Namen als Argument an. Der Editor erzeugt die Datei dann:

```
$ nano newfile.txt
```

Alternativ können Sie mit dem Befehl `touch` eine leere Datei erstellen, indem Sie den gewünschten Dateinamen als Argument angeben:

```
$ touch funky.txt
$ ls
funky.txt
```

Der Umgang mit Dateien und Verzeichnissen

Sie listen die Dateien in einem Verzeichnis (standardmäßig in Ihrem aktuellen Verzeichnis) mit dem Befehl `ls` auf:

```
$ ls
animals.txt
```

Die Attribute einer Datei oder eines Verzeichnisses können Sie sich mit einem »langen« Listing (`ls -l`) anzeigen lassen:

```
$ ls -l
-rw-r--r-- 1 smith smith  325 Jul  3 17:44 animals.txt
```

Von links nach rechts sind die Attribute die Dateiberechtigungen (`-rw-r - r--`), beschrieben in »Dateiberechtigungen« auf Seite 226, der Eigentümer (`smith`) und die Gruppe (`smith`), die Größe in Bytes (`325`), das Datum und die Uhrzeit der letzten Änderung (`Jul 3` dieses Jahres um `17:44`) und der Dateiname (`animals.txt`).

`ls` gibt standardmäßig keine Dateinamen aus, die mit einem Punkt beginnen. Um diese Dateien aufzulisten, die oft als *Punktdateien* oder *verborgene Dateien* bezeichnet werden, fügen Sie die Option `-a` hinzu:

```
$ ls -a
.bashrc    .bash_profile    animals.txt
```

Kopieren Sie eine Datei mit dem Befehl `cp`, Sie geben dazu den ursprünglichen und den neuen Dateinamen an:

```
$ cp animals.txt beasts.txt
$ ls
animals.txt   beasts.txt
```

Zum Umbenennen einer Datei dient der Befehl `mv` (*move*), bei dem Sie ebenfalls den ursprünglichen und den neuen Dateinamen angeben:

```
$ mv beasts.txt creatures.txt
$ ls
animals.txt   creatures.txt
```

Sie löschen eine Datei mit dem Befehl `rm` (*remove*):

```
$ rm creatures.txt
```

Warnung

Das Löschen unter Linux ist keine freundliche Angelegenheit. Der `rm`-Befehl fragt nicht »Sind Sie sicher?«, und es gibt auch keinen Papierkorb zum Wiederherstellen von Dateien.

Erzeugen Sie ein Verzeichnis mit `mkdir`, benennen Sie es mit `mv` um und löschen Sie es (falls es leer ist) mit `rmdir`:

```
$ mkdir testdir
$ ls
animals.txt   testdir
$ mv testdir newname
$ ls
animals.txt   newname
$ rmdir newname
$ ls
animals.txt
```

Kopieren Sie eine oder mehrere Dateien (oder Verzeichnisse) in ein Verzeichnis:

```
$ touch file1 file2 file3
$ mkdir dir
$ ls
dir   file1   file2   file3
$ cp file1 file2 file3 dir
$ ls
dir   file1   file2   file3
$ ls dir
file1   file2   file3
$ rm file1 file2 file3
```

Verschieben Sie anschließend eine oder mehrere Dateien (oder Verzeichnisse) in ein Verzeichnis:

```
$ touch thing1 thing2 thing3
$ ls
dir   thing1   thing2   thing3
$ mv thing1 thing2 thing3 dir
```

```
$ ls
dir
$ ls dir
file1   file2   file3   thing1   thing2   thing3
```

Sie löschen ein Verzeichnis und seinen ganzen Inhalt mit `rm -rf`. Sie sollten sich völlig sicher sein, da dies nicht rückgängig gemacht werden kann (siehe »Nie wieder die falsche Datei löschen (dank der History-Erweiterung)« auf Seite 59 mit einigen Sicherheitstipps hierzu)).

```
$ rm -rf dir
```

Dateien betrachten

Geben Sie eine Textdatei mit dem Befehl `cat` auf dem Bildschirm aus:

```
$ cat animals.txt
```

Betrachten Sie eine Textdatei bildschirmweise mit dem Befehl `less`:

```
$ less animals.txt
```

Beim Ausführen von `less` gelangen Sie auf die nächste Seite, indem Sie die Leertaste drücken. Um `less` zu beenden, drücken Sie q. Für Hilfe drücken Sie h.

Dateiberechtigungen

Der Befehl `chmod` legt fest, dass eine Datei für Sie selbst, für eine bestimmte Gruppe von Benutzern oder für alle lesbar, schreibbar und/oder ausführbar ist. Abbildung A-2 zeigt eine kurze Auffrischung zum Thema der Dateiberechtigungen.

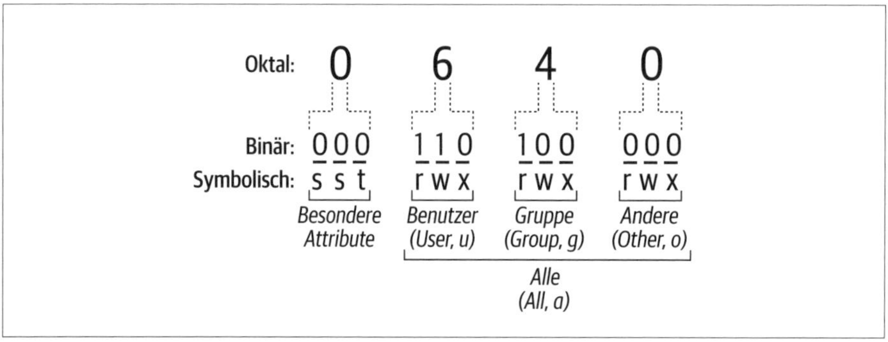

Abbildung A-2: Dateiberechtigungs-Bits

Hier sind einige typische Operationen mit `chmod`. Machen Sie eine Datei für Sie selbst lesbar und schreibbar, während sie für alle anderen nur lesbar sein soll:

```
$ chmod 644 animals.txt
$ ls -l
-rw-r--r-- 1 smith smith  325 Jul  3 17:44 animals.txt
```

Schützen Sie sie vor allen anderen Benutzern:

```
$ chmod 600 animals.txt
$ ls -l
-rw------- 1 smith smith  325 Jul  3 17:44 animals.txt
```

Sorgen Sie dafür, dass ein Verzeichnis für alle lesbar sein soll und betreten werden darf, dass aber nur Sie allein darin schreiben dürfen:

```
$ mkdir dir
$ chmod 755 dir
$ ls -l
drwxr-xr-x 2 smith smith  4096 Oct  1 12:44 dir
```

Schützen Sie ein Verzeichnis vor allen anderen Benutzern:

```
$ chmod 700 dir
$ ls -l
drwx------ 2 smith smith  4096 Oct  1 12:44 dir
```

Die normalen Berechtigungen gelten nicht für den Superuser, der alle Dateien und Verzeichnisse auf dem System lesen und schreiben darf.

Prozesse

Wenn Sie einen Linux-Befehl ausführen, startet dieser einen oder mehrere Linux-*Prozesse*, jeweils mit einer numerischen Prozess-ID der sogenannten *PID*. Schauen Sie sich die aktuellen Prozesse Ihrer Shell mit dem Befehl ps an:

```
$ ps
    PID TTY          TIME CMD
   5152 pts/11   00:00:00 bash
 117280 pts/11   00:00:00 emacs
 117273 pts/11   00:00:00 ps
```

Alle laufenden Prozesse aller Benutzer sehen Sie mit:

```
$ ps -uax
```

Beenden Sie einen Ihrer eigenen Prozesse mit dem Befehl kill, dem Sie die PID als Argument mitgeben. Der Superuser (Linux-Administrator) kann Prozesse aller Benutzer beenden.

```
$ kill 117280
[1]+  Exit 15                 emacs animals.txt
```

Die Dokumentation anschauen

Der Befehl man gibt die Dokumentation jedes Standardbefehls auf Ihrem Linux-System aus. Geben Sie einfach man ein, gefolgt vom Namen des Befehls. Um zum Beispiel die Dokumentation des Befehls cat zu sehen, führen Sie folgenden Befehl aus:

```
$ man cat
```

Das angezeigte Dokument wird auch als *Manpage* (Manual Page, also Handbuchseite) des Befehls bezeichnet. Wenn jemand sagt, Sie mögen sich die Manpage für grep anschauen, rufen Sie ganz einfach man grep auf.

man zeigt die Dokumentation mithilfe des Programmsless seitenweise an.[2] Die üblichen Tastenkürzel für less funktionieren hier also. Tabelle A-1 listet einige der gebräuchlichen Tastenkürzel auf.

Tabelle A-1: Einige Tastenkürzel zum Betrachten von Manpages mit less

Tastenkürzel	Aktion
H	Hilfe – Anzeige einer Liste von Tastenkürzeln für less
Leertaste	Anzeigen der nächsten Seite
B	Anzeigen der vorhergehenden Seite
Enter	eine Zeile nach unten scrollen
<	an den Anfang des Dokuments springen
>	an das Ende des Dokuments springen
/	Vorwärtssuche nach Text (Sie tippen den Text ein und drücken Enter)
?	Rückwärtssuche nach Text (Sie tippen den Text ein und drücken Enter)
N	Suche nach dem nächsten Vorkommen des Suchtexts
Q	man beenden

Shell-Skripte

Um gleich mehrere Linux-Befehle als eine Einheit auszuführen, gehen Sie folgendermaßen vor:

1. Sie platzieren die Befehle in einer Datei.
2. Sie fügen eine magische erste Zeile ein.
3. Sie machen die Datei mit chmod ausführbar.
4. Sie führen die Datei aus.

Die Datei wird als *Skript* oder *Shell-Skript* bezeichnet. Die magische erste Zeile sollte die Symbole #! (ausgesprochen »shebang«), gefolgt von dem Pfad auf ein Programm, das das Skript liest und ausführt, enthalten:[3]

```
#!/bin/bash
```

Hier ist ein Shell-Skript, das »Hallo« sagt und das heutige Datum ausgibt. Zeilen, die mit # beginnen, sind Kommentare:

2 Oder mit einem anderen Programm, falls Sie den Wert der Shell-Variablen PAGER ändern.

3 Falls Sie die shebang-Zeile weglassen, führt Ihre Standard-Shell das Skript aus. Es ist allerdings gute Praxis, die Zeile einzusetzen.

```
#!/bin/bash
# Dies ist ein Beispielskript.
echo "Hallo allerseits!"
date
```

Benutzen Sie einen Texteditor und speichern Sie diese Zeilen in einer Datei namens *howdy*. Machen Sie die Datei dann ausführbar, indem Sie einen dieser Befehle ausführen:

```
$ chmod 755 howdy     Setzen Sie alle Berechtigungen einschließlich
                      der Berechtigung zum Ausführen.
$ chmod +x howdy      Oder fügen Sie nur die Berechtigung zum Ausführen hinzu.
```

und führen Sie sie dann aus:

```
$ ./howdy
Hallo allerseits!
So 31 Jul 2022 17:11:23 CEST
```

Der führende Punkt und der Schrägstrich (`./`) zeigen an, dass sich das Skript in Ihrem aktuellen Verzeichnis befindet. Ohne diese beiden Zeichen würde die Linux-Shell das Skript nicht finden:[4]

```
$ howdy
howdy: command not found
```

Linux-Shells besitzen einige Eigenschaften von Programmiersprachen, die in Skripten ganz nützlich sind. Die `bash` zum Beispiel erlaubt `if`-Anweisungen, `for`-Schleifen, `while`-Schleifen und andere Kontrollstrukturen. Ein paar Beispiele finden sich in diesem Buch, siehe `man bash` für die Syntax.

Zum Superuser werden

Einige Dateien, Verzeichnisse und Programme sind vor den normalen Benutzern, also auch Ihnen, geschützt:

```
$ touch /usr/local/
avocado              Versuchen Sie, in einem Systemverzeichnis eine Datei anzulegen.
touch: cannot touch '/usr/local/avocado': Permission denied
```

`Permission denied` bedeutet normalerweise, dass Sie versucht haben, auf geschützte Ressourcen zuzugreifen. Diese sind nur für den Linux-Superuser (Benutzername `root`) erreichbar. Die meisten Linux-Systeme enthalten ein Programm namens `sudo`, das es Ihnen erlaubt, für die Dauer eines einzigen Befehls zum Superuser zu werden. Falls Sie Linux selbst installiert haben, ist Ihr Account vermutlich bereits darauf eingestellt, `sudo` auszuführen. Sind Sie dagegen Benutzer auf dem Linux-System

4 Das liegt daran, dass das aktuelle Verzeichnis aus Sicherheitsgründen im Suchpfad der Shell üblicherweise weggelassen wird. Ansonsten könnte ein Angreifer ein bösartiges ausführbares Skript namens `ls` in Ihr aktuelles Verzeichnis legen, das dann anstelle des wirklichen `ls`-Befehls ausgeführt werden würde, wenn Sie `ls` aufrufen.

einer anderen Person, haben Sie wahrscheinlich keine Superuser-Rechte; sprechen Sie mit Ihrem Systemadministrator, falls Sie sich nicht sicher sind.

Ist alles richtig eingestellt, führen Sie sudo aus und geben den gewünschten Befehl an, den Sie als Superuser ausführen wollen. Sie werden aufgefordert, Ihr Login-Passwort anzugeben, um Ihre Identität zu bestätigen. Geben Sie es korrekt ein, und der Befehl läuft mit root-Berechtigungen:

```
$ sudo touch /usr/local/avocado                    Erzeugen der Datei als root
[sudo] password for smith: Passwort hier eingeben
$ ls -l /usr/local/avocado                         Auflisten der Datei
-rw-r--r-- 1 root root 0 Sep 10 17:16 avocado
$ sudo rm /usr/local/avocado                       als root wieder aufräumen
```

Je nachdem, wie es konfiguriert ist, merkt sich sudo Ihre Passphrase für eine Weile (im Cache), sodass Sie möglicherweise nicht jedes Mal danach gefragt werden.

Zum Weiterlesen

Für weitere Grundlagen zur Linux-Benutzung lesen Sie mein Taschenbuch »Linux – die wichtigen Befehle kurz & gut« (O'Reilly), oder suchen Sie sich passende Online-Tutorials (*https://oreil.ly/KLTji*).

ANHANG B

Falls Sie eine andere Shell einsetzen

Dieses Buch geht davon aus, dass Ihre Login-Shell die `bash` ist. Wenn sie es jedoch nicht ist, hilft Ihnen Tabelle B-1, die Beispiele aus diesem Buch für andere Shells anzupassen. Das Häkchen ✓ bedeutet Kompatibilität – die angegebene Eigenschaft ist derjenigen der `bash` ähnlich genug, sodass die Beispiele aus dem Buch korrekt laufen sollten. Allerdings kann sich das Verhalten der Eigenschaft in anderer Weise von dem der `bash` unterscheiden. Lesen Sie sorgfältig alle Fußnoten.

Hinweis

Unabhängig davon, welche Shell Ihre Login-Shell ist, werden Skripte, die mit `#!/bin/bash` beginnen, von der `bash` verarbeitet.

Um mit einer anderen Shell zu experimentieren, die auf Ihrem System installiert ist, führen Sie sie einfach mit ihrem Namen aus (zum Beispiel `ksh`). Drücken Sie Strg-D, wenn Sie fertig sind. Um Ihre Login-Shell zu ändern, lesen Sie `man chsh`.

Tabelle B-1: bash-Eigenschaften, die von anderen Shells unterstützt werden, in alphabetischer Reihenfolge

bash-Eigenschaft	dash	fish	ksh	tcsh	zsh
`alias`-Builtin	✓	✓, aber `alias` *name* gibt nicht den Alias aus	✓	kein Gleichheitszeichen: `alias g grep`	✓
Anführungszeichen, doppelte	✓	✓	✓	✓	✓
Anführungszeichen, einfache	✓	✓	✓	✓	✓
`bash -c`	`dash -c`	`fish -c`	`ksh -c`	`tcsh -c`	`zsh -c`
`BASH_SUBSHELL`-Variable					
`bash`-Befehl	`dash`	`fish`	`ksh`	`tcsh`	`zsh`

Tabelle B-1: bash-Eigenschaften, die von anderen Shells unterstützt werden, in alphabetischer Reihenfolge (Fortsetzung)

bash-Eigenschaft	dash	fish	ksh	tcsh	zsh
`bash`-Lage in */bin/bash*	*/bin/dash*	*/bin/fish*	*/bin/ksh*	*/bin/tcsh*	*/bin/zsh*
Bedingte Listen mit && und ||	✓	✓	✓	✓	✓
Befehlssubstitution mit `$()`	✓	benutzen Sie `()`	✓	benutzen Sie Backquotes	✓
Befehlssubstitution mit Backquotes	✓	benutzen Sie `()`	✓	✓	✓
`cd -` (Umschalten von Verzeichnissen)	✓	✓	✓	✓	✓
`cd`-Builtin	✓	✓	✓	✓	✓
`CDPATH`-Variable	✓	`set CDPATH` *`Wert`*	✓	`set cdpath = (`*`dir1 dir2`*`…)`	✓
`complete`-Builtin		andere Syntax[1]	andere Syntax[1]	andere Syntax[1]	`compdef`[1]
`dirs`-Builtin		✓		✓	✓
`echo`-Builtin	✓	✓	✓	✓	✓
Escape mit `\`	✓	✓	✓	✓	✓
Escape-Alias mit `\`	✓		✓	✓	✓
`exec`-Builtin	✓	✓	✓	✓	✓
Exit-Code mit `$?`	✓	`$status`	✓	✓	✓
`export`-Builtin	✓	`set -x` *Name* *`Wert`*	✓	`setenv` *Name* *`Wert`*	✓
Funktionen	✓[2]	andere Syntax	✓		✓
Hintergrundausführung mit &	✓	✓	✓	✓	✓
`HISTCONTROL`-Variable					siehe Variablen mit Namen, die mit `HIST_` beginnen, auf der Manpage
`HISTFILE`-Variable		`set fish_history` *`Pfad`*	✓	`set histfile =` *`Pfad`*	✓
`HISTFILESIZE`-Variable				`set savehist =` *`Wert`*	+SAVEHIST
`history -c`		`history clear`	löschen Sie *~/.sh_history* und starten Sie `ksh` neu	✓	`history -p`

Tabelle B-1: bash-Eigenschaften, die von anderen Shells unterstützt werden, in alphabetischer Reihenfolge (Fortsetzung)

bash-Eigenschaft	dash	fish	ksh	tcsh	zsh
History inkrementelle Suche mit Strg-R		tippen Sie den Anfang des Befehls ein, drücken Sie dann die Pfeil-nach-oben-Taste zum Suchen und die Pfeil-nach-rechts-Taste zum Auswählen	✓[3] [7]	✓[4]	✓[5]
History mit Emacs-Tasten		✓	✓[7]	✓	✓
History mit Pfeiltasten		✓	✓[7]	✓	✓
History mit Vim-Tasten mit `set -o vi`			✓	führen Sie `bindkey -v` aus	✓
`history` *`Nummer`*		`history -` *`Nummer`*	`history -N` *`Nummer`*	✓	`history -` *`Nummer`*
`history`-Builtin		✓, aber Befehle sind nicht nummeriert	`history` ist ein Alias für `hist -l`	✓	✓
History-Erweiterung mit ! und ^				✓	✓
`HISTSIZE`-Variable			✓		✓
Jobkontrolle mit `fg`, `bg`, Strg-Z, `jobs`	✓	✓	✓	✓[6]	✓
Klammererweiterung mit `{}`	benutzen Sie `seq`	nur `{a,b,c}`, nicht `{a..c}`	✓	benutzen Sie `seq`	✓
Kommandozeilen-Editing mit Emacs-Tasten		✓	✓[7]	✓	✓
Kommandozeilen-Editing mit Pfeiltasten		✓	✓[7]	✓	✓
Kommandozeilen-Editing mit Vim-Tasten mit `set -o vi`			✓	führen Sie `bindkey -v` aus	✓
Konfigurationsdateien in `$HOME` (lesen Sie die Manpage zu den Details)	*.profile*	*.config/fish/config.fish*	*.profile*, *.kshrc*	*.cshrc*	*.zshenv*, *.zprofile*, *.zshrc*, *.zlogin*, *.zlogout*
Kontrollstrukturen: `for`-Schleifen, `if`-Anweisungen usw.	✓	andere Syntax	✓	andere Syntax	✓

Tabelle B-1: bash-Eigenschaften, die von anderen Shells unterstützt werden, in alphabetischer Reihenfolge (Fortsetzung)

bash-Eigenschaft	dash	fish	ksh	tcsh	zsh
Laden (»Sourcen«) einer Datei mit `source` oder `.` (Punkt)	nur Punkt[8]	✓	✓[8]	nur `source`	✓[8]
Pattern Matching mit `*`, `?`, `[]`	✓	✓	✓	✓	✓
Pipes	✓	✓	✓	✓	✓
`popd`-Builtin		✓		✓	✓
Prozesssubstitution mit `<()`			✓		✓
`PS1`-Variable	✓	`set PS1` *`Wert`*	✓	`set prompt =` *`Wert`*	✓
`pushd`-Builtin		✓		✓, aber keine negativen Argumente	✓
Subshell mit `()`	✓		✓	✓	✓
Tab-Vervollständigung für Dateinamen		✓	✓[7]	✓	✓
`type`-Builtin	✓	✓	`type` ist ein Alias für `whence -v`	nein, aber `which` ist ein Builtin	✓
Umleitung der Standardausgabe + Standardfehlerausgabe (`&>`)	hängen Sie `2>&1` an[9]	✓	hängen Sie `2>&1` an[9]	`>&`	✓
Umleitung der Standardeingabe (`<`), Standardausgabe (`>`, `>>`)	✓	✓	✓	✓	✓
Umleitung der Standardfehlerausgabe (`2>`)	✓	✓	✓		✓
`unalias`-Builtin	✓	`functions --erase`	✓	✓	✓
Variablenauswertung mit `$name`	✓	✓	✓	✓	✓
Variablendefinition mit `Name=Wert`	✓	`set` *`Name Wert`*	✓	`set` *`Name`* `=` *`Wert`*	✓

1 Eigene Befehlsvervollständigung mit dem Befehl `complete` oder etwas Ähnlichem, unterscheidet sich signifikant von Shell zu Shell; lesen Sie die Manpage der Shell.

2 Funktionen: Diese Shell unterstützt keine Definitionen im neueren Stil, die mit dem Schlüsselwort `function` beginnen.

3 Die inkrementelle Suche in der History funktioniert in der `ksh` anders. Drücken Sie Strg-R, tippen Sie einen String ein und drücken Sie Enter, um den letzten Befehl zurückzurufen, der diesen String enthält. Drücken Sie erneut Strg-R und Enter, um rückwärts nach dem nächsten passenden Befehl zu suchen und so weiter. Drücken Sie Enter zum Ausführen.

4 Um die inkrementelle History-Suche mit Strg-R in der `tcsh` zu aktivieren, führen Sie den Befehl `bindkey ^R i-search-back` aus (und fügen ihn zu einer Shell-Konfigurationsdatei hinzu). Das Suchverhalten ist ein bisschen anders als bei der `bash`; siehe `man tcsh`.

5 Im `vi`-Modus tippen Sie `/`, gefolgt von dem Suchstring, und drücken dann Enter. Drücken Sie `n`, um zum nächsten Suchergebnis zu springen.

6 Jobkontrolle: `tcsh` verfolgt die vorgegebene Jobnummer nicht so intelligent wie andere Shells, weshalb Sie möglicherweise die Jobnummer, also etwa `%1`, öfter als Argument für `fg` und `bg` angeben müssen.

7 Diese Eigenschaft ist standardmäßig deaktiviert. Führen Sie `set -o emacs` aus, um sie zu aktivieren. Ältere Versionen von `ksh` könnten sich anders verhalten.

8 Das Neuladen (Sourcen) in dieser Shell erfordert einen expliziten Pfad auf die zu ladende Datei, also etwa `./myfile` für eine Shell im aktuellen Verzeichnis, weil die Shell sonst die Datei nicht findet. Setzen Sie alternativ die Datei in ein Verzeichnis im Suchpfad der Shell.

9 Umleitung von Standardausgabe und Standardfehlerausgabe: Die Syntax in dieser Shell ist: *`Befehl`*`>` *`Datei`*`2>&1`. Der letzte Term `2>&1` bedeutet: »Leite die Standardfehlerausgabe, die den Dateideskriptor 2 hat, auf die Standardausgabe um, die den Dateideskriptor 1 hat.«

Index

Symbole

A

B

C

E

F

Q

R

S

T

W

X

Y

Z

Über den Autor

Daniel J. Barrett lehrt und schreibt seit mehr als 30 Jahren über Linux und verwandte Technologien. Er ist Autor zahlreicher O'Reilly-Bücher wie *Linux – die wichtigen Befehle kurz & gut*, *Linux Security Cookbook*, *SSH*, *The Secure Shell: The Definitive Guide*, *Macintosh Terminal Pocket Guide* und MediaWiki. Dan war außerdem Software-Ingenieur, Heavy-Metal-Sänger, Systemadministrator, Universitätsdozent, Webdesigner und Humorist. Er arbeitet bei Google. Besuchen Sie *DanielJBarrett.com*, um mehr zu erfahren.

Über die Übersetzerin

Kathrin Lichtenberg studierte nach der Ausbildung zur Elektronikfacharbeiterin Informatik an der Technischen Universität Ilmenau. Dort war sie als wissenschaftliche Mitarbeiterin beschäftigt, bevor sie sich als Übersetzerin und Lektorin technischer Publikationen selbstständig machte. Für O'Reilly hat sie bereits eine ganze Reihe von Büchern übersetzt.

Kolophon

Das Tier auf dem Cover von »Produktiv auf der Linux-Kommandozeile« ist ein Sakerfalke (*Falco cherrug*).

Diese flinken, kräftigen und aggressiven großen Raubvögel werden von Falknern seit Jahrtausenden geschätzt. Heute sind sie in mehreren Ländern, darunter in Ungarn, der Mongolei und den Vereinigten Arabischen Emiraten gefeierter Nationalvogel. Ausgewachsene Saker erreichen oft eine Größe von 45 bis 57 cm, mit einer Flügelspanne von 97 bis 126 cm. Die Weibchen sind mit 970 bis 1.300 g deutlich größer als die Männchen, die nur etwa 730 bis 990 g wiegen. Das Gefieder beider Geschlechter ist sehr variabel und reicht von Tiefbraun bis Blassbraun oder sogar Weiß, mit braunen Streifen oder Balken. In freier Wildbahn jagt der Saker vor allem Vögel und Nagetiere und erreicht dabei Fluggeschwindigkeiten von bis zu 150 km/h, bevor er sich auf seine Beute stürzt. Typische Lebensräume sind Grasland, Klippen und Galeriewälder, wo die Falken Nester besetzen, die von anderen Vögeln verlassen wurden. Von einigen Ausnahmen in den südlichsten Gebieten ihres Verbreitungsgebiets abgesehen, sind Saker Zugvögel, die jedes Jahr von Osteuropa und Zentralasien in die nördlichen Teile Afrikas und das südliche Asien zum Überwintern fliegen.

Abgesehen von der Gefährdung durch den Menschen hat der Saker in freier Wildbahn keine bekannten Fressfeinde. Aufgrund des rapiden Populationsrückgangs wird der Sakerfalke inzwischen jedoch als gefährdet eingestuft, wie leider viele Tiere auf den O'Reilly-Covern. Alle diese Tiere sind wichtig für unsere Welt.

Die Umschlagillustration stammt von Karen Montgomery und basiert auf einem Schwarz-Weiß-Stich aus Lydekker's *Royal Natural History*. Die Schriftarten für das Cover sind Gilroy Semibold und Guardian Sans.